EXPOSITION
Hispano-Française

DE

SARAGOSSE

1908

SECTION FRANÇAISE

RAPPORT GÉNÉRAL

PRÉSENTÉ A M. LE MINISTRE DU COMMERCE ET DE L'INDUSTRIE
AU NOM DU COMITÉ DE LA SECTION FRANÇAISE

PAR

M. Joseph STETTEN

CONSEILLER DU COMMERCE EXTÉRIEUR DE LA FRANCE
SECRÉTAIRE GÉNÉRAL DE LA SECTION FRANÇAISE

PARIS

COMITÉ FRANÇAIS DES EXPOSITIONS A L'ÉTRANGER
42, Rue du Louvre, 42

1910

EXPOSITION
HISPANO-FRANÇAISE
DE
SARAGOSSE
1908

EXPOSITION
HISPANO-FRANÇAISE
DE
SARAGOSSE
1908

SECTION FRANÇAISE

RAPPORT GÉNÉRAL

PRÉSENTÉ A M. LE MINISTRE DU COMMERCE ET DE L'INDUSTRIE
AU NOM DU COMITÉ DE LA SECTION FRANÇAISE

PAR

M. Joseph STETTEN

CONSEILLER DU COMMERCE EXTÉRIEUR DE LA FRANCE
SECRÉTAIRE GÉNÉRAL DE LA SECTION FRANÇAISE

PARIS
COMITÉ FRANÇAIS DES EXPOSITIONS A L'ÉTRANGER
42, RUE DU LOUVRE, 42

1910

M. VERMOT, ÉDITEUR.

[illegible]

[illegible]

[illegible]

S. M. LE ROI ALPHONSE XIII

Cl. Kaulak.

S. M. LA REINE VICTORIA Cl. Kaulak.

La Sco et la Ville de Saragosse à vol d'oiseau.   *Cl. Coyne.*

INTRODUCTION

Le 14 juin 1908, M. Jean Cruppi, Ministre du Commerce et de l'Industrie, se trouvait à Saragosse, pour inaugurer, comme Représentant du Gouvernement de la République, le Pavillon Français de l'Exposition Hispano-Française. Cette évocation marquera certainement pour lui une date mémorable, car, pas plus que ceux qui étaient à ses côtés dans ces instants, il ne peut avoir oublié la réception enthousiaste qui accueillit en sa personne le représentant de la France.

Comme Rapporteur Général de la Section Française de l'Exposition de Saragosse, je pense que mon rôle devrait se borner à désigner nos exposants, leurs produits, leurs travaux et leurs mérites, ainsi que les récompenses qui ont pu sanctionner tous les efforts qui se sont manifestés. Mais l'amour fraternel de deux peuples déborde de ce cadre avec une telle abondance, qu'il ne m'est pas possible de placer autrement qu'au premier plan les généreuses manifestations qui ont acclamé le Représentant du Gouvernement de la République française et qui nous ont tant émus.

Nous revoyons encore, sur le quai de la gare, cette foule bigarrée

qui acclama M. Cruppi et notre Ambassadeur, M. Revoil, à la descente
du train ; nous entendons encore ses applaudissements, ses vivats,
ses cris quand le Ministre cherchait avec peine à se faire un passage :
« Vive la France et l'Espagne sœurs ! Vive la République Française ! »
La *Marseillaise*, chantée par cette foule, notre hymne national, à nous,
si profondément émouvant pour nos cœurs patriotes quand il s'exalte
en notre hommage de poitrines étrangères.

Tout cela, nous ne pourrons l'oublier, pas plus que nous n'oublie-
rons les trois journées qui suivirent, véritable fête d'apothéose où
la nation, par son Roi, nous étreignit fraternellement. Le Ministre a du

Le Pont sur l'Ebre.   *Cl. Thouin.*

reste répondu cœur à cœur
à tant de sympathie, et dès
son arrivée, malgré l'heure
tardive, malgré la fatigue
d'un long voyage, il recevait
à l'hôtel Regina le Capitaine
général, le gouverneur civil,
le Conseil Municipal, les Représentants de la Députation
provinciale, le comité exécutif de l'Exposition, le Comité
du Centenaire des Sièges et
plusieurs Associations.

Si ma pensée ne peut s'é-
loigner de ce spectacle plein
de grandeur, malgré la rai-
son qui m'incite à rester dans un rôle plus modeste, c'est que nous
devons voir dans ces manifestations le véritable caractère de l'Exposition Hispano-Française de Saragosse.

Tout d'abord conçue en vue de célébrer le centenaire des sièges
de Saragosse, cette exposition, purement espagnole, devait être une
des solennités destinées à commémorer les épisodes de la Guerre de
l'Indépendance ; l'histoire impartiale doit marquer ces faits parmi
les plus glorieux qu'elle ait enregistrés.

Le 14 juin 1808, le général Lefebvre-Desnouettes, chargé par Napoléon de marcher sur Saragosse, arrivait sous les murs de la ville à
la tête de quatre mille hommes et de quelques pièces d'artillerie.
Cent ans, jour pour jour, avant cette visite du ministre de la République française, à cette même date où un siècle plus tard avait lieu
la fraternelle manifestation à laquelle donna lieu l'inauguration de

la section française de l'Exposition Hispano-Française, les Français
en face de Saragosse étaient des ennemis exécrés qui trouvaient dressée devant eux une population de plus de 100.000 hommes venus de
tous les points de la région pour soutenir de toutes ses forces et de
toute son ardeur patriotique les 40.000 hommes commandés par Joseph Palafox.

Je n'ai pas à rappeler la sanglante tragédie que fut le premier
siège ; Palafox recevant de Verdier ce simple mot : « capitulation »
et répondant non moins simplement « guerre au couteau », et la

L'Ebre vu du clocher de Notre-Dame del Pilar.   Cl. Coyne.

guerre poussée jusqu'à l'atrocité avec des femmes, des enfants même
se battant sur les remparts ; la retraite des Français devant cette
résistance exaspérée et leur retour quatre mois après sous les ordres
de Moncey, puis de Junot, et enfin sous le commandement de Lannes
pour se rendre maîtres à la fin de cette ville qui avait la prétention
de rester inviolable.

Dans ce second siège, la guerre atteignit au plus haut degré de l'hor-
reur : une épidémie anéantissant la moitié de la population ; le corps à
corps dans les rues, dans les maisons ; la ville détruite et criblée d'o-
bus ; la garnison de 40.000 hommes réduite de moitié. A ce prix seulement, Palafox capitulait, ayant subi dix jours d'assaut jusqu'au 14 août
et vingt-cinq jours de guerre au couteau jusqu'au 21 février 1809.

Que pouvait-on penser que pût être le Centenaire de la commémo
ration de telles dates chez un peuple toujours animé du plus pur
patriotisme et doué de la plus ardente fierté. Il devait, en ravivant le
souvenir d'une lutte fratricide, pousser la rancune d'un peuple à
l'exacerbation des sentiments de haine envers la France et les Français ; ce Centenaire devait amener des manifestations plus grandioses
encore et plus solennelles que ne le furent pendant de longues années les anniversaires de ces dates mémorables, manifestations au
cours desquelles il eût été véritablement dangereux pour un Français de se montrer.

Par quel revirement soudain des habitants de Saragosse, par quel
miracle de transformation dans les sentiments de la population tout
entière ce qui devait être une cérémonie quelque peu farouche de
patriotisme exalté devint-il au contraire une fête à nulle autre pa-
reille, qui jeta dans les bras l'un de l'autre Français et Espagnols
dans l'étreinte la plus cordiale et la plus fraternelle ?

Un homme s'était levé : M. Basilio Paraiso, président de la
Chambre de Commerce de Saragosse, qui, à des sentiments chau-
vins, opposa, sans rien abandonner d'un glorieux passé, tout ce que
la raison pouvait faire prévaloir de durable et de bienfaisant en faveur d'une manifestation de cordialité entre les deux peuples.

Une exposition espagnole à Saragosse devait coïncider avec les
fêtes du Centenaire de l'Indépendance ; ainsi en avait décidé le
Comité du Centenaire dans une réunion du 16 mars 1906. Mais le
10 mars 1907, M. Paraiso proposait à l'assemblée tenue dans les
locaux de la Chambre de Commerce l'admission des produits français dans le but de donner à la commémoration du Centenaire une
signification sympathique pour la nation voisine et de resserrer ainsi
les liens d'amitié qui unissent la France à l'Espagne.

Cette proposition fut adoptée. M. Paraiso, sur la sollicitation unanime, accepta la présidence du Comité exécutif de l'exposition et
il fut décidé, dans la séance du 16 mars 1907, sur la proposition de
M. Paraiso et à l'unanimité, que l'on donnerait à l'exposition la dénomination « d'Exposition Hispano-Française ».

Les oppositions qui devaient logiquement se produire se mani-
festèrent lorsque M. Paraiso exposa son programme devant la Commission exécutive du Centenaire en rendant compte, en même temps,
de la décision prise et des concours déjà obtenus d'importantes personnalités françaises. M. Paraiso, devant ces oppositions, dut donner
sa démission, mais le Comité général du Centenaire refusa de

De gauche à droite et de haut en bas. — 1. D. Antonio FLETA, alcade de Saragosse ; 2. S. E. Tejon y MARIN, gouverneur civil de Saragosse, commissaire royal ; 3. D. José PELLEGERO, commissaire général ; 4. D. Basilio PARAISO, président de l'exposition ; 5, S. E. Nicolas de ESCORIAZA, vice-président du comité ; 6. D. Manuel de ESCORIAZA, secrétaire général ; 7. D. Gascon y MARIN, secrétaire du jury supérieur.

l'accepter et, en ratifiant ce choix, déclara que tout avait été correc-
tement dirigé, que M. Paraiso avait toute sa confiance et qu'on lui
laisserait une complète liberté pour la réalisation des projets votés.

L'idée de donner à cette Exposition le caractère d'une consécration nouvelle de l'amitié franco-espagnole trouva le plus chaleureux
accueil auprès de S. M. Alponse XIII et de son Gouvernement.

Par un décret royal du 21 juin 1907, l'Exposition fut déclarée officielle. Le Comité d'honneur et le Comité d'organisation furent ainsi
constitués :

COMITÉ D'HONNEUR

Président d'honneur : S. E. Gonzalez BESADA, Ministre du Fomento.
Commissaire royal : S. E. TEJON y MARIN, Gouverneur civil de la
Province d'Aragon.
Conseil honoraire de l'Exposition : S. E. MORET y PRENDERGAST, an-
cien Président du Conseil des Ministres ;
S. E. NAVARRO REVERTER, ancien Ministre des Finances.

COMITÉ D'ORGANISATION

Président honoraire : S. E. MAURA y GAMAZO, député.
Président effectif : Don Basilio PARAISO, président de la Chambre
de Commerce de Saragosse.
Vice-Président : Don Nicolas de ESCORIAZA.
Commissaire général : Don José PELLEGERO.
Commissaire général adjoint : M. José GASCON y MARIN.
Trésorier : Don Mariano BASELGA RAMIREZ.
Secrétaire général : Don Manuel de ESCORIAZA.

Les nobles sentiments dont M. Paraiso s'était fait l'interprète
avaient trouvé leur écho dans le cœur de ses concitoyens. Ces sentiments se reflètent dans les documents préambulaires de cette exposition ; l'élévation de caractère qui s'y traduit fait déjà prévoir ce que
sera la manifestation fraternelle à laquelle on nous convie et ces
documents méritent d'être remis sous les yeux de ceux qui y parti-
cipèrent et d'être portés à la connaissance des exposants français.

Voici l'extrait d'une circulaire adressée à divers producteurs
espagnols :

« En commémorant le centenaire des sièges que notre ville a soutenus durant les Guerres Napoléoniennes, Saragosse a voulu que, comme fête principale on organisât une exposition de caractère primordialement national, car les faits glorieux dont nous célébrons la mémoire étaient essentiellement d'ordre national.

« Mais en faisant appel en même temps et à titre exceptionnel aux industriels et commerçants de la Nation voisine, nous désirons témoigner de notre fervent désir que notre œuvre de paix et de civilisation, d'efforts et de travail affirme et consolide les relations cordiales qui existent actuellement entre notre pays et la France. »

Le 24 juin 1907, un décret royal déclarant officielle l'Exposition Hispano-Française fut publié dans la *Gaceta* ; en voici le texte :

A son Excellence, le Commissaire royal du Centenaire des sièges de Saragosse.

EXCELLENCE,

Vu l'instance présentée par votre Excellence sur la demande de Don Basilio Paraiso, président de l'exposition qui doit être organisée dans votre capitale en commémoration des glorieux sièges de votre invincible cité et par laquelle il sollicite qu'elle soit déclarée officielle.

Prenant en considération le but spécial qui inspire dans leurs actes les organisateurs de l'Exposition Nationale projetée, but tendant à célébrer le triomphe et la gloire des combattants des Sièges dont on commémore le souvenir.

Désireux de rendre un légitime tribut d'admiration à la glorieuse page inscrite dans l'*Histoire nationale* par le peuple de Saragosse, Sa Majesté le Roi, que Dieu garde, voulant affirmer les sentiments que l'événement que l'on fête doit éveiller dans tout cœur Espagnol et vu son intention que l'Exposition revête la plus grande solennité, a daigné déclarer officielle l'Exposition Hispano-Française qui sera célébrée à Saragosse pendant le cours de la prochaine année 1908.

Je porte le présent décret royal à la connaissance de votre Excellence pour lui donner la sanction qu'elle comporte.

Dieu vous garde de longues années.

Madrid, 24 juin 1907.   GONZALEZ BESADA

En juin 1907, l'agent consulaire de France à Saragosse recevait avis de l'organisation de l'exposition par la lettre ci-après :

« La ville de Saragosse se dispose à célébrer en 1908 le premier centenaire de sa glorieuse campagne de résistance dans les guerres qui remplirent l'histoire européenne au commencement du XIXe siècle.

De gauche à droite et de haut en bas. — 1. M. Jean CRUPPI, député, ministre du commerce et de l'industrie ; 2. M. Paul REVOIL, ambassadeur de France à Madrid ; 3. M. Lazare de MONTILLE, secrétaire d'ambassade à Madrid ; 3. BAUDOUIN-BUGNET, délégué du ministère du commerce ; 4. M. Max ROBERT, délégué du ministère des colonies.

« Pour que notre fête soit la fête de tous et que puissent y participer tous ceux qui travaillent, nous préparons une exposition à laquelle toutes les branches de l'activité humaine peuvent coopérer avec leurs travaux et leurs produits.

« Comme cette campagne de nos pères était nationale, et national aussi leur amour de l'indépendance, l'exposition aussi doit être nationale.

« Mais Saragosse considère que, bien que cette campagne soutenue en réalité entre l'Impérial envahisseur et les défenseurs de l'Indépendance nationale eût lieu entre Français et Espagnols, les descendants de ceux-ci de chaque côté des Pyrénées veulent être unis et frères.

« Et pourquoi la fête, par laquelle nous honorons nos Gloires, rappelle-rait-elle le souvenir d'anciennes divisions ?

« Pour que ces jours de joyeuse commémoration se complètent à l'allé-gresse de tous par l'affirmation de l'amitié sincère et de la paix entre les deux nations de deux grandes familles du peuple latin, Saragosse veut et dispose que son exposition soit et s'intitule **Hispano-Française**.

« A vous, représentant très digne de la nation amie et très aimée par ce peuple de Saragosse, nous donnons avant tous communication de cette décision, nous vous prions de la porter à la connaissance du Gouverne-ment de votre pays et nous espérons que cette communication et invita-tion, que par un si digne intermédiaire nous adressons au peuple français, sera aussi cordialement accueillie qu'elle est cordialement faite.

« En répondant à l'appel que nous adressons avec effusion par votre intermédiaire aux exposants, industriels et producteurs de votre noble nation, ils voudront témoigner du bon emploi qu'ont fait du temps écoulé les générations qui se sont succédé depuis cent ans et ratifier ainsi la paix, qui existe si heureusement entre nous et qui, nous l'espérons, durera toujours.

« Dieu vous garde de longues années ».

Pressenti par la voie diplomatique, le Gouvernement de la Répu-blique Française accueillit avec empressement la demande qui lui fut faite. Effacer le souvenir de luttes où les combattants donnèrent de part et d'autre la mesure de leur courage et de leurs vertus guer-rières par le spectacle pacifique des luttes fécondes dans toutes les branches de l'activité humaine, était une œuvre trop belle pour que notre gouvernement n'acceptât pas d'y participer.

L'Exposition Hispano-Française fut donc décidée du côté français, malgré le court délai qui séparait de son inauguration fixée au 1er mai 1908.

Le Comité français des Expositions à l'étranger avait été saisi of-ficieusement d'une demande de participation à l'Exposition Hispano-

Française, projetée à Saragosse pour l'année 1908, dès le début de l'année 1907.

Le conseil de direction du Comité, très absorbé par la préparation de l'Exposition Franco-Britannique, qui devait avoir lieu à Londres en 1908, ne crut pas devoir donner suite à cette demande de participation.

De nouvelles démarches officieuses furent faites auprès du Comité français des Expositions à l'Etranger en juin et juillet 1907, mais elles n'eurent aucun résultat.

Toutefois le Comité français des Expositions à l'Etranger, désireux de donner à la nation espagnole un témoignage de sympathie, faisait connaître que, si l'exposition de Saragosse était reportée à l'année 1909, l'année 1908 étant réservée entièrement à l'exposition Franco-Britannique, il serait tout disposé à s'occuper activement de l'organisation d'une participation française importante.

Le 10 janvier 1908, M. le Président Emile Dupont reçut une lettre de M. le Ministre du Commerce relative à cette exposition. Dans cette lettre, M. le Ministre du Commerce faisait connaître qu'il avait reçu une note de son collègue des Affaires étrangères, lui signalant toute l'importance qu'on attachait en Espagne à la participation de la France à l'Exposition de Saragosse.

M. le Président répondit qu'il soumettait à nouveau la question à l'examen de la commission d'initiative et d'enquête.

Sur ces entrefaites, le comité reçut la visite de M. Pellegero, commissaire général de l'Exposition de Saragosse qui venait à Paris avec pleins pouvoirs du Comité exécutif Espagnol, pour traiter avec le Comité français des Expositions à l'étranger.

Dans sa séance du 15 janvier 1908, le Conseil de direction du Comité français décidait à l'unanimité d'organiser à l'exposition de Saragosse une section française.

Et le 18 mars 1908, après le vote des crédits par les deux Chambres, le Comité français avisait officiellement de cette décision M. Paraiso, Président de la Commission exécutive de l'Exposition Hispano-Française de Saragosse.

Après l'acceptation définitive du Comité français, celui-ci décida que l'organisation d'une section française devait être confiée à un bureau et à un comité formés tant par des membres du Comité français des Expositions à l'étranger que par les membres du Comité agricole et horticole.

Ce bureau et le comité furent ainsi constitués :

De gauche à droite et de haut en bas. — 1. M. Emile Dupont, sénateur, président du Comité français des expositions à l'étranger ; 2. M. le Dr Albert Viger, sénateur, président de l'exposition de Saragosse ; 3. M. Jules Hetzel, vice-président du Jury supérieur ; 4. M. Lucien Layus, 1er vice-président du Comité de l'exposition de Saragosse ; 5. M. Joseph Stetten, secrétaire général du Comité de l'exposition de Saragosse.

COMMISSION D'ORGANISATION

DE LA

SECTION FRANÇAISE

Délégué du Ministère du Commerce et de l'Industrie : M. BAUDOUIN-BUGNET, directeur du personnel, de la Marine marchande et des Transports au Ministère du Commerce et de l'Industrie.

Président : M. Viger (Albert), sénateur, président du Comité agricole et horticole français des expositions internationales, membre d'honneur du Comité français des Expositions à l'étranger.

Premier Vice-Président : Layus (Lucien), directeur de l'*Annuaire Didot-Bottin*, président de la Commission d'initiative et d'enquête du Comité français des Expositions à l'étranger, Conseiller du commerce extérieur.

Vice-Présidents : Chatenay (Abel), horticulteur-pépiniériste, secrétaire général de la Société nationale d'Horticulture de France.

Niclausse (Jules), ingénieur-constructeur, président de la Chambre syndicale des mécaniciens, chaudronniers et fondeurs de France.

Prevet (Jules), fabricant de conserves alimentaires, président de l'Union des Syndicats de l'Alimentation en gros.

Vacher (Marcel), agronome, membre de la Société nationale d'Agriculture et du Conseil supérieur de l'Agriculture.

Marot (Émile), ingénieur-constructeur, maire de Niort, président de la Chambre de commerce des Deux-Sèvres.

Révillon (Victor), négociant en fourrures, membre des Chambres de commerce françaises de New-York et de Montréal.

Secrétaire général : Stetten (Joseph), exportateur, président de la Chambre des négociants-commissionnaires et du Commerce extérieur, Conseiller du Commerce extérieur.

Secrétaire général-adjoint : Nomblot-Bruneau, secrétaire-général-adjoint de la Société nationale d'Horticulture de France.

Trésorier : Lefèbvre-Albaret (Gaston), constructeur-mécanicien, vice-président de la Chambre syndicale des constructeurs de machines agricoles.

Secrétaires : Cognacq (Gabriel), négociant (Maison de la *Samaritaine*).

Simoneton, fabricant d'appareils et tissus à filtrer.

Soualle (L.), négociant en vins, président du Syndicat du commerce en gros de vins et spiritueux de l'Oise, Conseiller du Commerce extérieur.

Tissot, constructeur de matériel agricole.

De Vilmorin (Philippe), président de la Chambre syndicale des marchands grainiers français.

Voitelier, trésorier du Comité agricole et horticole français des expositions internationales.

Membres du Comité d'organisation.

Dupont (Émile), Sénateur, président du Comité français des Expositions à l'étranger.

Lourties (Victor), vice-président du Sénat, président d'honneur du Comité français des Expositions à l'étranger.

Hetzel (Jules), vice-président du Comité français des Expositions à l'étranger.

Pinard (Alphonse), maître de forges, vice-président du Comité français des Expositions à l'étranger.

Sandoz (G.-Roger), secrétaire général du Comité français des Expositions à l'étranger.

Kester (Gustave), trésorier du Comité français des Expositions à l'étranger.

Amson, Georges. — Bajac, A. — Barbier, Albert. — Barbier, Léon. — Baudet, Louis. — Berge, René. — Dr Beurnier. — Bigard-Fabre. — Bigaux, Louis. — Bigorne, Louis-Émile. — Bouilhet, André. — Bourgeois, Paul. — Braquenié, Louis. — Bruant, G. — Cabaret, Paul. — Caen, Gustave. — Carette, Georges. — Carrière, Ernest. — Caviole-Dumoulin. — Cayeux, Ferdinand. — Chanée, Henri. — Chapelle, Charles. — Chassaing, Eugène. — Dr Chervin. — Chevreau. — Clair, Maxime. — Corby, Th.-Léon. — Crepelle-Fontaine. — Dabat. — Darley-Renault. — Darracq, Alexandre. — Demaria, Jules. — Derrevaux, Henri. — Domange, Albert. — Duval, Georges. — Egrot, Alfred. — Ehrenberg, Georges. — Estieu, Maurice. — Fouquet, Georges. — Gaudin, Félix. — Gauthier-Villars, Albert. — Godard-Desmarest. — Goyer, René. — Gravereau. — Guiffrey, Jean. — Hammond, John. — Harant, Louis. — Hirsch, Alfred. — Hollande, Jean. — Jeanselme, Charles. — Jemont, Sylvain. — Klotz, Henri. — Laguionie, Gustave. — Laurent-Opin. — Leloir, Albert. — Dr Lepage-Viger. — Dr Leprince, Maurice. — Lindet, Léon. — Lippmann, Ernest. — Louis-Dreyfus, Léopold. — Magnier-Bédu. — Mainguet, Pierre. — Mansard,

Georges. — Marescot, Paul. — Meyer, Joseph. — Méry-Picard.
— Michel, Charles. — Millet, père. — E. Mimard. — Mouilbau. — Neveu. — A. Nonin. — Opoix, Octave. — Pichot. — Pinguet-Guindon. Rachet, Georges. — Radius, Georges. — A. Raynaud. — Ricois, Ernest. — Rivage, Denis. — Senet, Adrien. —
Templier, Paul. — Teterger, Henri. — Truffaut, Albert. — Vacherot, Jules. — Vaguer, Léon. — Valentino. — Vermot, Maurice. — Viala, Pierre. — Vidal-Beaume. — Vinant, Georges.
— Weil, Daniel.

Secrétaire administratif : Brevans (Edmond de).

Architecte en chef : Montarnal (Eugène-Ch. de), chef des services
techniques du Comité français des Expositions à l'étranger.

Architectes adjoints : Navarro (Félix), architecte du palais de la Section française. Montarnal (Jean de).

Section Agricole et Horticole.

Architecte : Guillaume (Henri).
Jardinier en chef : Vacherot.
Secrétaire administratif : Martel.

Porte du Carmen.   *Cl. Coyne.*

LOI ET DÉCRET

QUI ONT CONSACRÉ LA PARTICIPATION FRANÇAISE

LOI

RELATIVE A LA PARTICIPATION DE LA FRANCE A L'EXPOSITION HISPANO-FRAN-
ÇAISE DE SARAGOSSE ET A L'OUVERTURE SUR L'EXERCICE 1908 DE CRÉDITS
EXTRAORDINAIRES POUR CET OBJET.

Le Sénat et la Chambre des Députés ont adopté,
Le Président de la République promulgue la loi dont la teneur suit :

Article unique.

Il est ouvert au Ministère du Commerce et de l'Industrie sur l'exercice
1908, pour la participation de la France à l'Exposition Hispano-Française de
Saragosse, un crédit extraordinaire de cent vingt-cinq mille francs. (125.000).

Ce crédit sera inscrit à un chapitre spécial n° 30 ter, sous le libellé :
« Participation de la France à l'Exposition Hispano-Française de Saragosse.

Il sera pourvu à cette dépense au moyen des ressources générales du
budget de l'exercice 1908.

La présente loi, délibérée et adoptée par le Sénat et par la Chambre des
Députés, sera exécutée comme loi de l'Etat.

Fait à Paris le 19 mars 1908.

A FALLIÈRES.

Par le Président de la République ;

Le Ministre du Commerce et de l'Industrie :
JEAN CRUPPI.

Le Ministre des Finances :
J. CAILLAUX.

DÉCRET

RELATIF A LA PROTECTION TEMPORAIRE DE LA PROPRIÉTÉ INDUSTRIELLE
A L'EXPOSITION DE SARAGOSSE 1908.

Le Président de la République française,
Sur le rapport du Ministre du Commerce et de l'Industrie,
Vu la loi du 13 avril 1908, relative à la protection temporaire de la

propriété industrielle dans les expositions internationales étrangères, officielles ou officiellement reconnues, et notamment l'article 3 ainsi conçu :

« Un décret déterminera à l'occasion de chaque exposition présentant les caractères visés à l'article premier les mesures nécessaires pour l'application de la présente loi » ;

Vu la loi du 19 mars 1908, relative à la participation de la France à l'Exposition Hispano-Française de Saragosse.

Décrète :

ARTICLE PREMIER. — Les exposants ou leurs ayants droit qui voudront bénéficier de la protection temporaire accordée par la loi du 13 avril 1908 aux inventions brevetables, aux dessins et modèles industriels et aux marques de fabrique ou de commerce, pour les produits qui seront régulièrement admis à l'Exposition Hispano-Française de Saragosse en 1908, devront se faire délivrer par le délégué officiel du ministre du Commerce et de l'Industrie un certificat de garantie.

ART. 2. — La demande de certificat devra être faite dans les trois mois de l'ouverture officielle de l'Exposition ; elle sera accompagnée :

1° D'une description exacte en langue française des objets à garantir et, s'il y a lieu, de dessins desdits objets. Les descriptions et dessins devront être établis par les soins des exposants ou de leurs mandataires qui certifieront sous leur responsabilité la conformité des objets décrits ou reproduits avec ceux qui sont exposés ;

2° D'une attestation signée de l'autorité chargée de délivrer le certificat d'admission constatant que les objets pour lesquels la protection est demandée sont réellement et régulièrement exposés.

La délivrance du certificat de garantie est gratuite.

ART. 3. — Le Ministre du Commerce et de l'Industrie est chargé de l'exécution du présent décret qui sera publié au *Journal officiel de la République Française* et inséré au *Bulletin des Lois*.

Fait à Paris, le 19 mai 1908.

A. FALLIÈRES.

Par le Président de la République ;

Le Ministre du Commerce et de l'Industrie :
JEAN CRUPPI.

L'Exposition Hispano-Française s'installait sur les terrains appelés de « Santa Engracia », propriété de la Municipalité, destinés à l'agrandissement futur de la ville. Cet emplacement réunissait les conditions les plus favorables, représentant une superficie de plus de 100.000 mètres carrés entourée de larges avenues permettant une circulation facile des visiteurs et des voitures. Le Comité espagnol faisait construire sur ces terrains trois grands édifices qui, l'exposition terminée, devaient servir à un Musée, à un Hospice, à une Ecole de Commerce et des Arts et Métiers. De vastes pavillons, de construction temporaire, devaient servir à l'exposition des produits espagnols et français. Le Comité espagnol préparait enfin des attractions pour les visiteurs de l'exposition.

A la fin d'avril la Section française était prête, il ne fallait rien moins qu'une organisation aussi puissante que celle de notre Comité français des Expositions à l'étranger pour mener aussi rapidement à bien l'œuvre entreprise, car ce fut le 21 mars seulement que fut votée au Sénat la subvention de 125.000 francs permettant de construire le pavillon français, c'est-à-dire six semaines avant le 1er mai, date de l'inauguration.

Cl Raynaud.

Marchand ambulant.

Notre-Dame del Pilar. *Cl. Lucien Layus.*

L'Exposition et les Relations commerciales Franco-Espagnoles

Pour la plupart des commerçants et industriels français qui vinrent exposer à Saragosse, il ne pouvait être question de la possibilité de trouver en Espagne des débouchés pour leurs produits, car, les tarifications douanières déjà si élevées sous le régime du tarif de 1892, même à la deuxième colonne de l'Arancel dont le bénéfice nous fut accordé par le *modus vivendi* de 1893, ont été encore surélevées par le nouveau tarif douanier espagnol mis en vigueur en 1906.

Mais le Ministre du Commerce a justement pensé que s'offrait là une occasion de montrer à la foule des consommateurs la valeur et la qualité de produits dont ils sont depuis longtemps privés par des tarifs prohibitifs et que de leur désir de vouloir s'en rendre acquéreurs, une entente commerciale pouvait résulter ouvrant le territoire espagnol à nos articles spéciaux avec en échange des réductions dans notre tarif sur des produits espagnols.

En souscrivant au désir formulé par S. M. le Roi d'Espagne à notre Ambassadeur à Madrid, M. Revoil, M. Cruppi a pensé qu'une Exposition commerciale Hispano-Française était un premier pas dans la voie si désirable d'une convention commerciale mettant fin aux difficultés sans nombre qui entravent le trafic entre la France et l'Espagne.

Cette situation est trop connue, pour que nous nous croyions obligé d'insister en montrant par des chiffres les funestes conséquences, pour la France, de l'absence, depuis 1892, d'un arrangement commercial entre les deux pays. En 1894, nous vendions en Espagne pour 327 millions de pesetas, nous tenions de très haut le premier rang des pays importateurs dans la Péninsule. Aujourd'hui, après les atteintes du tarif espagnol de 1892, après une pleine année, année 1907, de fonctionnement du récent Arancel de 1906, la France ne vend plus que pour 130 millions de pesetas, ayant ainsi réduit ses ventes de moitié en seize années, tandis que, durant le même laps de temps, l'Allemagne a doublé les siennes, et que l'Angleterre reste toujours au premier rang.

Un groupement d'industriels et de commerçants français ayant à sa tête M. le Sénateur Lourties, ancien Ministre du Commerce, vice-président du Sénat, combat depuis 1903 pour changer cette situation.

Dès sa fondation, sous le titre « d'*Union pour l'amélioration des conventions commerciales entre la France et l'Espagne* », il s'était donné pour but d'améliorer le régime déjà si rigoureux du *modus vivendi* de 1893. Combien n'est-il pas fondé à présent à s'élever contre les droits prohibitifs de l'Arancel de 1906 ! Il a à lutter en Espagne, malgré les nombreuses adhésions qu'il s'y est acquises, contre le parti protectionniste catalan ; il a à lutter en France contre l'intransigeance de certains producteurs qui ne conçoivent aucune concession dans le tarif français pour prix d'un arrangement. Il a à lutter surtout contre des jugements sommaires qui font dire en France que le *modus vivendi* existant entre la France et l'Espagne peut être satisfaisant puisqu'il nous a admis au bénéfice du tarif minimum dont nous profitons comme si nous étions parmi les nations contractantes. On oublie, en raisonnant ainsi, que les droits sur les articles nous intéressant sont restés majorés, puisqu'ils sont ainsi majorés pour nous amener à traiter.

Cette union, sur laquelle nous avions fondé personnellement tant d'espoir, a élaboré de nombreux travaux que le Ministère du Commerce et de l'Industrie a bien voulu accueillir comme la traduction des plaintes légitimes du Commerce français, comme l'indication de la convention commerciale facilement réalisable entre la France et l'Espagne. Tout récemment encore, dans un rapport qu'elle eut

l'honneur de remettre au Ministre, elle signalait les graves pertes
éprouvées par l'Industrie Française dans la vente de ses produits en
Espagne : sur les tissus de soie une perte réelle et un manque à
gagner se chiffrant au total, en 1907 par 3.246.000 francs ; sur les
tissus de laine, 1.300.000 francs ; sur les machines 1.300.000 francs
sur les tissus de coton 400.000 francs ; etc. etc...

L'*Union* faisait remarquer, dans ce récent rapport, combien les
relations économiques entre les deux nations voisines et amies sont en
contradiction flagrante avec leurs relations politiques ; et elle expri-
mait le vœu, que nous reprenons ici, que notre Gouvernement envi-
sage le plus tôt possible la reprise des négociations avec l'Espagne,
en vue d'une convention commerciale. En effet l'entente entre les
deux nations est trop amicalement sincère pour que subsiste l'ano-
malie qui favorise l'Allemagne à notre détriment, et il serait insensé
de voir l'œuvre colossale des chemins de fer transpyrénéens entreprise aux frais des deux nations voisines si des barrières douanières
devaient continuer à empêcher le trafic entre la France et l'Espagne.

Cl. Thouin.

La Seo.

Avenue centrale de l'Exposition.   *Cl. Coyne.*

LA SECTION ESPAGNOLE

Edifices temporaires

Les Bâtiments de l'Exposition Hispano-Française occupaient l'emplacement du couvent de Santa-Engracia, un des points de Saragosse où la lutte fut le plus acharnée pendant les sièges dont on célébrait le centenaire.

La section espagnole réunit 1422 exposants ; elle a, sans compter le casino, quatre bâtiments temporaires dont deux pour les machines, un pour l'alimentation, un pour le Ministère du Fomento ; elle a, en outre, trois édifices permanents qui sont destinés à servir d'école, de musée et d'hôpital et dans lesquels, pour l'exposition, sont exposés les industries diverses et les arts rétrospectifs.

La porte d'entrée, construite sur les projets de l'architecte M. Magdalena, directeur des travaux de l'Exposition, s'ouvre sur l'avenue de la Mina ; elle est de style moderne d'un effet très agréable.

Ses deux côtés sont des pylônes qu'un arceau réunit, et cet arceau
porte une ligne droite de festons élégants surmontés d'une bordure
supérieure en niches de feuillages agrémentées d'ornements en forme
de marguerites. Chaque pylône est terminé par une large couronne
sur champ qui forme nimbe à une femme drapée s'élançant dans
un mouvement ailé, les bras écartés, jetant des couronnes. Fraîche
et lumineuse pendant le jour dans sa blancheur éclatante sous le
ciel bleu de Saragosse, elle obtient le rendement total de sa conception

Palais de l'Alimentation.   Cl. Coyne.

lorsque le soir elle s'illumine, monument de clarté flamboyante
dressé pour le prestige de la fée électricité.

Dans toutes ces fleurs et ce feuillage de carton pâte étincellent
des cabochons innombrables. Et c'est là l'exposition bien comprise
des sociétés locales d'électricité réunies.

La porte franchie, l'avenue centrale s'offre au visiteur, qui voit
devant lui une fontaine du sculpteur Lasuen dont la vasque émerge
au milieu des plates-bandes gazonnées ; à gauche, le pavillon des machines ; à droite, le pavillon de la traction ; au fond le pavillon de
l'alimentation.

Derrière ce pavillon de l'alimentation, le visiteur trouvera, cons-

truit parallèlement, le pavillon du Fomento devant lequel se dresse
le monument des sièges, de Querol.

Le parc des attractions est dans le fond gauche de l'enceinte de
l'exposition. Toute la partie droite est constituée par les édifices permanents dont la sévérité architecturale appropriée à un musée, à
des écoles des arts et industries et à l'œuvre hospitalière de la Charité, contraste avec l'élégance papillotante et éphémère des pavillons modernes hérissés de drapeaux et de bannières.

Pavillon du Ministère de Fomento.   *Cl. Coyne.*

Les pavillons égaux et symétriques des machines et de la traction
sont de forme rectangulaire et ont 18 mètres de largeur avec 52 mètres
de longueur.

Ces pavillons abritent les installations d'automobiles, de voitures ;
des mines et chemins de fer d'Utrillas ; de la Compagnie royale
asturienne des mines ; de la Compagnie transatlantique espagnole ;
des eaux et industries diverses et celles des machines en marche ;
des ciments, de la céramique et produits réfractaires ; de la ferblan-
terie et des appareils de distillation. L'importante maison Carda y
Escoriaza de Saragosse, qui construit la majeure partie du matériel
des tramways en Espagne, expose aussi dans ce pavillon de la
traction.

Le pavillon de l'alimentation est le plus important des édifices temporaires ; il occupe une surface de 1.800 mètres carrés et se compose de deux parties rectangulaires de 20 mètres de large sur 50 mètres de longueur, réunies par une rotonde centrale. L'architecte, M. Magdalena, s'est encore inspiré du style moderne dans sa construction ; il a bâti la façade en longue allée couverte sous colonnes et donné

Pavillon Espagnol.   Cl. Coyne.

à l'ensemble, par une ornementation polychrome et par un gracieux mouvement des lignes, un aspect très agréable. Ce pavillon, qui reçoit en outre des produits agricoles, les eaux minérales et la parfumerie, est richement garni à l'intérieur de belles installations en forme de kiosques, de vitrines du goût le plus varié.

Le pavillon du Ministère du Fomento est construit d'après les plans de l'architecte M. Gato et il comporte une installation très intéressante des divers services de ce ministère.

Edifices permanents

Les architectes espagnols qui ont construit les édifices permanents se sont bien gardés de tomber dans le domaine fantaisiste et à juste raison ils ont construit dans le style classique, ajouté autant que possible au style régional aragonais, des édifices appropriés à leur destination future.

M. Félix Navarro, qui a construit le bâtiment qui sera une école, a fait un édifice de facture moderne où se voit un mélange de diverses époques artistiques. L'ensemble est très sobre et fort simple, peut-être même un peu austère comme il convient à l'étude. La construction intérieure a été intentionnellement arrêtée pour permettre l'installation des exposants. Le seul motif décoratif important à l'extérieur est un vaste cartouche aux armes de l'Espagne.

Cl. *Lucien Layus.*
Monument des Ecoles d'Arts et Métiers.

Les installations industrielles, dans les salles du bâtiment des Ecoles, étaient de la plus grande importance et l'on pourrait citer celles des Ecoles des arts et industries de Sabadell, Grenade, Saragosse ; celle des pianos et orgues de la maison Casalles de Barcelone ; de la maison de céramique Pickman ; celle des Tabacs ; celle des fils et tissus de Frias, de Sola et Sert à Barcelone, de Ruiz Biesca à Santander et de Pina à Saragosse ; celle des cuirs tannés de Castell

3

et des cuirs artistiques de Frias Marti (Lorca). On remarquait une salle entière consacrée aux diverses manifestations de l'activité industrielle et artistique de Sabadell; et une autre affectée à la section d'Economie sociale.

Le bâtiment de la Charité, qui sera un hôpital fondé par le philanthrope Cantin, est d'une sobriété voulue, ses auteurs MM. Magdalena, La Figuera et Yarza, ont dressé une maison pourvue de grandes baies vitrées car il leur importait avant tout que l'air et la lumière y puissent pénétrer à flots; les cours en sont vastes et largement aérées.

Patio du Musée.   *Cl. Coyne.*

L'exposition de Saragosse a installé, dans cet édifice de deux mille mètres carrés, la peinture et la sculpture contemporaines, les industries artistiques, l'architecture et les arts décoratifs. En peinture, on remarquait un portrait du Roi et deux figures de femmes d'une facture irréprochable, par Casas, des tableaux de Chicharro, Oliver, Masriera, Fedeal, Saenz, Marin, Garcia, Condoy, Balasanz, Gonzalvez, Larraz, Felix Lafuente, Vila Prades, Uranya, Galofre, Oller, etc. En sculpture, les œuvres d'Oslé, Fortien, Bueno-Norja, Quixal, Monserrat, etc.

En architecture, les envois de la Figuéra montrent la recherche de l'hygiène dont on a la preuve dans cet édifice même.

Les arts décoratifs et les industries artistiques sont représentés

par les ouvrages de Félix Lafuente et Gascon de Gotor et par les ouvrages de style arabe de Blanco et Santisteban, de Grenade qui
donnent une reproduction du plafond incendié de la salle de la Barca
à l'Alhambra.

Pour terminer enfin cette énumération des édifices définitifs qui
forment en somme l'exposition des architectes espagnols, nous décri-
rons le superbe bâtiment qui sera le Musée provincial des Beaux-
Arts. Il est de plus grande valeur artistique que les précédents en
raison de sa destinée même.

Musée. — Galerie du 1er étage.   *Cl. Coyne.*

Ses architectes, MM. Magdalena et Bravo, l'ont construit sur un
emplacement de 3.200 mètres carrés avec 55 mètres de façade et autant
de profondeur. La façade très sévère montre une ligne de galeries
interrompue entre les deux ailes par un corps central. De chaque
côté se dressent les statues de l'architecture et du commerce dues
au ciseau de M. Lasuen, directeur de l'Ecole des arts et industries.
Dans les espaces entre colonnes de la loggia centrale, des statues
représentent l'architecture, la peinture et la sculpture par M. Palao.

En construisant ce monument, la Commission du Centenaire avait
tenu à le faire s'adapter autant que possible au style régional aragonais dont Saragosse possède tant d'exemples, comme l'ancien palais

de Luna (aujourd'hui l'Audience) et l'antique palais de Sestago. Chargés d'interpréter ces désirs, les architectes ont doté la ville d'un édifice moderne de goût classique et local qui, avec le monument de la Faculté de Médecine et des Sciences vont reconstituer les joyaux disparus de l'art local tels que la casa de Zaporta (vulgairement de l'Infante), la casa de Ezmir, le Patio del Comercio et tant d'autres œuvres aujourd'hui oubliées.

Et en effet, quand le visiteur pénètre dans l'intérieur du Musée, il est soudainement ravi par la vue d'une cour centrale d'une éblouissante beauté. Au milieu de laquelle on admire une belle statue d'Augustina Aragon, l'illustre héroïne des Sièges. C'est le Patio de la Infanta reconstitué, avec de riches matériaux moins sculptés il est vrai, mais qui n'en donnent pas moins l'impression de fraîcheur et de clarté, d'élégance et de souplesse que ce joyau de l'art hispano-arabe devait donner dans la réalité. L'effet voulu par les architectes, Magdalena et Bravo, est certainement atteint et il n'y a pas de doute qu'ayant franchi la porte du palais, le visiteur ne se trouve immédiatement placé dans une atmosphère de beauté et d'art qui le dispose avec une sorte de mysticisme à l'examen des richesses accumulées dans ce Palais. C'était bien là un cadre digne des œuvres de l'art rétrospectif, qui y ont été temporairement réunies et dont nous avons donné l'énumération sommaire.

Porte monumentale de l'Exposition.   *Cl. Goyne.*

Exposition d'Art rétrospectif
et Objets de l'époque des Sièges

Dans le grand édifice permanent, qui sera le Musée Provincial des Beaux-Arts, sont les installations de sculpture, fonderie artistique, joaillerie et l'admirable exposition d'art rétrospectif et d'objets de l'époque des Sièges. Nous donnons plus loin la description de ce bel édifice, spécimen de la Renaissance Espagnole. Du patio intérieur, reconstitution agrandie de la cour dans la fameuse maison de l'Infanta aujourd'hui disparue de Saragosse, l'on gagne par un bel escalier, le premier étage, entouré d'une jolie colonnade, où se trouvent les salles de l'Art rétrospectif.

Musée.   *Cl. Lucien Layus.*

Un écrivain d'art, M. Causse, a donné dans le journal des Débats son impression sur cette merveilleuse exposition dont le principal organisateur fut l'érudit chanoine Francisco de Paula Moreno. Il dit, comme nous l'avons pensé, qu'à elle seule, cette exposition justifiait un voyage à Saragosse. Elle réunissait, en effet, un ensemble de merveilles tel qu'on n'en avait pas vu en Espagne depuis l'exposition du Centenaire de Christophe Colomb et qu'on a rarement eu l'occasion d'en admirer de semblables ailleurs.

Le Roi tout le premier, dit M. Causse, les particuliers et surtout les églises, non seulement de Saragosse et des provinces aragonaises de Huesca et de Teruel, mais d'autres régions d'Espagne, ont en effet si bien répondu à l'appel des promoteurs, que ceux-ci ont pu rassembler un véritable trésor d'art où des chefs-d'œuvre célèbres dans le monde entier, voisinent avec des pièces non moins précieuses, mais à peu près inédites et qui, l'exposition terminée, rentreront dans l'obscurité des humbles bourgs ou le mystère des abbayes, fermées aux profanes.

Chanoine Moreno.

Nous empruntons à M. Causse l'énumération qu'il a faite des merveilles accumulées dans ce palais :

« On doit se borner à mentionner simplement les morceaux de tout premier ordre, qui suffiraient à eux seuls à former un musée unique. Les trois salles du rez-de-chaussée n'offrent rien de bien remarquable. A côté de meubles et de peintures d'un intérêt moyen et de quelques belles faïences hispano-mauresques de la collection Monserrat, elles contiennent surtout des souvenirs historiques de la Guerre d'Indépendance et du Siège de Saragosse : habits, armes, autographes de Palafox et autres héros de cette épopée.

« Mais au premier étage, les chefs-d'œuvre abondent et il est particulièrement intéressant pour le visiteur français d'y trouver les traces nombreuses de notre art primitif dont l'influence fut grande dans

Exposition rétrospective.

le nord de l'Espagne, représenté souvent par des spécimens inédits en France même. Dans la première salle de cet étage, il faut signaler tout spécialement entre autres envois du Chapitre de la Cathédrale de Huesca, le magnifique *devant d'autel d'argent doré en sept compartiments ogivaux*, ayant pour sujet les mystères de la Vierge, œuvre de l'art barcelonais de la fin du quatorzième siècle, donné par le roi Pierre IV d'Aragon au monastère de Salas ; les *Trois reliquaires* et *cassettes* ornés d'émaux champlevés de Limoges du treizième siècle, et, de la fin du même siècle, un *très curieux crucifiement* provenant de la cathédrale de Pampelune, qui constitue un exemplaire presque unique de la peinture française à cette époque et où le dessin des figures est d'une singulière souplesse.

« La salle suivante contient surtout une intéressante série de panneaux de la *Vie de la Vierge*, de Sijéna, entre autres une charmante *Annonciation*, une peinture sur bois du douzième siècle, le magnifique *Triptyque* de Belchite (1430) et la *Collection Jovellanos*, de l'Institut de Gijon, dessins originaux des principaux maîtres espagnols (Herrera, Ribalta, Velasquez, Ribera, Valdes Leal, Murillo, Carreno, Cœllo, Goya) et italiens ou autres (Michel Ange, Titien, Bosch, Callot, Boucher etc.)

« Dans la salle 3, de belles *tapisseries flamandes* et dans la salle 4, la collection *Roman Vicente*, où figure notamment un tableau représentant la *Vierge et l'enfant Jésus* (vers 1370) avec les effigies et les armes de Henri de Transtamare et de sa femme, document historique de la plus haute importance.

Exposition rétrospective. *Cl. Coyne.*
Custode en argent doré. (*Chapitre de Salamanque*)

« La salle 5 réunit tout un ensemble de merveilles : la fameuse *Vierge de la Vega*, de Salamanque (1240), en vermeil orné de pierreries et émaux de Limoges ; *la cassette en ivoire sculpté de Pampelune*, admirable travail

arabe de Cordoue, du milieu du onzième siècle ; la très belle statue funé-
raire en bois sculpté de *Don Mauricio*, premier évêque de Burgos, de la cathédrale de cette ville et du douzième siècle, etc... La grande galerie 6 est
toute tendue des fameuses *tapisseries* des églises métropolitaines du Pilar

Exposition rétrospective.   *Cl. Coyne.*
Croix en argent doré. (*Collection Torrecilla*).

et de la Seo de Saragosse, dont la
plus ancienne, flamande et du début du quinzième siècle, représente la Passion du Christ, d'après
les cartons de l'école de Giotto,
et les autres, l'histoire d'Assuérus
et celle de Brutus. Parmi les innombrables chefs-d'œuvre exposés dans les vitrines de cette salle,
il faut mentionner l'exquise sta-
tuette de la *Vierge de Roncevaux*,
de la fin du treizième siècle, en
bois recouvert d'argent, dont la
grâce et la finesse semblent une
anticipation de celles du dix-
huitième siècle ; de nombreux in-
cunables et manuscrits enluminés
de grande valeur ; l'oliphant de
Gaston, vicomte de Béarn, du
neuvième siècle ; le reliquaire po-
lyptyque de Roncevaux, connu
sous le nom de « Jeu d'échecs de
Charlemagne », orné d'émaux du
quatorzième siècle et portant la
marque de Montpellier ; le magnifique porte-paix de du Clès avec
plaque byzantine de Gil Priscil de
Cuanca ; les triptyques en émaux
de Limoges, signés l'un Rémond
(de la Séo de Saragosse), l'autre
Maret (du village de Linares), ce
dernier, pièce incomparable igno-
rée jusqu'ici ; le reliquaire d'argent doré, don de Jaime le Con-
quérant, de l'église de Daroca ; enfin une belle série de bustes, parmi
lesquels ceux en argent de Saint-André, de Saragosse et de Sainte-Anne
de Caregnena (seizième siècle).

« La salle 7 renferme de nombreux tableaux de Goya, dont le portrait
du marquis de San Adrian, d'une envergure et d'une couleur hors ligne ;

ceux de Ferdinand VII, du duc de San Carlos et plusieurs autres de premier ordre ; les intéressants *Caprices* de l'Académie de San Fernando de Madrid, et deux charmantes esquisses de panneaux religieux ; enfin l'incomparable collection d'étoles et chasubles de la cathédrale de Lerida, des douzième et treizième siècles, travaux de broderie byzantine et « mudéjar » (arabe postérieure à la reconquête chrétienne) en parfait état de conservation.

« Après les salles 8 et 9 assez insignifiantes, en regard des précédentes, les salles 10 et 11 sont occupées par les *envois de la Maison Royale*, dignes

Exposition rétrospective.   *Cl. Coyne.*
Calices gothiques en argent. (*Eglises de Retascon et Daroca*).

par leur valeur et la beauté de l'installation de l'illustre exposant dont le nom figure au frontispice du Musée. L'on y retrouve plusieurs des superbes tapisseries qui ornaient le pavillon d'Espagne dans la rue des Nations à l'Exposition de 1900, les séries des *Vies de la Vierge* et de *Saint Jean-Baptiste*, des *Vices* et des *Vertus*, des Flandres et du quinzième siècle, et la magnifique tapisserie de la *Justice* ; les armures ciselées de l'Armeria Real, les belles chasubles de l'Escurial ; un coffret en os sculpté du dixième siècle et un autre en cuivre émaillé de Limoges, du treizième siècle, du même monastère ; *le reliquaire d'or* dit des *Rois Mages* ; enfin une série de quinze petits panneaux de la vie de Jésus-Christ, de l'école flamande du quinzième siècle, d'une valeur inestimable et fort peu connus du public.

« L'Exposition est heureusement complétée, au point de vue moderne
par l'envoi du musée municipal de Barcelone, comprenant des œuvres
telles que *Mes Cousines*, de Zuloaga, un charmant Corot, le portrait d'Alphonse XIII, de Casas, des Jac-
ques Blanche, Rusinol, etc... et
des sculptures de Rodin, Monserrat, Benlliure, Querol, etc...

M. de Molènes qui, il y a
quelque quinze années, a fait
un compte-rendu de l'exposition de Madrid à l'occasion du
quatrième centenaire de la
Découverte du Nouveau-Monde,
a célébré dans cet ouvrage,
avec un enthousiasme vibrant,
la magnifique splendeur des
tapisseries exposées par la Couronne. La plupart de ces ouvrages ont comme dimensions
trois, quatre, cinq ou six mètres de largeur, sur trois, quatre, cinq, six mètres de haut.
Ils sont autant d'éditions prin-
ceps qui défient les reproductions. Il s'en trouve aussi un
assez grand nombre qui sont
les seuls ayant existé ou qui
existent encore. Tous, à part
deux ou trois exceptions, sont
tissés d'or, de soie et de laine.
Si les tapisseries des Flandres ont généralement fait les
frais de l'installation, il ne faut
pas oublier non plus que l'Espagne eut aussi ses fabriques

Exposition rétrospective. *Cl. Coyne.*
Vierge de la Vega. (*Chapitre de Salamanque*).

nationales. L'art de la tapisserie y fut importé par les Romains et
se perpétua plus tard avec les Arabes. Les écrivains du XIIᵉ siècle
mentionnent déjà l'élégance et le goût des panneaux tissés à Chin-
chilla, Cuenca, Grenade et dans la région de Murcie. Par la suite

. Exposition rétrospective.   *Cl. Coyne.*
Triptyque en émail peint. — Œuvre de Maret. — Limoges, XVIe siècle.
(*Eglise de Linarès. Téruel*).

Exposition rétrospective.   *Cl. Coyne*
Chasuble et Dalmatique du XVIe siècle.
(*Monastère de l'Escorial*).

grâce aux fabriques de Séville et de Madrid, cet art resta associé aux
fastes de la monarchie, comme aussi aux pompes des cathédrales.

La sensation apportée par ce déploiement est d'autant plus vive,
dit M. de Molènes, que les ouvrages qu'il embrasse ont gardé la fraîcheur, l'éclat, la jeunesse qu'ils avaient au premier jour de leur
fabrication. Jamais on ne se douterait que plusieurs dateront bientôt
de quatre siècles et que beaucoup parmi les autres en ont trois de
révolus.

En ce qui concerne la peinture, les tableaux qui figurent parmi les

Exposition rétrospective.   *Cl. Coyne.*
Coffre Hispano-Arabe. (*Chapitre de Pampelune*).

envois de la Couronne sont des œuvres véritables, car il ne faut pas
oublier que l'Espagne possède des trésors en chefs-d'œuvre et qu'elle
a des tableaux de maîtres tels que Raphaël, Titien, Rubens, Van
Eyck, Rembrandt, Albert Durer, Teniers, Van Dyck et surtout des
œuvres de Murillo, Vélasquez, Zurbaran, Ribera, Greco, Coello, Cano,
More, Morales, Mazo del Martinez et Goya. Ici Goya règne en maître
et une salle entière lui est consacrée avec des portraits de toute
beauté où s'affirme son talent qui tient à la fois et de Rembrandt et
de Vélasquez.

Les broderies exposées sont inimitables. Autrefois l'industrie des
brodeurs en Espagne était devenue, sous l'influence des cathédrales

Exposition rétrospective.   *Cl. Coyne.*
Collection de la Maison Royale.

Exposition rétrospective.   *Cl. Coyne.*
Armures et Tapisseries de la Maison Royale.

qui cumulaient l'autorité religieuse avec l'autorité civile, une des industries les plus prospères.

Pour les armes, on sait de quelle richesse est pourvue l'Armeria royale ; on sait le renom de Tolède et de Valence pour les épées et les armes militaires.

L'orfèvrerie, la joaillerie embrassent les modèles les plus purs de la Renaissance italienne et de la Renaissance espagnole.

Le travail des artistes espagnols dont nous admirons les œuvres a façonné des reliquaires, des vases sacrés, des boîtes, des coffrets,

Exposition rétrospective. — Salle des Goya.   *Cl. Coyne.*

des médaillons, des croix où la richesse de la matière le dispute en beauté au fini du détail.

L'orfèvrerie religieuse, particulièrement prodigue aux XVI° et XVII° siècles est une des plus grandes richesses de l'Espagne et un des plus beaux signes de son ancienne prospérité. Dans le gothique et son émaillerie, on trouve partout l'influence française qui domina au XIII° siècle et qui se prolongera au XIV°, jusqu'au moment où l'influence italienne envahit le littoral et s'étendit à toute la Péninsule. Mais on peut dire que la Renaissance française avait devancé la Renaissance italienne en Espagne.

L'influence flamande vint, au commencement du XV° siècle. Des-

deux influences italienne et flamande combinées résulte aux XVIe et
XVIIe siècles, ce que M. Emile de Molènes a appelé le mouvement
de la Renaissance espagnole.

De toutes les influences subies résulta pour l'Espagne un ordre
d'orfèvrerie et de joaillerie qui, aussi bien que la peinture et la
sculpture, rentre dans le caractère général. Les artistes nationaux,
comme le constate l'auteur du compte-rendu de l'exposition du
Centenaire de Colomb, apportèrent plus de robustesse et de relief
que n'en avaient les artistes florentins et milanais dont en dernier
ils avaient plus particulièrement suivi la trace.

Le fini n'est pas le même, conclut le critique, qui a vu ce que nous
avons vu à Saragosse ; l'effet parfois semble plus séduisant, mais
n'oublions pas, dit-il, que cette marque de tempérament existe avant
tout dans l'architecture.

Cl. A. B. C.

S. M. le Roi et les Infants
passant devant le front des Troupes.

Installations Diverses

Après avoir évoqué la richesse et la beauté des calices, des missels,
des chasubles, des images, des dalmatiques, des croix, des émaux
et des tapis somptueux envoyés par les cathédrales et par la Maison
Royale d'Espagne, il est difficile de revenir à la description quelque peu

Cl. *Cheminais.*
Kiosque à musique.
Vu des jardins de la Section Française.

terre à terre des autres installations de l'exposition
Hispano-Française. Il faudrait s'en tenir là car il semble que le lecteur ne peut pas
être le même pour deux
ordres de ces choses si
divergentes qui montrent
l'homme poursuivant d'une
part la chimère de l'idéal et
de l'autre un homme courbé
sur un sillon.

Pourtant l'analogie existe
en réalité et, si l'on a dit
que l'art est dans tout, c'est
que tout travail a sa
beauté.

N'omettons pas, en conséquence, de dire que, dans les galeries
qui forment le mur d'enceinte de l'exposition, l'installation des machines agricoles mérite un très sérieux examen. L'Espagne n'est venue
que tardivement à l'exploitation rationnelle de la terre et, s'il lui faut
un exemple qui lui vienne de haut, elle le trouve dans l'installation
de S. M. Alphonse XIII qui, par ses efforts persistants dans l'exploitation de son domaine particulier, a mérité le titre de premier agriculteur de l'Espagne.

Pour ne rien omettre encore autant que possible, disons qu'une multitude de petits kiosques et installations particulières pullulaient :

Grand Casino de l'Exposition.   Cl. Coyne.

kiosque de la musique, kiosque du champagne, du lait mousseux, du cidre, des bières, de confiserie ; le kiosque de la fabrique « la Ve-

Cl. Coyne.
Vestibule d'Honneur du Casino de l'Exposition.

Cl. Coyne.
Un Salon du Casino de l'Exposition.

neciana » situé sur un pont vénitien, et qui est l'exposition de M. Paraiso, le célèbre instigateur de l'Exposition Hispano-Française, M. Paraiso expose les glaces, miroirs et moulures de sa fabrication. Citons le pavillon de la verrerie espagnole, le moulin à vent de M. Bohorgues ; le pavillon de Saint-Gobain, celui de la Société

Exposition Mariane.   *Cl. Coyne.*

d'Engrais « Gross » ; de la Société Générale de l'Industrie et du Commerce ; celui de la « Permanent Nitrate Commitee », la cheminée de 18 mètres de hauteur élevée par la Société des Hauts Fourneaux de Bilbao, qui est richement illuminée la nuit.

Cl. Lucien Layus.
Pavillon de la Veneziana.

Pour les fêtes, les spectacles, les réceptions, un gracieux édifice, le Grand Casino, est bâti près du Pavillon français. Il contient une salle de spectacles, une scène et des salons, les deux étages sont occupés par le café, le restaurant et ses dépendances, une galerie et un vestibule spacieux. Toujours sur ce même côté gauche, mais au fond, se trouve le parc des attractions où figurent le cinématographe, l'aréoplane, les embarcations volantes, le fil de l'amour, etc..

Sur l'avenue de droite s'élève un bâtiment de style moderne, bâti par l'architecte Pericas et destiné à l'Exposition Mariane. Avec l'aspect tout à la fois d'une église romaine et d'une mosquée arabe, il a, malgré l'exiguïté de ses proportions, (à peine 600 mètres carrés) toute la religiosité d'un temple. Et c'en est un, en effet, car il contient tout ce qui rattache au culte de la Vierge Marie.

Les actifs organisateurs de cette manifestation chrétienne ont rassemblé dans les diverses sections de cette exposition particulière, des spécimens d'architecture, d'iconographie, d'héraldisme, des portraits, des ex-votos, des publications de propagande et surtout des bannières décoratives avec les diverses invocations à la Vierge, exécutées et offertes par des dames de Saragosse. Dans la chapelle de l'abside est une fontaine entourée d'une galerie sur laquelle s'élève l'image de la Vierge del Pilar. Ce pavillon sert à des conférences et à des concerts de musique sacrée.

Cl. Lucien Layus.

Pavillon de l'Exposition Mariane.

Monument commémoratif des Sièges

L'Exposition de Saragosse est une manifestation patriotique du Centenaire des Sièges. A ce titre, elle eût pu devenir chauvine à l'excès et remémorer dans le peuple des sentiments de haine contre le

Français envahisseur, profanateur de la cité. Grâce à M. Paraiso, il n'en fut pas ainsi. Par son noble geste, M. Paraiso a voulu qu'au contraire les deux peuples fussent unis, la main dans la main, pour cette commémoration. Cette idée qui pouvait sembler paradoxale s'est traduite par des faits qui ont heureusement prouvé la cordiale entente des deux nations.

Mais si la manifestation temporaire fut aussi chaleureuse pour marquer en quelque sorte une réconciliation historique, on pouvait penser que les monuments commémoratifs de cette époque héroïque traduiraient dans la pierre et dans le bronze des sentiments de haine qui furent longtemps ceux du peuple de Saragosse. En s'approchant *du Monument commémoratif des Sièges*, le Français pouvait avoir la crainte de voir son patriotisme personnel froissé par un geste, une attitude donnée à l'un quelconque des soldats français aux prises avec les Saragossains.

Cl. Lucien Layus.
Le Monument commémoratif
des Sièges, par Augustin Quérol.

Cette crainte qui nous a effleurés, nous l'avouons, est presque une injure à l'adresse du sculpteur Quérol, car il a conçu et exécuté son Monument commémoratif des Sièges en s'inspirant de la vérité his-

torique. Si les assiégés sont des héros qui se sont battus jusqu'à la
mort, les assiégeants sont également, eux aussi, des héros qui ont eu
le même courage et la même vaillance. Ces adversaires, jetés l'un
contre l'autre par l'homme du destin, se sont battus pour la gloire
de leur drapeau, pour l'honneur de leur Patrie. Le monument de
M. Quérol est l'apothéose de cette idée.

Un cercle de gradins élevés supporte un large et haut piédestal et au
faîte c'est la Patrie, symbolisée par une femme debout dans le vent de
la tempête guerrière. Elle s'appuie sur le cartouche portant les armes
nationales et d'un geste, elle le protège contre l'attaque des ennemis.

Ses fils sont à ses pieds qui se battent pour elle ; ils forment une
ruée formidable au bas du piédestal ; l'on voit dans la mêlée, hommes
et femmes assemblés ; la vaillante Agustina Zaragoza est debout à
la bouche d'un canon, défiant l'adversaire ; immuable en pierre
blanche au milieu de ses soldats de bronze, le général Palafox, à
cheval, fait face aux assiégeants.

Ce monument d'une superbe envolée est au centre de la grande
place située dans l'ancienne plaine de Santa Engracia, emplacement
de l'exposition.

Cl. Raynaud.

Cortège officiel se rendant au *Te Deum*.

Monument à Agustina Zaragoza
et aux héroïnes des Sièges

Tout autre est le monument à Agustina Zaragoza et aux héroïnes Saragossaines, place del Portillo, endroit où elles combattirent. Il

Monument élevé à Agustina Zaragoza
par Mariano BENLLIURE.

ne traduit pas un symbole avec des mouvements de réalité ; il représente lui aussi une femme debout dans le vent de la bataille, le pied sur un canon, mais cette femme c'est l'héroïne elle-même. A ses pieds, un chanteur aragonais, la guitare au dos, lève le bras pour poser des lauriers sur le nom de l'indomptable patriote.

Le sculpteur, M. Mariano Benlliure, a évoqué l'histoire par un groupe en bronze formé d'un lion luttant contre un aigle et, sur chacun des autres côtés, il a représenté les héroïnes Manuela Sancho, Maria Agustin, la comtesse de Bureta et la sœur Rafols.

Il faut, à n'en pas douter, connaître les faits historiques pour apprécier comme il convient l'œuvre du sculpteur Benlliure et saisir les difficultés qu'il a dû vaincre.

Cette femme, debout sur le socle, porte avec sa robe une tunique

Maria Agustin.

Agustina Zaragoza.
(Augustine d'Aragon) en 1809.

Cl. D. B.
Statue d'Agustina Zaragoza,
par Mariano BENLLIURE.

de soldat ornée d'épaulettes. Tête nue, elle regarde au loin d'un air provocateur et ses mains sont à ses hanches dans l'attitude de s'offrir crânement

aux balles de l'ennemi.

A un historien espagnol, M. Fernando Marin, dont M. Edouard Gachot a reproduit les passages d'un manuscrit, nous devons de connaître quelques détails sur la vie de cette femme qui évoque chez nous autres, Français, notre héroïne Jeanne Hachette. Trouvée à l'âge de huit ou neuf mois, abandonnée devant la maison des Augustines, un Père en la baptisant,

lui avait donné le prénom de l'ordre et le nom de la ville. Ensuite elle était portée à l'hôpital général. Quelques jours après, le corroyeur Tabuenca adoptait l'enfant qui était, croyait-on, fille de la marquise Ayerve. Un abbé formait facilement son instruction.

Si nous citons plus encore de ce manuscrit, nous lisons :

« L'orpheline travaillait à broyer

le tan et à charrier à la fosse de l'Ebre des peaux, quand la guerre de l'Indépendance commença. Tout travail de fabrication cessant, un sermon du P. Boggiero, fait à la basilique de Notre-Dame du Pilier, détermina la vocation guerrière d'Agustina. Le même jour, elle se coiffait du foulard rouge adopté par les volontaires de Jaca ; elle s'armait d'un poignard et de deux pistolets. Rassemblant toutes les femmes qui ne craignaient ni les aventures ni les épreuves, un corps en fut formé ; et, à cette compagnie franche, composée de sujets illettrés, Agustina lisait le soir, aux lueurs d'une lanterne, place de la Miséricorde, la première proclamation de Palafox ».

Chez cette fille de vingt ans, forte et de taille moyenne, l'ardente proclamation du général Palafox a mis un courage sans pareil. Elle est convaincue que le peuple de Saragosse est invincible et qu'il suffit de vouloir pour pouvoir chasser l'ennemi. Elle est sublime de grandeur farouche. Un officier qui a laissé prendre une position par les Français est condamné à mort. A la tête de vingt femmes elle va assister à l'exécution et insulter le cadavre. De la crête des remparts, elle brave l'ennemi et lui crie des injures. Les balles sifflent autour de sa tête, déchirent sa robe ; elle ne bronche pas, restant là jusqu'à la nuit pour enflammer de son souffle l'ardeur des assiégés. C'est dans cette attitude que le sculpteur l'a prise pour la fixer dans le bronze éternel. Il eût pu la représenter chargeant à elle seule un canon désemparé de ses servants et fauchant à mitraille dans les rangs des Français. Il eût pu la représenter encore au milieu des volontaires qu'elle surexcitait d'intense patriotisme, marchant dans les cadavres au milieu de la pestilence, en chantant des cantiques, en criant : « Mort à Napoléon et aux Français ! ».

L'histoire a de ces éternels recommencements et lorsqu'il semble

Cl. D. B.
Buste d'Agustina Zaragoza,
par Mariano BENLLIURE.

que tout est perdu, que nul effort ne sera plus couronné de succès,
que la lutte est définitivement impossible, les héros d'hier qui
s'avouaient vaincus dressent la tête à un appel réconfortant et ils en-
tendent une femme, Jeanne d'Arc, Jeanne Hachette ou Augustine
Saragosse qui les fait lever pour combattre encore avec confiance.

Chez l'une, toute la force était faite de mysticisme et d'une voix qui,
disait-elle, lui était venue d'en haut; chez l'autre, c'était la fureur
exaspérée donnée en exemple pour frapper à coups de hache. Chez
cette Augustine Saragosse que le sculpteur a bien représentée comme
il convenait, c'est surtout l'insolence superbe d'une prédestinée qui,
par une prophétie tenant de la légende, s'appelle comme la ville
qu'elle défend et qu'elle incarne avec les plus sublimes qualités de
courage de la vaillante Espagne.

La Comtesse de Bureta.

Le Pavillon Français et les Jardins.

LA SECTION FRANÇAISE

A la fin d'avril, sous l'habile direction de M. de Montarnal, architecte du Comité français, c'est-à-dire après quatre semaines de travaux, le pavillon français, d'architecture sobre, mais de bel aspect, s'était élevé de terre, couvrant 1.500 mètres carrés, et était prêt à abriter les 451 exposants qui avaient répondu à l'appel du Comité d'organisation. D'autres exposants, venus trop tardivement, ne purent être admis et on fut obligé d'installer dans une annexe une partie des machines agricoles.

Devant ce pavillon, de gracieux jardins étaient dessinés sous la direction de M. Vacherot, architecte-paysagiste de la Ville de Paris, désigné par le comité horticole pour y recevoir les arbustes, plants d'arbres forestiers et fruitiers, ainsi que les fleurs de nos exposants de l'horticulture.

En outre la manufacture de Glaces de Saint-Gobain avait construit dans les jardins un important pavillon. Un énorme kiosque en fer forgé, d'un bel aspect était consacré à la dégustation de notre excellente liqueur française, la « Bénédictine ».

Le Comité espagnol avait décidé d'inaugurer l'Exposition Hispano-Française le 1er mai, et pour des considérations spéciales il crut devoir rester fidèle à cette date, bien que, comme pour toutes les expositions, l'on fût loin d'être prêt.

Quoi qu'il en soit, le Roi, qui avait été sollicité de se rendre à Saragosse à l'occasion de cette inauguration, ne put répondre à l'invitation qui lui était faite, et ce fut l'Infant Don Carlos, accompagné de M. Besada, Ministre des Travaux Publics, qui représenta le Gouvernement à cette inauguration.

Le Comité français avait été invité par lettre à prendre part à cette solennité ; mais la Section française n'était pas prête, et M. Emile Dupont, Président du Comité français, MM. Viger et Layus, Président et premier vice-président de la Section française, durent s'excuser, par un télégramme adressé à Don Basilio Paraiso, président du Comité exécutif de l'Exposition Hispano-Française, dans les termes suivants :

« Au nom du Comité français des Expositions à l'étranger et de la Commission d'organisation de la Section française, nous vous exprimons nos vifs regrets de ne pouvoir être à vos côtés pour la cérémonie d'inauguration des Fêtes du Centenaire.

« Quoique loin, notre pensée est avec vous et notre cœur vibre joyeux et fier avec celui des Saragossains.

« Nous sommes impatients de fraterniser, sous peu à l'occasion de l'inauguration de la Section Française. »

« Vive l'Espagne ! Vive Saragosse ! Vive la France ! »

Le même jour, parvenait au Comité français la réponse télégraphique suivante :

« Avons célébré acte inaugural avec l'assistance du Conseiller d'ambassade et du Consul de France. Exprimons gratitude télégramme de votre Comité et correspondons avec enthousiasme aux sentiments exprimés en faveur des relations fraternelles des deux pays, interprétés par notre président dans le discours d'inauguration.

« B. Paraiso, président du Comité exécutif ; José Pellegero, commissaire général ; Mariano-Baselga, président de la Section de propagande ».

Pour ce qui était de l'inauguration de la Section française dans l'idée du Comité d'organisation, elle ne devait avoir lieu que dans les premiers jours de juin de façon à pouvoir la présenter dans des conditions de préparation suffisante.

Sur ces entrefaites, le premier vice-président, M. Lucien Layus devait se rendre à Madrid le 26 mai, pour prendre part au Congrès international des éditeurs; il en profita pour passer par Saragosse et prendre contact avec le président Dn. B. Paraiso et les autres membres du Comité exécutif espagnol; il trouva auprès d'eux l'accueil le plus chaleureux et, de la cordialité de ses rapports avec eux, il augura ce que devaient être les manifestations de sympathie auxquelles donnerait lieu la visite des Membres du Comité français d'organisation et des exposants à l'occasion de l'inauguration de notre section.

A Saragosse, M. Layus tint au nom du Comité français à rendre visite aux autorités de la ville avec lesquelles nous étions appelés à être en contact, il avait d'ailleurs reçu la mission de leur remettre des plaques commémoratives, hommage du Comité et de son éminent président, M. le sénateur Dupont.

Accompagné de Dn. Nicolas de Escoriaza, le sympathique vice-président du Comité espagnol, le 1er vice-président de la Section française alla successivement voir M. Fleta, maire, M. Soldevila, archevêque de Saragosse; M. Tejon y Marin Gouverneur de Saragosse et Commissaire Royal de l'Exposition auxquels il remit les superbes plaques en argent avec dédicace spéciale à chacune de ces personnalités qui furent très sensibles à ce souvenir.

A Madrid, M. Layus rendit visite aux hautes personnalités qui avaient accordé leur patronage d'honneur au Comité de l'Exposition Hispano-Française de Saragosse; il alla voir M. Gonzalez Besada, le Ministre du Fomento, M. Sigismundo Moret y Prendergast, ancien Président du Conseil des ministres, M. Gabriel Maura y Gamazo, député aux Cortès et M. Navarro Reverter, ancien ministre auxquels il remit la belle plaque commémorative de la participation française à l'exposition de Saragosse; partout le premier vice-président de la Section française reçut l'accueil le plus empressé et les remerciements du souvenir dont il avait fait hommage au nom du Comité français.

Une plaque semblable avait tout d'abord été remise à notre ambassadeur M. Revoil.

Peu de jours après le retour de M. Layus, le comité reçut officiellement l'avis que le Roi se rendrait à Saragosse le 14 juin et qu'il ferait l'honneur au Comité français d'assister à l'acte d'inauguration de son pavillon.

Ainsi grâce au bienveillant et puissant appui de notre éminent Ambassadeur, les choses se réalisèrent suivant le désir de tous, et le voyage de notre premier vice-président n'aura pas été étranger à cet heureux résultat.

Dès lors, les plus grands efforts furent faits pour que tout fût aussi prêt que possible pour la date indiquée du 15 juin.

M. Baudouin-Bugnet, directeur du Personnel, de la Marine Marchande et des Transports au Ministère du Commerce, fut désigné par le Ministre du Commerce comme Délégué officiel du Gouvernement Français à l'exposition de Saragosse. En outre l'heureuse coïncidence de la visite de S. M. Alphonse XIII avec l'inauguration de notre Section française et l'acceptation si gracieuse du sympathique Souverain à venir en personne inaugurer notre pavillon devait suggérer à notre Gouvernement l'idée de se faire représenter par un de ses membres et il fut décidé en Conseil des Ministres que M. Cruppi irait saluer le Roi à Saragosse.

Cl. *Lucien Layus.*
Plaza de la Constitucion.
Palais du Gouverneur civil.

L'éclat que cette circonstance devait ajouter à l'inauguration de la Section française, les fêtes auxquelles l'un des membres de notre Gouvernement, dans la personne du Ministre du Commerce, allait se trouver associé, nous obligent forcément à donner plus d'ampleur à cet exposé, car toutes les solennités qui se sont succédé pendant les quarante-huit heures de la présence du Roi à Saragosse font en réalité partie intégrante de l'inauguration de la Section française de l'Exposition de Saragosse.

C'est le 10 juin au soir que M. Baudouin-Bugnet, le Délégué officiel du Gouvernement français, accompagné de MM. Layus, premier vice-président et Stetten, secrétaire général, partirent pour Saragosse; ils furent rejoints le lendemain par M. le sénateur Viger, président de la Section française. Bien que sans avis de leur arrivée, le Président du Comité exécutif de l'exposition de Saragosse M. B. Paraiso et ses collègues les attendaient à la gare, située à proximité du pont traversant l'Ebre, dit pont d'Arrabal, et les accompagnèrent jusqu'à l'hôtel.

M. Revoil arrivait quelques heures plus tard que M. Viger et, malgré l'heure avancée de la nuit, le Gouverneur civil, les Conseillers municipaux, le Maire de Saragosse, tous les membres du Comité espagnol de l'Exposition, MM. Viger, Baudouin-Bugnet, Layus et Stetten ; l'agent consulaire de France, M. Utard, M. de Montille, secrétaire d'ambassade, Max Robert, délégué du Ministère des Colonies et les Français présents à Saragosse l'attendaient à la gare et accueillirent notre éminent Ambassadeur avec les vivats les plus chaleureux ; il fut conduit à l'hôtel dans la voiture du Maire, une section de gardes municipaux à cheval faisait escorte.

M. Cruppi, notre infatigable Ministre du Commerce, arrivait le 14 juin au soir. Bien avant l'heure de l'arrivée du train, la gare présentait l'aspect le plus animé ; au dehors comme sur les quais l'affluence était considérable,

Cl. Raynaud.
Pont d'Arrabal, sur l'Ebre.

tout l'élément officiel de Saragosse était là. Nous citerons notamment le Ministre de la justice espagnole, le Capitaine général, le Gouverneur civil, le Maire, le Président de la Députation provinciale, le Président du Comité exécutif espagnol accompagné de tous ses collègues et nombre d'autres sommités de la ville de Saragosse.

Parmi les Français présents nous citerons : MM. Revoil, Viger, Baudouin-Bugnet, Layus, Hetzel, Stetten, de Montille, Max Robert, M. l'agent consulaire Utard et tous les membres du Comité français présents à Saragosse.

Dès que le train fut annoncé, des salves d'applaudissements retentirent, la foule compacte, réunie dans la gare, acclama le Ministre à la descente du train et ce fut avec peine qu'il put, entouré de personnalités qui étaient allées à sa rencontre, se frayer un passage au milieu de la foule qui se précipitait pour serrer la main du représentant de la République Française.

Au sortir de la gare, ce fut une véritable explosion d'enthousiasme ; des cris de « Vive la République Française! Vive le Ministre ! Vive la France et l'Espagne sœurs ! éclatèrent de tous côtés.

Les voitures conduisant le Ministre et autres personnalités étaient nombreuses, c'est avec la plus grande difficulté qu'elles se firent un chemin au milieu de la foule qui remplissait toutes les voies jusqu'à l'hôtel Regina où les appartements du Ministre étaient préparés.

Sur le trajet de la Calle Alfonso et du Coso, la vieille et plus importante avenue de Saragosse et sur la plazade de la Constitucion ce ne fut qu'une longue ovation ; la foule réclama que les principaux cercles qui se trouvent sur cette voie allumassent les motifs d'illumination préparés en vue des fêtes des jours suivants ; ainsi il fut fait et les applaudissements et vivats redoublèrent.

Escorte Royale. *Cl. Raynaud.*

Plus loin, quelques groupes voulurent que la voiture du Ministre suivît le centre réservé aux piétons au lieu de l'une des allées latérales ; l'intervention énergique du Maire put dissuader la foule et permit aux voitures de continuer leur route par la chaussée.

Enfin, après ce trajet qui s'est trouvé considérablement prolongé par les manifestations enthousiastes que nous avons essayé de décrire, le Ministre, visiblement ému, arriva à l'hôtel Regina au seuil duquel ne s'arrêtèrent pas les ovations faites au Représentant de la France. Dans le hall de l'hôtel, converti en salle de réception, M. Cruppi, toujours accompagné de MM. Revoil, Viger, Baudouin-Bugnet, dut recevoir les délégations de plusieurs associations qui venaient lui souhaiter la bienvenue, les représentants des autorités civiles et militaires, ainsi que M. Paraiso et les membres du Comité espagnol de l'Exposition. Au Maire de Saragosse qui vint le saluer au nom de la Ville, M. Cruppi exprima ses remerciements dans les termes suivants :

« Je suis profondément touché de cette preuve d'affection que le peuple de Saragosse vient de me donner, et, en moi, à la France. C'est pour moi un grand honneur d'être au milieu de vous, et je suis fermement convaincu que l'amitié qui nous unit profitera grandement à l'Espagne comme à la France. Monsieur le Maire, je vous réitère ma reconnaissance profonde. »

Le Maire répondit en français :

« Saragosse, Monsieur le Ministre, se considère très honoré de recevoir le représentant du Gouvernement français à l'occasion de ses fêtes qui, en commémorant des gloires passées, célèbrent la paix et la fraternité entre les deux nations. »

Devant l'hôtel, sur l'avenue, une foule sympathique s'était amassée demandant à saluer M. Cruppi qui sortit sur la terrasse et fut très chaudement acclamé.

Le lendemain matin, à 8 heures, le Roi faisait son entrée à Saragosse en grande pompe. M. Revoil, accompagné de M. de Montille, son se

Cl. *Raynaud.*

Devant l'Hôtel Regina.

crétaire, de M. Baudouin-Bugnet et de M. Layus, notre premier vice-président, s'étaient rendus au-devant d'Alphonse XIII qui s'entretint pendant quelques instants avec notre ambassadeur à la descente du train.

Le Roi, après avoir passé en revue la compagnie qui lui rendait les honneurs, sortit de la gare entre une double haie formée par des membres du corps de la Maestranza.

Le Roi monta en voiture avec le Maire et les Infants Alphonse et Louis-Ferdinand. Les Ministres de la Guerre et de la Justice suivaient dans une deuxième voiture ; d'autres voitures étaient occupées par des personnages de la cour.

Le cortège, qui était escorté par la garde municipale, comprenait plus de cent voitures. La voiture de M. Revoil étant restée en arrière par suite de l'encombrement, le Roi fit arrêter sa propre voiture pour attendre l'Ambassadeur de France.

Sur tout le parcours une foule énorme se pressait dans les rues et remplissait les balcons. Elle a acclamé sans cesse le cortège qui arriva à l'église Notre-Dame del Pilar où l'attendait l'archevêque accompagné du chapitre.

Le Roi descendit aussitôt de voiture et entra dans l'église sous un dais. Un *Te Deum* solennel fut chanté.

Au sortir de Notre-Dame del Pilar, le Roi se rendit à l'Archevêché converti pour la circonstance en résidence royale ; à midi et demie, il

Garde Municipale à cheval de Saragosse. *Cl. Jules Niclausse.*

y recevait en audience particulière M. Cruppi, accompagné de MM. Revoil et Viger ; à l'issue de l'entretien, il conféra à notre Ministre du Commerce le Grand Cordon de l'Ordre de Charles III et à M. Viger le Grand Cordon d'Isabelle la Catholique.

A 1 heure, eut lieu un déjeuner offert par le Roi auquel assistaient les deux Infants, les Ministres, l'Archevêque, les personnages de la suite et MM. Cruppi, Revoil et Viger, spécialement invités.

A 4 heures, une course de taureaux réunissait dans la loge royale les hôtes du déjeuner ; des loges avaient été réservées à MM. Baudouin-Bugnet, Layus, Stetten, Hetzel et autres membres du Comité Français ainsi qu'aux exposants présents. Après les courses, le

S. M. le Roi sortant du *Te Deum*.　　*Cl. A. B. C.*

S. M. le Roi, les Infants, MM. Cruppi et Viger à la Corrida. *Cl. A. B. C.*

Cl. *Raynaud.*
Sortie du *Te Deum* à N.-D. del Pilar.

restant de l'après-midi fut consacré par le Roi à la visite de la
section espagnole de l'Exposition.
Le soir, un banquet était offert
au Roi par le Comité espagnol

Cl. *Raynaud.*
S. M. le Roi et M. Revoil à la Corrida.

Corrida Royale.

dans l'édifice de l'Expo-
sition des Arts rétros-
pectifs ; là, au milieu
d'un cadre somptueux
formé par de merveil-
leuses tapisseries anciennes, les vieilles armures
et autres antiquités

Corrida Royale.   Cl. *Trouin.*

précieuses, se dressait une table de 64 couverts à laquelle ne devaient s'asseoir que de rares privilégiés, car, en raison de l'exiguïté de la salle, le nombre des invitations était forcément restreint ; la France cependant fut largement représentée à cette table royale ; citons parmi nos compatriotes M. le Ministre du Commerce, Cruppi, M. Viger, ancien Ministre, président du Comité d'organisation de la Section française ; M. Revoil, ambassadeur de la République française ; M. Baudouin-Bugnet, directeur au Ministère du Commerce, délégué officiel

Exposition rétrospective.   *Cl. Coyne.*
Galerie ornée des Tapisseries de la Maison Royale dans laquelle a eu lieu le Dîner
offert à S. M. le Roi.

du Gouvernement français ; M. Layus, premier vice-président du Comité d'organisation de la Section française.

Le banquet terminé, les convives se rendirent au théâtre principal où l'on donnait une représentation de gala.

A minuit, M. Cruppi rentrait à l'hôtel Regina, pensant sans doute goûter un repos bien mérité, après une journée si occupée ; mais une surprise des plus délicates lui avait été réservée. Don Basilio Paraiso avait eu la gracieuse attention d'organiser en l'honneur de notre Ministre une sérénade qui a charmé toute la colonie française réunie dans le hall de l'hôtel ; tour à tour des guitaristes virtuoses et des chanteuses se firent entendre dans des morceaux de cette mu-

sique espagnole si caractéristique; puis des danseurs exécutèrent
une Jota, la fameuse danse populaire aragonaise ; la soirée se termina par une Jota chantée par Mlle Maria Blasco, chanteuse célèbre
à Saragosse, et pour laquelle avaient été composés des couplets de
circonstance dont nous avons le plaisir de donner la traduction :

Jota Aragonaise,
par M. Bautista Larrosa
et Mlle Esperanza Navarro.

Il y a un siècle exactement
Aux sons de la Jota nous luttions,
Aujourd'hui la Jota te salue,
Insigne Républicain.

Nous joignons nos industries,
Nous joignons nos drapeaux,
Et les monts Pyrénéens
Ne se nomment plus frontières.

Quand tu rentreras à Paris,
Tu diras aux Français
Que les braves Aragonais
Leur envoient l'accolade.

En te faisant nos adieux
Tous nous te recommandons
De dire au Président
Qu'ici nous l'attendons.

Cette soirée im-
provisée eut le plus
grand succès auprès
de toute l'assistance
composée, en de-
hors du Ministre et
de l'Ambassadeur,
de tous les Mem-
bres présents du
Comité français et
d'un certain nom-
bre de nos compa-
triotes exposants.

Pareja de baile Aragones
par M. Bautista Larrosa et Mlles Esperanza et Mariita Navarro.

Les Françaises
étaient aussi bril-
lamment représentées par Mmes Niclausse, de Vilmorin, Utard et

Cheminais ; elles goûtèrent beaucoup ce spectacle qui avait pour elles le charme de la couleur locale.

Le lendemain était, pour les Membres du Comité français, le grand jour, puisque c'était celui de l'inauguration de notre Pavillon.

De grands efforts avaient été faits depuis l'arrivée de MM. Viger, Baudouin-Bugnet, Layus et Stetten, pour que tout fût aussi avancé que possible dans la section agricole aussi bien que dans la section industrielle et en quelques jours bien des vitrines, vides encore, s'étaient garnies. L'un de nos grands soucis fut le retard dans l'arrivée des tapisseries qui devaient garnir le salon d'honneur, et qui arrivèrent fort heureusement à temps ; M. Cheminais, notre agent général, avec un dévouement que nous nous plaisons à reconnaître, se multiplia pour avancer les installations en retard. Nous tenons à rendre hommage à notre architecte, M. de Montarnal, qui à l'œuvre pendant plusieurs jours, ne ménageant ni son temps, ni ses forces pour que tout fût aussi prêt que possible, ne put par suite de la fâcheuse coïncidence de l'état de santé inquiétant de sa mère, prendre sa part du succès de l'inauguration.

Dès le matin, MM. Viger, Layus et Stetten se rendirent au Pavillon français pour s'assurer de la mise au point du dernier moment. Notre Ministre du Commerce, accompagné de M. Revoil, notre Ambassa-

Paysan Aragonais.

deur, vint un peu plus tard, se rendre compte de ce qui avait été fait en vingt-quatre heures et l'impression hésitante qu'ils avaient ressentie la veille se transforma en expression de réelle satisfaction, non que tout fût absolument au point, mais l'on a pu dire de notre exposition qu'elle était l'une des plus prêtes que l'on ait inaugurées.

Les heures se passèrent rapidement et à 3 heures et demie tout le monde était à son poste dans le Pavillon français.

La journée s'était annoncée pluvieuse, et vers 2 heures la pluie commença à tomber ; cette circonstance ne fut pas défavorable à notre inauguration, car elle nous évita d'une part une trop grande affluence de monde et nous valut par contre la présence du Roi pendant près de deux heures, ce qui n'aurait pu être si la procession civique, fixée pour 5 heures n'avait dû être retardée en raison du mauvais temps.

A 4 heures, le Roi accompagné des Infants, du Ministre de la Justice et d'une nombreuse suite faisait son entrée dans notre pavillon. Le salon d'honneur, aux proportions relativement vastes, présentait un bel aspect ; richement garni de tapisseries et de meubles de grande allure, de quelques riches vitrines de nos exposants ; les plantes et fleurs y avaient été apportées à profusion pour la réception de Sa Majesté Alphonse XIII.

Un vase de Sèvres monumental placé sur un piédestal élevé occupait le centre du salon ; tendu de superbes tapisseries d'Aubusson obligeamment prêtées par M. Braquenié. D'un côté, se plaçait le Ministre du Commerce ayant à sa droite MM. Revoil et Baudouin-Bugnet, délégué officiel, et les autres membres de la représentation officielle de notre pays, M. Rouart, chef de cabinet de M. Cruppi ; M. de Montille, secrétaire d'ambassade ; M. Max Robert, délégué du Ministère des Colonies ; M. Utard, agent consulaire. De l'autre

S. M. le Roi et les Infants se rendant à l'Exposition.

côté, c'était le Comité français, en tête M. Viger, sénateur, ancien Ministre de l'Agriculture, Président de la section française ; M. Lucien Layus, premier vice-président ; M. Hetzel, vice-président du Comité français ; M. Jules Niclausse, vice-président de la section française de Saragosse ; M. Joseph Stetten, secrétaire-général ; MM. Philippe de Vilmorin, Gabriel Cognacq, secrétaires du Comité d'organisation.

La cérémonie fut empreinte d'une réelle solennité : à l'entrée du Roi, le Ministre du Commerce s'avança vers lui et lui souhaita la bienvenue dans les termes suivants :

« SIRE,

« Au seuil de la Section française qu'elle honore de sa visite, je souhaite la bienvenue à Votre Majesté. Je la remercie au nom du Gouvernement de la République du haut patronage qu'elle accorde à la manifestation d'un

caractère si élevé et si cordial. Une telle bienveillance nous semble naturelle de la part d'un souverain qui témoigne en toute circonstance son
amitié à la nation française et qui est l'objet, dans notre pays, d'un sentiment unanime de sympathie et de respect.

« Il y a cent ans, l'Espagne et la France étaient engagées dans une lutte
héroïque ; aujourd'hui elles viennent fêter à Saragosse le travail et la paix,
scellant, à l'endroit où sont morts les héros, l'amitié qui partout réunit les
deux peuples et leurs gouvernements.

« Demain, l'exécution des voies ferrées convenues entre l'Espagne et la

Salon d'Honneur de la Section Française.   *Cl. Coyne.*

France, s'élançant à travers les Pyrénées, vers Carthagène et la Catalogne
par Lerida et par Ripoll, garantira l'épanouissement de nos relations
économiques.

« Nous savons, Sire, combien Votre Majesté s'intéresse au développement de ces relations. Hier, en parcourant la Section espagnole, où se
révèle à chaque pas la vitalité d'un grand peuple, nous avons admiré l'exposition particulière où le Chef suprême de l'armée et de la marine n'a point
dédaigné de présenter des machines et des produits qui font du Roi le premier agriculteur d'Espagne et le protecteur des progrès économiques sans
lesquels les nobles sœurs latines, l'Espagne et la France, unies dans la paix
ne sauraient maintenir leur force et leur prospérité. »

M. Viger, comme président de la Section française, prononça ensuite le discours qui suit :

« Sire,

« Quand à la fin du mois de janvier le Comité français des Expositions à l'Étranger fut gracieusement invité par le Comité de Saragosse à participer à cette manifestation industrielle et agricole, il s'imposa très volontiers l'obligation de l'accepter en principe. Toutefois, il devait réserver la réalisation de ses intentions jusqu'au moment où il aurait reçu l'approbation du Gouvernement français : celui-ci s'empressa de lui donner non seulement son autorisation, mais encore son agrément tout particulier à la suite de démarches pressantes qui avaient été faites près de lui par notre éminent représentant en Espagne, son Excellence M. l'ambassadeur Revoil, mon ami personnel.

Cl. Thouin.

Chien de la Manufacture de Sèvres
gardant l'entrée
du Pavillon Français.

« Le Ministre du Commerce nous facilita grandement l'accomplissement de la tâche que nous avions assumée en présentant au Parlement un projet de crédit pour la construction d'un Pavillon français et l'installation de notre section à Saragosse. Je dois dire que ce projet fut adopté à l'unanimité par les Chambres françaises.

« Sollicité personnellement d'accepter la présidence du Comité de la Section française, je me fis un devoir de remplir cette mission donnant ainsi une preuve de ma profonde sympathie pour une manifestation Hispano-Française organisée dans l'héroïque cité de Saragosse et destinée à resserrer les liens d'inaltérable amitié qui unissent la nation française à sa noble sœur latine.

« En mettant à la tête de la section française un ancien Ministre de l'Agriculture, le Comité français voulut ainsi honorer ce pays d'Aragon où l'agriculture a fait d'immenses progrès depuis plusieurs années par l'application à la production agricole de la culture intensive telle qu'elle résulte des méthodes scientifiques les plus modernes.

« Mes collaborateurs et moi nous sommes mis résolument à l'œuvre et en 27 jours à dater du 1er avril, ce modeste pavillon est sorti de terre et s'est élevé, entouré de jardins et prêt à recevoir les instruments et les produits de nos exposants.

« Le temps limité dont nous avons pu disposer, les circonstances difficiles dans lesquelles se trouvaient nos exposants obligés en même temps de faire face aux exigences de l'organisation de deux expositions différentes, celles de Londres et de Saragosse ne nous ont pas permis de donner à notre section une plus grande ampleur. Nous le regrettons d'autant plus que nous nous trouvons en face de la Section espagnole organisée avec un goût, une intelligence, une compétence qui lui donnent un succès assuré vis-à-vis de tous les visiteurs.

« Cependant nous avions prouvé que nous étions disposés à témoigner de notre profonde sympathie pour nos amis du Comité espagnol et pour la glorieuse cité de Saragosse dont les habitants nous tiendront certainement compte de nos intentions.

« Nous éprouverons certainement, Sire, une très grande satisfaction, et ce sera la suprême récompense de nos efforts, si nous les voyons accueillis avec un bienveillant intérêt par un souverain qui, durant les jours passés dans notre pays a laissé parmi tous les Français d'inoubliables et sympathiques souvenirs. »

Le marquis de Figueroa, Ministre de la Justice d'Espagne, répondit au nom du Roi ; voici son discours :

« Monsieur le Ministre,

« Sa Majesté m'ordonne de vous manifester la vive satisfaction que lui ont causée vos paroles de bienvenue à cette section qu'elle se réjouit extrêmement de visiter, témoignant ainsi de nouveau son amitié et sa sympathie pour la Nation française, dont les témoignages unanimes de respect et de sympathie, comme vous venez de le rappeler très gracieusement, vivent constamment dans son souvenir.

« Le Gouvernement, fidèle interprète des désirs de Sa Majesté, et toute la Nation ont accueilli dès le premier moment l'idée que la France assistât à l'Exposition de Saragosse pour que les deux peuples qui luttèrent héroïquement par suite des caprices de l'histoire, puissent, en même temps qu'ils rendent hommage à la valeur de leurs ancêtres, se donner le témoignage réciproque d'amitié et de sympathie que vous avez si fidèlement exprimé.

« Cette fête du travail et de l'agriculture offre le meilleur gage de paix et d'harmonie, celui qui convient à cette œuvre dans laquelle nous cherchons pour les deux nations par les communications à travers les Pyrénées, les plus grandes prospérités économiques et le développement de la civilisation.

« Elles mettent, comme vous l'avez observé, l'agriculture parmi leurs principales fins. Le premier dans la hiérarchie veut aussi être le premier à remplir ses devoirs, et, par l'action du Gouvernement et même par son action personnelle, il donne un exemple dont tant de preuves vous sont offertes. Je vous prie avec empressement, de porter à M. le Président de la République, au Gouvernement et au peuple français le témoignage de notre considération et de notre amitié ; croyez, Monsieur le Ministre, que nous garderons de ce jour et de votre visite, le plus gracieux et le plus affectueux souvenir. »

Les orateurs ont été écoutés dans un profond silence et chaque
mot portait; l'on sentait que, derrière cette manifestation pacifique
du travail, des sentiments élevés s'agitaient, ceux de fraternelle cordialité une fois de plus scellés entre les deux nations. Cette belle
cérémonie terminée, MM. Cruppi et Viger invitèrent le Roi à visiter l'Exposition; ils se dirigèrent tout d'abord vers deux tables
sur lesquelles se trouvaient la plaque commémorative en vermeil du Comité français destinée au Roi, puis deux grands écrins
apportés de Paris par le Ministre du Commerce, contenant l'un une

Cl. Cheminais.

Entrée principale
et Jardins de la Section Française.

collection de jolis petits vases,
l'autre une collection d'animaux, travail très fin de notre
manufacture de Sèvres et qui
font honneur au goût personnel
de M. Cruppi qui en avait fait le
choix pour offrir cette intéressante et précieuse collection à
Alphonse XIII et à S. M. la
Reine Victoria au nom du Gouvernement français.

Le Roi et sa suite, toujours
conduits par MM. Cruppi et
Viger, se dirigèrent vers les
galeries ; ils passèrent devant
les expositions de nos grands
couturiers et magasins de nou-
veauté. Un peu plus loin, le Roi s'arrêta devant l'exposition collective de la librairie dont les honneurs lui furent faits par MM. Layus
et Hetzel, avec lesquels il s'entretint quelques instants. Traversant
une galerie où l'on s'arrêta à diverses installations, l'on pénétra dans
la salle spacieuse où se trouvait l'exposition du Ministère des Colonies : cette exposition mérite une mention toute spéciale d'abord
parce qu'elle était absolument prête, ensuite à cause du goût qui a
présidé à son installation ; le Roi s'y est arrêté longuement posant de
fréquentes questions sur certains des objets exposés à M. Max Robert, le très sympathique et très méritant organisateur de cette belle
exposition aussi intéressante que bien aménagée.

Au sortir de cette salle, l'on pénétrait dans la galerie réservée
aux machines agricoles où, malheureusement, il y avait des vides
en certain nombre, dus, non au manque d'activité de nos construc-

teurs de machines agricoles, mais aux difficultés du transport ; nous
ne devons pas oublier que c'est une œuvre réalisée en sept semaines
que nous faisons visiter à notre hôte royal. Pourtant plusieurs installations ont retenu l'attention du Roi, celle de M. de Vilmorin
importante et presque prête, celle de M. Martinet, l'architecte distingué, qui présentait des tableaux avec des plans de travaux importants réalisés en Espagne ; avec l'un et l'autre, S. M. Alphonse XIII
s'est entretenue, s'intéressant aux produits et aux tableaux exposés.

Continuant la promenade, l'on passa
devant l'installation de M. Niclausse
avec lequel le Roi s'entretint pendant
quelques minutes. Notre vice-président
n'était pas pour Sa Majesté un inconnu :
il est fournisseur attitré de la Marine espagnole, commandeur du Mérite Naval.

Toujours guidé par MM. Cruppi et
Viger, le Roi s'arrêta successivement
devant les installations Darracq, automobiles ; Bergougnan, industrie du
caoutchouc et pneumatiques ; l'exposition collective des vins et eaux-de-vie,
cidres et bières. Plus loin, son attention fut appelée par les deux grands
tableaux allégoriques avec graphique,
Exposition de l'Union pour l'amélioration des conventions commerciales

Cl. Lucien Loyns.
Types de paysans Aragonais.

entre la France et l'Espagne : M. Stetten, le secrétaire général de
cette union, expliqua brièvement à Sa Majesté les tendances et le
but de l'union, bien indiqués par son titre.

Parmi les exposants présents à Saragosse outre ceux déjà cités et
dont les installations eurent toutes l'honneur d'attirer l'attention du
Roi, signalons celles de M. Braunstein, fabricant de papier à cigarettes ; Godard Desmarest, appareils d'éclairage ; Saillard, calorifères
d'appartements ; Raynaud, pharmacien ; Ricois, agriculteur, etc...

Le Roi, revenu dans le salon d'honneur, fut invité par MM. Cruppi
et Viger à un lunch préparé à son intention ; une table spéciale avait
été dressée pour Sa Majesté et les deux Infants, qui y prirent place. Mais
Alphonse XIII avait aperçu Mmes Niclausse et de Vilmorin au cours
de la visite, et, joignant à l'esprit chevaleresque espagnol le don
bien français de la galanterie, il fit l'honneur à ces dames de les faire

inviter gracieusement à s'asseoir à ses côtés ; c'est ainsi que l'élégance française s'est trouvée dignement représentée à la table royale.

Pendant le lunch, une troupe de guitaristes se fit entendre et la chanteuse Maria Blasco entonna quelques couplets ; retenons-en deux seulement pour en faire connaître le caractère.

> Espagnols et Français étroitement
> Se donnent l'accolade
> Les cœurs Aragonais
> En regorgent de joie.
>
> La Vierge del Pilar dit
> Qu'elle ne veut plus de rancunes ;
> Elle veut être capitaine
> Des Français et des Espagnols.

C'est sous cette impression générale de sympathique enthousiasme que le Roi se retirait à cinq heures.

S. M. le Roi quittant la Section Française.

Dans une autre partie du pavillon, un grand buffet avait aussi été dressé et de nombreuses personnalités espagnoles invitées à notre inauguration y firent grand honneur. En outre, de coquets éventails fabriqués spécialement pour la circonstance par la maison Duvelleroy, furent distribués aux dames présentes, et cette distribution eut le plus grand succès.

A l'occasion de l'inauguration de notre pavillon, le Comité français a adressé de Paris à Don Basilio Paraiso le télégramme suivant :

« Au nom du Comité des Expositions à l'étranger, dans ce jour mémorable de l'inauguration du Pavillon français, nous vous adressons nos plus cordiales félicitations et nos vœux les plus sincères pour le succès de l'œuvre commune dédiée à la gloire des deux pays amis.

« Emile Dupont, sénateur, président ;

« Sandoz, secrétaire général. »

Don Basilio Paraiso a transmis en réponse le télégramme que voici :

« L'inauguration solennelle du Pavillon français a été réalisée en présence de Sa Majesté et des Ministres français et espagnols. Il s'en est dégagé l'intime cordialité des relations des deux peuples et l'identité des sentiments d'affection ; reconnaissants des félicitations que vous nous adressez, nous vous les réciproquons avec enthousiasme.

PARAISO. »

Le lundi soir un banquet avait été organisé par la Maestranza en l'honneur du Roi. La Maestranza est un cercle aristocratique et, à ce titre, cette fête revêtait une certaine importance.

Notre Ministre du Commerce, M. Cruppi, et l'Ambassadeur Revoil y furent invités et y assistèrent. Le banquet terminé, le Roi se dirigea sur la gare pour rentrer à Madrid ; l'atmosphère était surchauffée d'enthousiasme et il serait difficile de dépeindre les vivats qui saluèrent S. M. Alphonse XIII au départ. Tout le Saragosse civil et militaire, ainsi que l'Archevêque, étaient là, et déjà le Roi avait mandé l'Alcade en le chargeant de ses adieux pour M. Cruppi, n'ayant pu les lui adresser au moment de quitter la Maestranza. A cet instant parut notre Ministre du Commerce avec lequel Sa Majesté s'entretint en français très cordialement et à qui elle serra la main en lui disant : « A bientôt » !

La présence du Roi avait accaparé pendant les deux journées de dimanche et lundi tout le temps des membres du Comité espagnol, et de notre côté nous n'avions pas non plus été libres de nos mouvements. Les deux comités avaient donc, d'un commun accord, réservé la journée du mardi pour manifester de part et d'autre notre joie du beau résultat de la collaboration à l'œuvre de l'Exposition Hispano-Française.

Adversaires il y a un siècle, les armes meurtrières s'entrechoquaient ; aujourd'hui, ce sont nos verres qui doivent s'entrechoquer dans de fraternelles agapes.

Ce n'est pas le Comité français, c'est M. Cruppi, c'est le Ministre représentant le Gouvernement de la République qui a tenu à inviter les Membres du Comité exécutif et du Jury à un banquet qui a eu lieu à l'hôtel Regina le 2 septembre à 1 heure. Les tables étaient ornées à chaque couvert de petits drapeaux espagnols et français apportés de Paris et qui eurent un réel succès.

Le menu, des plus soignés, était ainsi composé :

Hors-d'œuvre
Turbot sauce mousseline
Croutades garnies Godac
Chaufroid de Volaille
Cèpes à la Bordelaise
Cailles feuille de Vigne
Timbales Glacées
Desserts
Fruits

— VINS —

Rioja blanc, Rioja rouge
Beaune
Château Rozan, Gruau Larose 1 8 9 5
Pape Clément 1 8 9 3
Champagne du Syndicat des Vins de Champagne
Fine Champagne 1 8 6 5
Bénédictine, Angelica, Triple-Sec Cointreau

Au dessert, M. Cruppi leva le premier son verre, et, avec le brio qui lui est particulier, manifesta sa grande affection pour l'Espagne et sa reconnaissance pour le magnifique accueil dont il était l'objet.

« Nous n'avons pas ici, dit le Ministre, à prononcer des paroles courtoises imposées par un acte officiel, mais à nous donner la loyale accolade de l'amitié, consécration de la noble pensée de cette réconciliation dans le Centenaire de notre guerre, pensée noble telle qu'il n'en est nulle part, sinon sur le sol espagnol.

« Je suis un Méridional et les choses d'Espagne me sont familières ; j'estime l'union des deux pays chaque jour plus urgente, non seulement parce qu'elle leur est utile, mais à cause de la sympathie des deux peuples dont le caractère et l'esprit généreux sont les plus semblables entre tous les peuples du Monde. »

M. Cruppi, s'adressant à Don Basilio Paraiso, le félicita du beau succès de l'Exposition qui lui fait grand honneur ainsi qu'à ses collaborateurs, car, dit-il, c'est toujours une entreprise délicate et périlleuse.

De chaleureux applaudissements saluèrent l'éloquente harangue de notre Ministre, rendue ici très imparfaitement.

M. Paraiso dit toute la satisfaction qu'il ressent du devoir accompli dont pour la première fois il s'enorgueillit dans des jours de triomphe pour Saragosse, « oui, de triomphe ! par l'enthousiasme du peuple, par l'adhésion de la France, par l'appui par lequel le chef de l'Etat a couronné notre œuvre avec un extraordinaire relief. Saragosse a triomphé par l'idée de la paix. Dans la paix seule, le travail peut se développer.

« Portez donc à la France, Monsieur le Ministre, l'expression de mes vœux que dans cent ans les deux peuples voisins et amis puissent commémorer un siècle de paix. »

Des bravos nourris accueillirent ces paroles.

M. Viger, président de la Section française, dit qu'aux « paroles de gratitude à l'Espagne prononcées par le Ministre, il tient à ajouter les siennes et en particulier l'expression de sa reconnaissance des attentions de M. Paraiso qu'il s'honore de compter parmi ses amis.

« Cette Exposition, instituée pour commémorer le centenaire d'un événement aussi glorieux pour l'Espagne que pour la France, se réalise au milieu de l'enthousiasme des deux nations.

« Je souhaite ardemment qu'après un autre siècle de concorde dans le travail et dans la paix, nos descendants fêtent par une aussi belle cérémonie un nouveau centenaire et si, à ce moment où nous ne serons plus, un autre Paraiso en est l'organisateur, nous pouvons lui présager le plus brillant succès. (*Vifs applaudissements*).

« En attendant, je forme le vœu que durant cet autre siècle les cœurs espagnols et français restent indissolublement unis (*et brandissant les deux petits drapeaux espagnol et français qui ornaient son couvert*) comme le sont actuellement dans ma main les deux drapeaux, emblèmes de nos chères Patries.

Une explosion d'enthousiasme salua ce beau mouvement d'à-propos.

Ensuite MM. Sarraut, Mencheta et Revoil prennent successivement la parole et l'assemblée se lève sous l'impression de l'enthousiasme général qui n'a cessé de présider à cette jolie fête.

Le soir à 8 heures, M. Cruppi, M. Revoil, M. Viger et tous les membres du Comité français étaient les hôtes de l'association des classes productrices de Saragosse dans la superbe salle du Grand Casino de l'Exposition.

Plus de cinq cents personnes assistaient à ce banquet, M. Cruppi présidait la table d'honneur qui, à elle seule, comptait près de soixante convives, dont MM. Revoil et Viger ayant à leurs côtés l'alcade de

Saragosse et le gouverneur civil, MM. Baudouin-Bugnet, Layus, Niclausse, de Montille, Max Robert, Stetten, etc. Messieurs Flachon et Gaston Routier représentaient la Presse Française.

Tous les exposants Français à Saragosse avaient également été invités.

A l'entrée du Ministre, une musique, qui se fit entendre pendant la durée du banquet, joua la *Marseillaise*.

Don Basilio Paraiso, prit le premier la parole puis, successivement Don Nicolas de Escoriaza, Santiago Baselga, Gascon y Marin, le gouverneur civil, l'alcade de Saragosse prononcèrent des discours éloquents.

Le Ministre du Commerce, M. Viger, M. Revoil parlèrent également et M. Gaston Routier s'exprima en espagnol au nom de la Presse Française.

Nous n'avons pas les éléments pour donner même un extrait des nombreux discours prononcés, tous empreints de la plus chaleureuse amitié et d'un inoubliable enthousiasme, tous formant des vœux pour que les liens de cordialité entre les deux nations s'affermissent chaque jour davantage dans les bienfaits de la paix et d'une mutuelle et confiante affection.

Cl. Cheminais.

Pavillon de la Manufacture de Saint-Gobain.

Au fur et à mesure que les orateurs se succédaient, la note sentimentale s'accentuait davantage et c'est à regret que nous ne pouvons publier des discours éloquents dont les journaux de Saragosse ne nous donnent que de pâles extraits; nous insérons seulement quelques phrases de notre Ministre et de M. Revoil qui ont soulevé de frénétiques applaudissements.

M. Revoil exprime la joie immense qu'il ressent en voyant cette union franco-espagnole, à laquelle ne cessent de travailler les gouvernements des deux nations, s'accentuer dans cette noble et héroïque ville de Saragosse, gloire de l'Espagne.

Ces paroles de l'ambassadeur provoquent une ovation enthousiaste et l'assistance debout réclame la *Marseillaise*.

M. Cruppi se lève ensuite et exprime sa vive reconnaissance pour l'hommage que lui rendent les classes productrices de Saragosse et les marques de considération et d'affection dont il est l'objet.

« Permettez qu'après la *Marseillaise* retentisse dans cette salle l'hymne national des Espagnols, nos plus loyaux amis, ceux à qui la France réserve ses plus intimes affections. »

Sur ces paroles, dont la délicatesse a vivement émotionné l'assistance, l'orchestre entonne la Marche Royale écoutée debout, et que tous les Français applaudissent chaudement. Le Ministre continua son discours dont le thème principal roulait sur la construction des lignes transpyrénéennes et il termina en s'écriant :

« De Paris à Madrid, les deux peuples frères communiqueront en passant par Saragosse.

« Jurons tous que, quand se réalisera cet auguste événement, la capitale de l'Aragon soit le centre où se manifesteront les enthousiasmes appelés à se produire quand l'on inaugurera la voie ferrée internationale. »

« Notre amitié ne doit pas être une simple idée, quelque chère qu'elle nous soit, elle doit devenir un fait et ce fait, c'est le chemin de fer Transpyrénéen. »

Nous renonçons à décrire l'enthousiasme produit par cette péroraison ; l'assistance debout fit au Ministre une délirante ovation et la *Marseillaise* à laquelle succédait la *Jota Aragonesa* mirent fin à cette émouvante fête après laquelle un grand nombre des convives se rendirent au Théâtre principal où avait lieu une représentation en l'honneur de M. Cruppi.

A minuit, le Ministre, accompagné de l'Ambassadeur, rentrait à l'hôtel Regina où les attendait de nouveau une soirée presque familiale, car c'était l'architecte Navarro, collaborateur de M. de Montarnal, qui avait organisé une seconde audition de musique espagnole avec danses et chants aragonais ; c'était une troupe de guitaristes amateurs et les propres filles de l'architecte qui dansèrent et chantèrent avec un réel talent la Jota Aragonesa.

Mais le Ministre et M. Revoil devaient quitter Saragosse dans cette même nuit à 3 heures du matin pour se rendre à Madrid sur la gracieuse invitation du Roi.

A 2 heures, M. Cruppi invita à souper les membres des deux Comités de l'Exposition, Espagnols et Français; quand tout le monde fut à table, le Ministre donna connaissance à l'assistance d'un télégramme émanant du Ministre des Affaires Étrangères annonçant les nominations suivantes dans la Légion d'honneur :

Le général Bruzon, capitaine général de l'Aragon, ancien attaché militaire à l'ambassade d'Espagne à Paris, déjà officier de la Légion d'honneur, promu au grade de grand officier ;

— M. Antonio Fleta, maire de Saragosse, commandeur de la Légion d'honneur ;

M. Basilio Paraiso, Président du Comité exécutif de l'Exposition de Saragosse, commandeur de la Légion d'Honneur ;

M. Juan Tejon y Marin, gouverneur civil, commandeur de la Légion d'honneur ;

M. Nicolas de Escoriaza, chevalier de la Légion d'honneur.

De vifs applaudissements ont témoigné de la satisfaction de tous, devant ces hautes distinctions accordées à si juste titre à des hommes qui, en faisant aimer notre pays par leurs concitoyens, contribuent si efficacement à resserrer les liens d'amitié entre les deux nations sœurs.

Mais une mention spéciale est due à l'homme éminent au grand patriote et à l'insigne ami de la France qu'est Don Basilio Paraiso.

C'est à l'intelligente énergie, à la volonté tenace de ce grand citoyen qu'est due la réalisation de l'Exposition Hispano-Française ; c'est lui qui eut cette idée noble et généreuse de la célébration du Centenaire des Sièges; en réunissant les deux adversaires dont les pères donnèrent de si hauts exemples de vertus guerrières, dans une manifestation de travail et de paix ; cette noblesse de sentiments trouva auprès du jeune roi Alphonse XIII un écho sympathique. C'est ainsi que naquit et que fut couronnée de succès l'œuvre de l'Exposition Hispano-Française, œuvre de civilisation, œuvre de paix, fruit de l'entente fraternelle franco-espagnole.

Les Saragossains viennent de rendre à leur grand concitoyen Paraiso un hommage bien mérité : ils l'ont nommé « Fils adoptif de Saragosse » et projetaient de consacrer cet acte dans une grandiose manifestation par la remise d'une médaille d'or commémorant ce témoignage de juste reconnaissance.

L'homme modeste qu'est Paraiso accepta le grand honneur qui lui était fait du titre de « Fils adoptif » mais il supplia l'alcade, président du Conseil municipal, de lui épargner l'émotion et les fatigues

de la cérémonie projetée, et il quittait Saragosse pour prendre un
repos de quelques jours, repos que ceux qui ont l'honneur de le connaître savent justifié et nécessaire.

Avant de quitter Saragosse, MM. Viger, président et Layus premier
vice-président de la Section Française, se rendirent auprès de Dn.
Juan Tejon y Marin, gouverneur civil de Saragosse, du colonel Bruzon, gouverneur militaire de l'Aragon, de Dn. Basilio Paraiso, Nicolas de Escoriaza, Jose Pellegero, Gascon y Marin, pour leur remettre
les plaques commémoratives du Comité Français des Expositions à
l'étranger, souvenir qui charma tous les collaborateurs de l'Exposition Hispano-Française auxquels il était dédié.

Square de la Seo.   *Cl. Thouin.*

Plaza de Aragon. — La Capitainerie Générale.   *Cl. Coyne.*

Formation et Réunion du Jury supérieur

Fonctionnement des Jurys de Classe

Les cinq jours consacrés, du 30 août au 4 septembre, à la formation
et à la réunion des Jurys de classe, du Jury supérieur, et à la nomination de leurs présidents et vice-présidents, et enfin au fonctionnement du Jury, furent laborieusement et consciencieusement
employés.

Le président, le premier vice-président et le secrétaire-général
de la section française s'étaient rendus à Saragosse ; à cette occasion,
les exposants de la section agricole et horticole eurent en M. le Ministre Viger un protecteur dont la bienveillante sollicitude ne fit pas
non plus défaut aux autres représentants de l'activité industrielle et
commerciale de notre pays.

M. le premier vice-président Layus, à l'esprit d'organisation
duquel il convient de rendre hommage, préparait la besogne des présidents de classe qui virent leur mission rendue plus facile au moyen
des dossiers méticuleusement ordonnancés qui leur furent distribués.

Le secrétaire général se vit confier la vice-présidence du Jury des classes 117 à 120, céramique, cristaux et verreries dont le juré français désigné fit défaut au dernier moment.

Les exposants espagnols étant en nombre de beaucoup supérieur à celui des exposants français (1.422 exposants espagnols, 452 français) il fallut négocier avec le Comité exécutif espagnol pour établir une juste proportion entre les jurés de chaque nationalité ; finalement 45 jurés et suppléants français collaborèrent avec leurs collègues espagnols à l'examen souvent laborieux des installations d'une même classe dans la section espagnole qui étaient disséminées dans les différents pavillons.

Cette collaboration se fit dans un parfait accord, dans lequel il était permis de voir un indice de l'esprit de mutuelle sympathie qui animait espagnols et français.

Le travail d'organisation des bureaux du Jury supérieur et des Jurys de classe se fit aussi dans un esprit d'amicale entente entre les deux comités. Le Palmarès très détaillé que nous publions plus loin nous semble exclure la nécessité de citer ici tous les noms, il nous faut cependant signaler ceux des présidents et des vice-présidents du Jury supérieur dont la notoriété ou le rôle exige une mention spéciale.

M. Juan Navarro Reverter, l'éminent homme d'Etat espagnol, ancien ministre des finances, à côté de M. Viger, ancien ministre de l'Agriculture, notre cher et sympathique président, composèrent la présidence d'honneur ; Don Basilio Paraiso, le fils adoptif de la ville immortelle de Saragosse, le grand patriote qui fut l'initiateur de la collaboration française à la célébration du centenaire des sièges, fut acclamé Président effectif.

Parmi les vice-présidents, nous devons une mention particulière au très distingué délégué du Ministre du Commerce. M. Baudouin-Bugnet, directeur du personnel, de la marine marchande et des transports au Ministère du Commerce, et à M. José Pellegero, l'homme affable et modeste qui le premier vint à Paris pour sceller l'entente entre le comité espagnol et le comité français, ainsi qu'à MM. Jules Hetzel, Nicolas de Escoriaza, Paulino Saviron et Baselga Ramirez qui nous apportèrent un précieux concours.

Citons enfin notre premier vice-président, M. Layus, qui, dès le début, assuma la lourde tâche d'assurer en deux mois le succès de la participation industrielle et commerciale française. Il vient d'ailleurs de recevoir un témoignage de haute estime du Comité Français des Expositions à l'Etranger qui lui a confié la présidence du Comité

d'organisation de l'Exposition Française d'Art décoratif à Copen-
hague en 1909.

Nous devons en outre féliciter spécialement M. Gascon y Marin,
commissaire général-adjoint, qui remplit à la satisfaction de tous les
délicates fonctions de secrétaire du Jury supérieur.

En résumé, dans les réunions des 30 et 31 août, le Comité espagnol nous concéda pour le Jury supérieur :

      1 Présidence d'honneur ;
      3 Vice-Présidences ;
      2 Secrétariats.

Pour les Jurys de section :

      7 Présidences ;
    19 Vice-Présidences ;
      5 Secrétariats.

Cl. Lucien Layus.

Vieux Palais sur le Corso.

Exposition rétrospective.   *Cl. Coyne.*
Œuvres d'Art appartenant au Trésor de la Cathédrale de Salamanque.

EXPOSITION HISPANO-FRANÇAISE DE SARAGOSSE 1908

Composition du Jury supérieur.

JURY SUPÉRIEUR

Bureau élu

Présidents d'Honneur : S. E. Don Juan NAVARRO REVERTER,
Dr Albert VIGER.
Président effectif : Don Basilio PARAISO.
Vice-Présidents : Lucien LAYUS,
Don Paulino SAVIRON,
BAUDOUIN-BUGNET,
Jules HETZEL,
Don José PELLEGERO,
Don Santiago BASELGA RAMIREZ,
Don Nicolas de ESCORIÁZA,
Don Adolfo BUYLLA,
Don Patricio BOROBIO.

Secrétaires :   Don José GASCON y MARIN,
Joseph STETTEN,
Don Manuel de ESCORIAZA,
Louis SOUALLE,
Don Eduardo GALVEZ,
Don José MACKENNA.

MEMBRES DE DROIT

(Présidents de Section).

Don Tomas TORRES ;
Don Léon LAGUNA ;
Emile MAROT ;
Marcel VACHER ;
Albert DOMANGE ;
Don Jenaro CHECA ;
Don Manuel ABBAD ;
Don José MONEGAL ;
Don RODRIGUEZ LACOMME ;
Gustave CAEN ;
Mme CABALLERO ;
Don Enrique VILLUENDAS ;
Don Salvador PEREZ LABORDA ;
Don GONZALO CALAMITA ;
Don MARIANO DE CAVIA ;

Don Rafael ORTIZ DE SOLORZANO ;
Don Hilarion GIMENO ;
Don MARISTANY ;
Don LIZABE ;
Don Rafael PAMPLONA ;
Jules HETZEL ;
Don Marcelino ISABAL ;
D^r Le PAGE-VIGER ;
Don Ricardo ROYO ;
Albert LELOIR ;
Don Ricardo LOZANO ;
José ESPONERA ;
Don Tomas BRETON ;
Don Ricardo MAGDALENA.

Le 1er septembre eut lieu la réunion préparatoire des Jurés français qui entrèrent aussitôt en fonctions et se consacrèrent à l'examen des installations espagnole et française. Il fallut d'autant plus activer les opérations, qu'un certain nombre de Jurés étaient aussi désignés pour l'Exposition Franco-Britannique et devaient être rendus le 15 septembre à Londres.

Nos jurés trouvèrent auprès de leurs collègues espagnols le concours le plus empressé et le désir de leur faciliter leur tâche sans cependant rien abdiquer de leur devoir dans l'accomplissement de leur délicate mission.

Voici le résultat de ces travaux en ce qui concerne la Section Française :

48 Hors Concours ;
192 Grands Prix ;
68 Diplômes d'Honneur ;

54 Médailles d'Or ;
30 Médailles d'Argent ;
14 Médailles de Bronze ;
4 Mentions Honorables ;
21 exposants non-récompensés ;
21 exposants en collectivité ;
soit 452 exposants ainsi répartis :
Section agricole et horticole : 130 exposants.
Section industrielle et commerciale : 301 exposants.
Section coloniale : 21 exposants.

On remarquera sans doute le nombre prédominant des Grands Prix et Diplômes d'Honneur qui est facilement explicable.

L'effort fait par l'agriculture, l'horticulture et les industries qui s'y rattachent ainsi que par les autres branches industrielles et commerciales, pour être aussi rapide que l'exigeait la participation tardive de notre pays à l'exposition de Saragosse n'était possible qu'en faisant appel à des maisons puissantes déjà rompues aux expositions. Ce sont elles qui répondirent avec un empressement patriotique à l'appel du Comité Français ; ces maisons, titulaires des plus hautes récompenses aux expositions antérieures auxquelles elles avaient participé, possédaient tous les titres à des récompenses au moins équivalentes qui leur ont été légitimement accordées. Si parfois, en raison de la préparation hâtive de leurs installations, la participation de ces exposants à Saragosse n'a pas été ce qu'elle est chaque fois qu'ils ont le temps nécessaire pour se préparer, il n'eût pas été équitable de leur attribuer des récompenses inférieures à celles dont ils ont déjà été l'objet dans une ou plusieurs expositions antérieures.

Le labeur qui absorba le temps de tous n'arrêta pas cependant les manifestations de bonne amitié franco-espagnole. Deux beaux banquets eurent lieu, l'un offert par le Comité espagnol, l'autre par le Comité et les Membres du Jury français.

Dans l'un comme dans l'autre, Espagnols et Français levèrent leurs verres à l'inaltérable amitié des deux nations ; ces sentiments furent traduits tour à tour dans des termes de communicative éloquence par MM. Viger et Don Basilio Paraiso ; c'est dans l'enthousiasme général que se terminèrent ces deux fêtes qui laissèrent un souvenir ineffaçable chez tous ceux qui y ont assisté.

Il était difficile que le départ des Membres du Bureau de la Section française et des jurés s'effectuant après un travail de cinq jours, il ne restât pas quelques questions à résoudre finalement par le Jury supérieur ; celui-ci se réunit la veille du départ de MM. Viger, Layus et Stetten et il fut décidé que pour clore les opérations une commission du Jury supérieur espagnol serait désignée et se rendrait à Paris à la fin de septembre, afin de mettre tout au point et de signer le procès-verbal consacrant définitivement et d'un commun accord les décisions des jurys de classe et du jury supérieur.

C'est le 24 septembre au matin qu'arriva à Paris la Commission désignée par le Comité exécutif espagnol ; elle se composait de M. Nicolas de Escoriaza, président de la délégation, MM. José Gascon y Marin, Saviron et Mackenna, membres de la délégation.

MM. Layus, premier vice-président de la Section française, Stetten, secrétaire Général, se rendirent à la gare d'Orsay pour leur souhaiter la bienvenue.

Ces amis restèrent parmi nous du 24 au 27 septembre et le bureau du Comité français ne négligea rien pour que notre réception correspondît aux marques d'amitié et aux attentions sans nombre dont nous avions été l'objet dans les diverses visites que nous avions faites à Saragosse.

Nous espérions que l'éminent président Don Basilio Paraiso vien -

Retable de la Seo.   *Cl. Coyne.*

drait également à Paris ; des circonstances indépendantes de sa volonté l'en ont empêché, mais nous avons sa promesse d'une visite prochaine et nous ferons en sorte de lui réserver alors l'accueil chaleureux auquel il a tant de titres.

En dehors des réceptions particulières que le bureau du Comité offrit aux Délégués, ceux-ci furent aussi l'objet d'attentions de la part de M. Cruppi, Ministre du Commerce, qui, le 25 septembre, les invita à déjeuner au Ministère ainsi que MM. Emile Dupont, Lucien Layus et Baudouin-Bugnet. M. Doumergue, Ministre de l'Instruction Publique, mit à leur disposition sa loge à l'Odéon, puis au Théâtre-Français ; enfin les délégués furent reçus, en l'absence du Ministre des Affaires Etrangères, par le distingué directeur des Affaires Politiques et des Protectorats, M. Georges Louis.

L'après-midi du samedi 26 septembre fut consacré à la réunion de la commission du Jury supérieur au siège du Comité Français des Expositions à l'Étranger ; à l'issue de cette réunion, fut dressé le procès-verbal ci-dessous, qui eut l'approbation unanime des délégués des deux Comités et fut revêtu, après lecture, des signatures de chacun d'eux.

« La commission supérieure de l'Exposition Hispano-Française de Saragosse instituée en vertu d'une décision du Jury supérieur de cette exposition en date du 3 septembre dernier, s'est réunie le 26 septembre à 2 heures de l'après-midi au siège du Comité Français des Expositions à l'Étranger, 42, rue du Louvre à Paris, sous la présidence de M. Viger.

« Etaient présents : MM. Nicolas de Escoriaza, José Gascon y Marin, Paulino Saviron, José Mackenna, délégués espagnols ;

« MM. Albert Viger, Lucien Layus, Jules Hetzel, Joseph Stetten, délégués français.

« A l'ouverture de la séance, le Président donne connaissance du document suivant de don Basilio Paraiso, président du Comité espagnol :

« M. LE PRÉSIDENT DU COMITÉ DE LA SECTION,

« Le Comité exécutif en session du 22 courant a décidé, vu l'impossibilité du Président de se rendre à Paris pour la réunion de la commission permanente du jury, de déléguer son vice-président, M. Nicolas de Escoriaza et de désigner comme membres de la délégation MM. Gascon, Saviron et Mackenna.

« J'ai l'honneur de vous donner communication de cette délibération.

« Que Dieu vous garde de longues années.

Le Président :
B. PARAISO. »

Après lecture de ce document, le Président propose d'envoyer à M. Paraiso le télégramme suivant, dont le texte est approuvé à l'unanimité :

« Commission supérieure, réunie au Comité français des Expositions à l'étranger, avant procéder aux travaux, tient à vous exprimer ses regrets votre absence et adresser affectueux compliments à éminent et laborieux organisateur de l'œuvre commune cimentant l'inaltérable amitié des habitants de l'héroïque et immortelle cité et de la France. »

« M. Nicolas de Escoriaza demande ensuite la parole au nom du Comité espagnol de l'Exposition de Saragosse pour exprimer les sentiments de gratitude du Comité à l'égard du Comité Français des Expositions à l'Étranger dont le concours a été si précieux au succès de l'œuvre commune entreprise par les Français et les Espagnols à Saragosse.

« La Commission charge M. Viger de transmettre ces remerciements à M. le président Dupont avec l'expression de ses plus sympathiques compliments.

« Le Président donne ensuite la parole à M. Layus, premier vice-président, pour faire connaître diverses rectifications, modifications ou additions au palmarès des exposants français dont la nomenclature avec décisions approbatives est annexée au présent procès-verbal.

« La parole est ensuite donnée à M. Gascon y Marin, secrétaire général du jury supérieur et délégué espagnol, pour donner connaissance des opérations des divers jurys de la Section espagnole.

« Les modifications apportées aux opérations des jurys internationaux sont communiquées et approuvées à l'unanimité.

« Les décisions prises par les jurés espagnols en l'absence de leurs collègues français sont également communiquées à la Commission supérieure et approuvées par ladite Commission : chacun de ces procès-verbaux modifiés ou des procès-verbaux n'ayant pas été revêtus de la signature des jurés français sont revêtus de la signature des deux Présidents de la délégation française et de la délégation espagnole, MM. Viger et Nicolas de Escoriaza, pour valoir approbation complète et absolue desdites opérations.

« L'ordre du jour ayant été épuisé et personne ne demandant la parole, la séance est levée.   *Paris, le 26 septembre 1908.*

Ont signé : MM. Nicolas de Escoriaza, José Gascon y Marin, Paulino Saviron, José Mackenna, A. Viger, Lucien Layus, Jules Hetzel, Joseph Stetten. »

La séance terminée, M. Viger, président de la Section française, présenta les Délégués à M. le sénateur Emile Dupont, président du Comité Français des Expositions à l'Etranger, à M. Pinard, vice-président et à M. Sandoz, secrétaire général.

M. le sénateur Emile Dupont, dans une harangue pleine d'affectueuse délicatesse exprima à MM. de Escoriaza, Gascon, Saviron et Mackenna au nom du Comité Français des Expositions à l'Étranger, son admiration pour Don Basilio Paraiso qu'il regrettait de ne pas voir à la tête de la délégation et auprès duquel il les pria d'être l'interprète de ses sentiments de sincère cordialité.

« Nous sommes heureux, ajouta M. Émile Dupont, d'avoir, par notre participation à l'Exposition de Saragosse, contribué à faire éclater davantage encore l'affection sincère qui unit désormais les deux nations voisines et amies. Personnellement, j'aurais désiré pouvoir assister aux belles fêtes qui accompagnèrent l'inauguration de notre Section française, mais des obligations antérieurement contractées à Londres m'en ont empêché. »

Le soir un banquet, disons plutôt un dîner, réunissait dans une fraternelle intimité les Délégués espagnols, les membres du bureau de la Section française, ainsi qu'un certain nombre de membres du Comité d'organisation, sous la présidence de M. Viger. Le Ministre du Commerce, en voyage, s'était fait représenter par le très sympathique Directeur de son cabinet, M. Bricout ; M. Baudouin-Bugnet, délégué officiel du Gouvernement français à l'Exposition de Saragosse, était aussi présent.

La représentation officielle n'imprima pas à cette petite fête le caractère cérémonial qu'elle entraîne généralement ; tout se passa gaiment et les deux seuls discours de M. Viger et de M. Bricout revêtirent une éloquente et aimable simplicité qui laissa tous les convives sous la plus agréable impression.

On se retira tard dans la soirée, plusieurs des membres présents prenant rendez-vous pour la fin d'octobre, date de la distribution des récompenses. Cette cérémonie devait emprunter certainement une fastueuse solennité à la présence de S. M. le roi Alphonse XIII, accompagné de S. M. la reine Victoria.

Avant de se séparer, l'assistance demanda que des télégrammes fussent envoyés à Don Basilio Paraiso, président du Comité exécutif espagnol et à notre Ambassadeur à Madrid, M. Revoil ; voici le texte de ces deux télégrammes :

« 26 septembre 1908, minuit.

« Don Basilio PARAISO, Zaragoza (Espagne),

« Réunis dans un banquet amical, les représentants de nos deux comités Français et Espagnol vous expriment leurs sentiments les plus affectueux et les plus sympathiques à vous qui représentez si noblement la cité de Saragosse moderne si éprise de travail et de progrès.

« Escoriaza, Gascon, Saviron, Mackenna, Viger, sénateur. Layus, Stetten. »

7

« *26 septembre 1908, minuit.*

« Revoil, *ambassadeur de la République Française,* Saint-Sébastien (Espagne).

« Délégués espagnols et représentants du Comité français réunis dans un banquet amical, vous expriment leurs sentiments de profonde sympathie et l'expression d'inaltérable gratitude pour les services éminents rendus par vous à la participation française de l'exposition de Saragosse, destinée à resserrer les liens fraternels entre les deux nations latines sœurs.

« Escoriaza, Gascon, Saviron, Mackenna, Viger, sénateur, Layus, Stetten. »

Le lendemain, don Basilio Paraiso répondait par le télégramme suivant :

« Profondément reconnaissant des phrases que la Commission supérieure de l'Exposition Hispano-Française a bien voulu me dédier dans les circonstances qui m'ont privé d'être des leurs et de pouvoir serrer la main de l'illustre président, mon ami M. Viger ; chaque jour, je suis plus orgueilleux d'avoir servi ma patrie de Saragosse en initiant l'idée que l'Exposition fût Hispano-Française, non seulement parce que la bonne amitié de la France et de l'Espagne est la garantie du progrès et du développement économique des deux peuples, mais aussi parce que cette œuvre m'a donné l'occasion de me lier d'amitié avec les personnes qui composent le Comité français qui, d'une si brillante façon, a représenté le Gouvernement français et la France. Je vous salue de la manière la plus cordiale.

PARAISO. »

En rentrant en Espagne nos amis les délégués du Jury supérieur espagnol ont aussi envoyé les télégrammes suivants :

« En rentrant en Espagne, vous prie d'agréer mes remerciements et chaleureuses sympathies.

« Escoriaza ».

puis :

« Remerciements pour tous et amitié.

« Gascon Saviron. »

LE DIPLÔME DE L'EXPOSITION

Cl. D. B

Grand Prix spécial décerné par le Jury supérieur
au Comité Français des Expositions à l'Etranger

Pour le rôle prépondérant qu'il eut dans l'organisation et le succès de la Section Française nous devons une mention spéciale au Comité Français des Expositions à l'Etranger.

Ce Comité a pour but de favoriser l'expansion commerciale et industrielle de la France, soit en organisant des expositions françaises dans les Colonies Françaises et Pays de protectorats ainsi qu'à l'Etranger, soit en prenant part aux Expositions internationales, universelles ou spéciales, en dehors de la France continentale et en y créant des sections françaises.

Dans les expositions qu'il organise ou auxquelles il prend part, il représente et défend les intérêts des exposants français ; son intervention ne doit comporter pour lui aucun bénéfice matériel, et la participation officielle du Gouvernement Français à ces expositions met un terme à son concours, à moins toutefois que l'Etat ne lui demande de le lui continuer comme cela se produit actuellement.

Pour retracer l'historique du Comité, il nous faut remonter à *l'Exposition de Barcelone* (1888) et au *Comité d'initiative des Expositions Françaises à l'Etranger*.

Depuis 1885, un comité spécial, présidé par M. Gustave Sandoz, avait préparé la participation de la France à l'Exposition Universelle et Internationale de Barcelone en 1888 et avait obtenu de si excellents résultats, que le gouvernement lui accordait officiellement son patronage trois mois avant son ouverture, et nommait M. Charles Prevet, député, commissaire général de la République Française, sans que cette participation officielle entraînât la moindre dépense pour l'Etat.

Le succès de la Section française fut très grand à Barcelone ; les

nombreuses récompenses qu'elle y remporta l'attestent hautement ;
nous sommes heureux de rappeler ce fait au moment où le Comité
vient d'organiser la participation française à l'Exposition de Saragosse, dans ce même pays d'Espagne qui servit de théâtre aux débuts
de sa fondation.

Que de chemin parcouru depuis 20 ans !

Sous ce premier titre : « Comité d'Initiative des Expositions Françaises à l'Etranger », cette association organise l'Exposition Française et la Section Française de l'Exposition de Londres (1890) ; pré-
pare l'Exposition Française de Moscou (1891) ; de Chicago (1893).

Mais le champ d'action du Comité était trop limité ; il se trans-
formait donc le 4 novembre 1895 et se reconstituait sur de nouvelles bases, sous le nom de *Comité Français des Expositions à
l'Etranger*.

M. Thibouville-Lamy, qui avait succédé à Gustave Sandoz après
son décès, ayant décliné toute candidature, fut nommé président honoraire, et le Comité appela à la présidence M. Alfred Ancelot, qui
venait d'appliquer à l'exposition d'Amsterdam (1895) ses théories
fondamentales, c'est-à-dire la séparation absolue des pouvoirs de
l'entrepreneur et de l'exposant et l'exclusion systématique du Comité des bénéfices provenant de l'entreprise et de l'installation.

Sous l'habile direction de M. Ancelot, le Comité organise la participation française aux expositions d'Innsbruck (1896), de Saint-Pé-
tersbourg (1896, 1897, 1899) ; de Bruxelles (1897) ; de Bergen (1898)
et de Glasgow (1901).

Cette dernière exposition marque une étape importante pour le
Comité français, car elle fut le prélude de cette « Entente cordiale »
œuvre d'une haute portée politique et économique, à l'épanouissement de laquelle nous avons assisté avec l'Exposition Franco-Britannique qui a eu lieu à Londres sous sa direction.

Entre temps, le Comité, que ses nombreux succès avaient désigné
à l'attention du Gouvernement français, était reconnu comme établissement d'utilité publique, par décret de M. le Président de la
République (12 juin 1901), et un second décret (4 mai 1903), venait
sanctionner la fusion avec lui de l'ancienne « Réunion des Jurys et
Comités des Expositions Universelles » présidée alors par MM. Georges
Berger et Charles Prevet, et successivement le Comité organise la
section métropolitaine à l'exposition d'Hanoï (1902-1903) et la participation de la France aux Expositions Internationales de Saint-Louis
(1904), Liége (1905), Milan et Bucarest (1906), Dublin 1907.

Bien qu'absorbé par la préparation de l'importante Exposition Franco-Britannique de Londres (1908), ses efforts se sont portés également sur l'Exposition Hispano-Française de Saragosse.

Le Comité Français des Expositions à l'Étranger, bien que n'ayant eu qu'un temps très restreint pour la préparer, n'a cependant rien négligé pour assurer à l'Exposition de Saragosse une participation digne de l'Espagne et de la France. Il attacha d'autant plus de prix à cette manifestation, qu'elle était destinée à commémorer l'héroïque siège de 1808, et à célébrer le rapprochement de deux peuples de même origine, que les hasards de la politique avaient séparés, il y a cent ans, mais qui marchent aujourd'hui la main dans la main, pour le triomphe de la paix et de la civilisation.

Le Comité Français des Expositions à l'Étranger, qui comptait à peine 400 membres au moment de sa reconnaissance d'utilité publique en 1901, en possède aujourd'hui 2.600 ; il a actuellement à sa tête M. Emile Dupont, grand industriel, Sénateur de l'Oise, qui fut le digne président des Sections françaises aux Expositions de Glasgow et de Saint-Louis, et a dirigé personnellement la participation française à l'Exposition franco-britannique de Londres (1908).

Quant à la section française de l'Exposition Hispano-Française de Saragosse, le Comité Français des Expositions à l'Étranger en a confié l'organisation à un comité spécial qui a à sa tête, comme Président, l'éminent M. Viger, sénateur, ancien Ministre de l'Agriculture, président du Comité agricole français des expositions internationales et comme vice-président, M. Lucien Layus, président de la commission d'initiative du Comité Français des Expositions à l'Étranger.

Si court qu'ait été le temps qui leur était donné, la participation française à l'Exposition de Saragosse a été digne, grâce à ses chefs et à leur brillant état-major, des deux grands pays qui sont l'Espagne et la France.

C'est donc à l'unanimité que le Jury supérieur décerna un Grand Prix spécial au Comité Français des Expositions à l'Etranger.

En outre le Jury supérieur accorda les récompenses suivantes :

COLLABORATEURS DU COMITÉ FRANÇAIS

Diplôme d'honneur.

Brevans (Ed. de).
Utard (Édouard), agent consulaire de France à Saragosse.

Médailles d'or.

Helbronner (Louis).
Martel.
Montarnal (Jean de).
Navarro (Félix).

Médailles d'argent.

Bayle (Paul).
Hodienne (Alfred).
Thouin (de la maison Cheminais et Cie).
Verdier (Mme Jeanne).

Médailles de bronze.

Beauduffe (de la maison Cheminais et Cie).
Crouzat (Mlle Blanche).
Gosselin (Mlle Lucienne).

Mentions honorables.

Dufour (Fernand).
Gosselin (Mlle Marie).
Montroy (Raoul).
Muzet (Henry).

Cl. A. B. C.

Inspection des Troupes par S. M. le Roi.

LL. MM. visitant la Section Française.   *Cl. Cheminais.*

Voyage de LL. MM. le Roi et la Reine à Saragosse
Visite de la Section Française

Le Roi avait promis à M. Paraiso, lors de l'inauguration de la Section française, de revenir avec la Reine pour assister à la distribution des récompenses et il tint sa promesse.

Le 29 octobre, dans l'après-midi, Alphonse XIII arrivait à Saragosse en compagnie de la reine Victoria, et sa présence devait nécessairement donner lieu, à des fêtes qui firent donc partie intégrante de la grande solennité, objet principal de la visite du couple Royal.

Le lendemain jeudi la journée se présentait radieuse, un beau soleil d'automne apportait aux fêtes le concours toujours enviable de ses rayons ; dès la première heure, les voies que le cortège royal devait suivre présentaient une grande animation. A neuf heures, S. M. Alphonse XIII passait en revue les troupes de la garnison, une foule compacte assistait au spectacle toujours attrayant des parades militaires ; infanterie, cavalerie, artillerie, défilèrent successi-

vement aux acclamations du peuple, et le Roi marquait visiblement
sa satisfaction de la belle allure de ses soldats.

La revue terminée, le Roi devait se rendre en compagnie de la
Reine à la séance de clôture du Congrès des Sciences.

Palais des Facultés.

Délégation d'Etudiants

C'est dans le Grand Salon des Actes de la Faculté de Médecine,
qu'avait lieu en séance solennelle la clôture du Congrès de
l'Association espagnole pour le progrès des sciences, congrès qui
avait eu lieu en septembre.

S. M. la Reine à la Section Française.

La spacieuse salle avait été richement décorée pour la circonstance
et ce fut notre ami, Don Paulino Saviron, doyen de la Faculté des
Sciences de Saragosse, dont nous avons pu apprécier à diverses reprises l'exquise aménité pendant nos séjours successifs à Saragosse,

qui, aidé de plusieurs de ses collègues, faisait les honneurs de la séance.

A 11 heures, le Roi, en uniforme de Capitaine Général, portant la médaille du Centenaire de Saragosse, et la reine Victoria firent leur entrée ; ils étaient accompagnés du duc de Sotomayor et d'une nombreuse suite ; Leurs Majestés prirent place sur l'estrade et la séance commença.

Don José Echegaray, le grand écrivain espagnol, qui fut aussi ministre, prit le premier la parole et fit un long discours vivement applaudi : d'autres orateurs parlèrent après

Cl. Cheminais.

Arrivée de LL. MM. à l'Exposition.

lui, enfin M. Moret, l'éminent chef du parti libéral espagnol, président de l'Association pour le Progrès des Sciences, dit en quelques paroles le succès du premier congrès souhaitant égal succès aux congrès futurs, puis il prononça la clôture.

Après cette séance qui s'était prolongée au delà de ce qui avait été prévu, le Roi et la Reine se rendirent à l'exposition et leur première visite fut pour la Section française.

Le couple royal fut reçu à l'entrée du salon d'honneur du Pavillon Français par M. Martin, chargé d'affaires de France, représentant l'ambassadeur M.

Cl. Cheminais.

Autour du Monument commémoratif des Sièges.

Revoil ; par M. Baudouin-Bugnet, délégué de M. le Ministre du Commerce ; M. Layus, premier vice-président de la Section française et M. Stetten secrétaire général. Après les saluts échangés, les yeux

du couple royal tombèrent de suite sur la superbe corbeille d'or-
chidées de Lachaume, apportée de Paris la veille, et qui fut offerte
à S. M. la reine Victoria par M. Lucien Layus au nom du Comité
Français des Expositions à l'Étranger.

Le Roi et la Reine parcoururent successivement les diverses
salles où de nombreuses installations attirèrent leur attention, celle
en particulier de S. M. Victoria, venue pour la première fois à l'exposition, qu'Alphonse XIII avait visitée en détail lors de l'inauguration du Pavillon français.

La solennité principale, la distribution des récompenses, ne put
commencer que tard dans l'après-midi.

Cl. Cheminais.

Avant l'Inauguration du Monument des Sièges.

Distribution des Récompenses

Ce fut une fête d'enthousiasme ; elle eut lieu dans le Casino de l'Exposition dont la grande salle était pavoisée aux couleurs espagnoles et françaises.

Toute l'élite de la société de Saragosse, un grand nombre d'expo-

Inauguration du Monument des Sièges.
Tribune Royale.

sants venus de toutes les provinces d'Espagne et des exposants français remplissaient la salle. Ce public empressé, attentif, formait un riche ensemble grâce à la présence de nombreuses dames en toilettes éblouissantes, parmi lesquelles certaines brillaient du plus pur éclat de la beauté du type aragonais.

Sur la scène convertie en estrade, les notabilités devaient prendre place.

Une grande clameur populaire signale l'arrivée du Roi et de la Reine et, quand Leurs Majestés pénètrent dans la salle, le public debout les acclame en poussant des vivats répétés.

Alphonse XIII et la reine Victoria prirent place sur deux fauteuils au centre de l'estrade entourés des ministres et des hauts personnages qui les accompagnaient; à droite et à gauche se rangèrent les membres des Comités espagnol et français de l'Exposition.

M. Paraiso prit le premier la parole. Dans un éloquent discours, il fit l'historique de cette exposition qui avait été si brillante et d'un caractère si élevé. La modestie et la simplicité de l'orateur ne pouvaient évidemment signaler toute la part du succès qui était due à sa noble intervention et à son ardente volonté de faire une œuvre pacifique. Mais il fut chaleureusement acclamé et le public par ses ovations, complétait son langage. Nous avons voulu, dit-il en terminant, que cette exposition fût une œuvre de paix, et c'est à cette pensée que nous avons toujours obéi, et c'est pourquoi nous lui avons donné le titre d'Hispano-Française. Et il remercia le Roi d'avoir témoigné de l'intérêt qu'il portait à ces luttes pacifiques du travail et du progrès en venant d'abord à l'inauguration et enfin à la solennité finale accompagné de sa gracieuse épouse, la reine Victoria.

Cl. Lucien Layus.
Revue Royale.

M. Navarro Reverter, président d'honneur du Jury supérieur, parla ensuite. L'éminent ministre, ami de la France, remercia à son tour le Roi d'avoir donné par sa présence un grand éclat à la distribution solennelle des récompenses, et il le félicita d'avoir obtenu comme exposant agricole quatre grands prix, dûment mérités par le premier agriculteur du Royaume. C'est ainsi, s'écria l'orateur, que par la paix, le travail et le progrès, l'Espagne pourra reconquérir la place qu'elle occupa jadis dans le monde en tirant des millions d'êtres des ténèbres de l'inconnu! Puis, aux acclamations frénétiques de la salle entière se tournant vers le Roi, il lui dit : « Dans cette

lutte pacifique, Votre Majesté a conquis une couronne de plus :
la couronne du travail. »

Le Délégué officiel du Gouvernement français, M. Baudouin-Bugnet,
dans une improvisation chaleureuse,
célébra M. Paraiso et son œuvre.
En appelant les deux peuples à
célébrer une manifestation de concorde et de paix sur le même terrain
où il y a cent ans, Espagnols et
Français, entraînés dans une lutte
fratricide, donnèrent l'exemple des
plus nobles vertus guerrières ; en
conviant les fils des combattants
de 1808 à raffermir davantage s'il
était possible des liens d'amitié qui
les unissent si heureusement, M. Paraiso avait été le fidèle interprète
des sentiments intimes des deux
peuples voisins.

Cl. Lucien Layus.
Revue Royale.

Les longs applaudissements qui accueillirent ces paroles ne
s'arrêtèrent que lorsque M. Maura, Président du Conseil des
Ministres, se leva pour parler.

La France et l'Espagne, dit
en substance l'éminent homme
d'État, ne furent jamais enne-
mies. Personne, déclara-t-il,
n'oserait affirmer qu'elles luttèrent, il y a un siècle, poussées
par des sentiments d'inimitié.
Les inimitiés des peuples se
forgent par des rancunes et
par des haines qui n'existèrent
jamais entre la France et l'Espagne. Contre les vastes ambi-
tions et les grandes tyrannies,
conclut-il, il est une loi inflexi-
ble, une loi éternelle, et l'Espa-
gne a été appelée, il y a un siècle, à en être l'exécutrice quand elle
subit les convoitises inépuisables de Napoléon.

Cl. Lucien Layus.
S. M. le Roi et le Capitaine Général d'Aragon
à la Revue.

UNIFORMES ESPAGNOLS. — SIÈGES DE 1808-1909.

Cl. Coyne.

UNIFORMES ESPAGNOLS — SIÈGES DE 1808-1809.

Cl. Coyne.

8.

L'Espagne et la France ont combattu alors, dit-il enfin, pour quelque chose qui n'était pas dans leurs entrailles; il n'en voulait d'autres preuves que la spontanéité de ce pays d'Aragon pour une initiative de paix et de concorde et l'enthousiasme avec lequel cette idée opportune avait été accueillie par la France.

Les applaudissements unanimes des spectateurs accentuèrent ces paroles, puis la distribution des récompenses commença.

Le Roi, premier Exposant, premier Lauréat, se leva de son fauteuil pour aller recueillir ses diplômes des mains de la Reine; une ovation émue salua cette gracieuse manifestation. Le Commissaire Général adjoint du Comité Espagnol, M. José Gascon y Marin, fit ensuite la lecture des récompenses. Un certain nombre des exposants les plus en évidence reçurent leurs diplômes des mains de S. M. Alphonse XIII, parmi eux, nous citerons le comte de Romanones, ancien ministre dans le Cabinet Moret.

Cl. Lucien Layus.
Revue Royale.

Après l'appel nominal des plus hautes récompenses, le Roi et la Reine se retirèrent et la brillante solennité s'acheva dans une apothéose de cordiales et chaleureuses acclamations.

Le soir, un bal avait lieu dans cette même salle du Casino en l'honneur de Leurs Majestés qui avaient accepté de s'y rendre. C'était un événement pour une ville calme telle que Saragosse, aussi les invitations avaient-elles été très convoitées par toute la société Saragossaine.

L'assistance était nombreuse et des plus brillantes, le Roi, en riche uniforme, la Reine en luxueuse toilette de bal, arrivèrent vers 10 h., et leur présence put donner une illusion d'un bal de Cour, car S. M. Alphonse XIII et la Reine Victoria donnèrent eux-mêmes le signal de la danse, et l'on put assister à ce spectacle rare, du Roi faisant vis-à-vis

à son premier Ministre, le premier conduisant Mme Buzon, femme
du Capitaine de l'Aragon, et le second la Reine Victoria elle-même.

L'enthousiasme général salua la
fin du quadrille et le couple royal
se retira, laissant la fête se continuer par un brillant cotillon jusqu'à une heure avancée de la nuit.

Le Roi et la Reine quittaient
Saragosse le lendemain dans
l'après-midi accompagnés par les
ovations de toute la population
reconnaissante des deux visites
royales faites en l'honneur du
Centenaire des Sièges et de l'Exposition Hispano-Française.

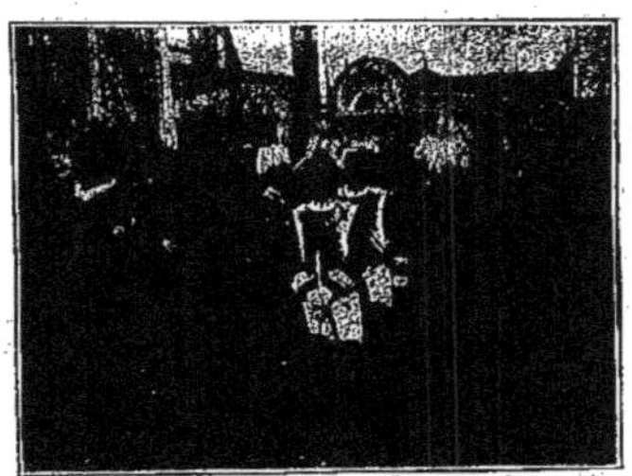

Cl. Cheminais.
Inauguration du Monument des Sièges.

Avant son départ, S. M. Alphonse XIII avait fait remettre par les
soins du Gouverneur civil de Saragosse, M. Tejon, deux plaques
de grand officier d'Isabelle la Catho-
lique, l'une à M. Baudouin-Bugnet,
délégué officiel du Gouvernement
Français, l'autre à M. Lucien Layus,
premier vice-président du Comité
de la Section française.

L'Exposition devait être clôturée
le 30 novembre, mais le Conseil
municipal de Paris, invité à envoyer
une délégation avant cette date,
n'avait pu répondre favorablement,
le déplacement des édiles parisiens
ne pouvait s'effectuer que dans les
premiers jours de décembre.

La clôture fut en conséquence
ajournée.

Cl. A. B. C.
S. M. le Roi et les Infants inaugurant
un Monument aux Héros des Sièges.

La délégation du Conseil muni-
cipal de Paris se composait de
MM. Joseph Ménard et Tantet, vice-
président du Conseil, MM. Oudin,
Peuch et Fleurot, secrétaires et
M. Gay, syndic, M. Tailliart remplissait les fonctions de secrétaire.

Le 30 novembre, les délégués du Conseil municipal de Paris arrivèrent à Saragosse ; ils furent reçus par le Maire, les conseillers municipaux et provinciaux, le gouverneur civil et les autorités ; une foule énorme leur fit des ovations, la ville était pavoisée et illuminée en leur honneur.

Les délégués, en arrivant à l'hôtel, durent, sur la demande de la foule, se montrer deux fois au balcon. M. Ménard, président de la délégation, remercia la foule en criant : « Vive l'Espagne » ; la foule répondit par des vivats à l'adresse de la France.

Un déjeuner fut offert à nos édiles par M. Paraiso et une fête aragonaise fut organisée le soir au casino de l'Exposition.

Cl. Cheminais.
Après la visite de l'Exposition ; retour de LL. MM.

Dans un grand banquet donné en l'honneur des conseillers parisiens, plusieurs toasts très cordiaux furent prononcés par M. Ménard, vice-président du Conseil municipal de Paris, par le gouverneur civil et le président du Comité des Fêtes du Centenaire de Saragosse. La musique joua la *Marche Royale* et la *Marseillaise*.

Au milieu d'acclamations enthousiastes, le gouverneur remit aux conseillers municipaux des exemplaires de la Médaille d'or du Centenaire des Sièges de Saragosse.

La clôture de l'exposition eut lieu avec une grande solennité le 5 décembre sous la présidence du Ministre du Fomento, M. Sanchez Guerra. Des discours enthousiastes furent prononcés successivement par MM. Paraiso, Gascon y Marin et autres personnalités

espagnoles, puis le Ministre du Fomento déclara, au nom de S. M. le
Roi, que l'Exposition Hispano-Française était close.

Le soir eut lieu le banquet de clôture dans la salle du Casino,
M. Sanchez Guerra, en s'adressant à M. Paraiso, exprima ses remerciements au ferme républicain pour sa coopération au succès de
l'Exposition. Au nom du Roi et de la Monarchie, il le félicitait et
donnait l'accolade au créateur de la magnifique Exposition de Saragosse.

Enfin, S. M. le Roi, désirant honorer la Ville de Saragosse et ceux
qui ont collaboré à la célébration du centenaire, décida de convertir
en décoration la médaille du Centenaire des Sièges.

Médaille des Sièges.   C . D. B.

Voici le décret royal publié dans la *Gazette de Madrid* du 27 octobre 1908 instituant la médaille commémorative de Saragosse
comme distinction honorifique :

« En considération des efforts méritoires réalisés par le Comité exécutif
« de l'Exposition Hispano-Française de Saragosse qui a constitué un des
« plus heureux succès de la Commémoration des Sièges.
« Je confère aux membres de ce Comité le droit de porter la médaille
« d'or créée par mon Royal Décret du 9 juillet de la présente année ».
Donné à Barcelone, le 25 octobre 1908.

                                        ALPHONSE.

Le Président du Conseil des Ministres :
                    ANTONIO MAURA.

Le Comité espagnol, sur les démarches de son Président, M. Paraiso, a obtenu que ladite médaille fût conférée à quelques Membres du Bureau du Comité de la section française et aux personnages officiels venus à Saragosse au nom de la France ; elle a donc été concédée à M. Cruppi, ministre du Commerce et de l'Industrie, à M. Viger, Président du Comité de la section française, à M. Baudouin-Bugnet, délégué du Gouvernement, à M. Lucien Layus, premier vice-président, et à M. Stetten, secrétaire général, à M. Hetzel, vice-président du Comité Français des Expositions à l'Étranger, à M. Max Robert, à M. Niclausse et aux principaux membres du Comité d'organisation et du Jury.

Puisse la noble idée de l'homme de Progrès, du grand patriote qu'est « Paraiso », porter ses fruits et l'amitié, entre la France et l'Espagne de nouveau cimentée sur le terrain des luttes meurtrières d'il y a un siècle, se perpétuer à jamais dans des œuvres de paix et de civilisation !

Cl. Raynaud.

Défilé des Troupes sur le Cours de l'Indépendance.

Le Comité exécutif de l'Exposition avait fait graver une belle
médaille de récompenses destinée aux exposants, et comportant
à l'avers un médaillon de LL. MM. le Roi et la Reine, et au revers
une vue à vol d'oiseau de l'Exposition.

Cl. D. B.

Plaquette commémorative de l'Exposition
par Pierre-Victor DAUTEL.

De son côté le Comité Français de l'Exposition de Saragosse
a confié à un artiste de haute valeur, M. Pierre Dautel, prix de
Rome de gravure, l'exécution d'une gracieuse plaquette commémorative destinée aux membres des Comités Espagnol et Français.

A l'avers de cette plaquette figure le génie de l'Industrie
personnifié par un enfant appuyé sur des attributs et tenant
une branche de laurier ; à l'horizon la silhouette de la porte
monumentale de l'Exposition.

Cl. D. B.

Plaquette commémorative de l'Exposition
par Pierre-Victor DAUTEL.

Le revers représente, en haut, une chevaleresque chevauchée
qui immortalise les Héros des Sièges de 1808-1809, en bas,
l'antique pont sur l'Ebre, aujourd'hui détruit, qui reliait la Seo
et l'église del Pilar au faubourg d'Arrabal.

ÉPILOGUE DE L'EXPOSITION HISPANO-FRANÇAISE 1908

Inauguration du Monument Commémoratif

16 JANVIER 1910

Ce fut réellement une œuvre de poétique sentimentalité que réalisa le grand patriote Paraiso en ralliant ses concitoyens à l'idée de commémorer les Sièges de Saragosse de 1808 et les luttes meurtrières dont elles laissent le souvenir par l'étreinte fraternelle entre Espagnols et Français, dans une œuvre de paix et de progrès telle que l'Exposition Hispano-Française de 1908.

Les Saragossains voulurent que ces belles pages de l'histoire de leur immortelle cité restassent vivantes et perpétuées pour les générations futures par un monument qui synthétisât cette glorieuse éphéméride et la noble pensée qui présida à sa célébration.

C'est à l'inauguration de ce monument désormais historique que furent invités M. Jean Cruppi, ancien Ministre du Commerce qui représenta la France lors de l'ouverture de l'Exposition. M. Dupont, Président du Comité Français des Expositions à l'Étranger, M. Viger, Sénateur, ancien Ministre de l'Agriculture, Président de la Section Française, et M. Layus, premier Vice-Président.

M. Nicolas de Escoriaza, premier Vice-Président du Comité Espagnol et Commissaire royal de l'Espagne à l'Exposition Universelle de Bruxelles 1910, de passage à Paris, insista pour que la France et le Comité Français fussent représentés à cette solennité.

La date de l'inauguration avait tout d'abord été fixée au 9 janvier,

date assurément peu favorable au déplacement d'hommes absorbés
au début de la nouvelle année et à la veille d'élections générales en
France par leurs devoirs parlementaires. MM. Cruppi et Viger durent
donc s'excuser et M. Baudoin-Bugnet, qui fut délégué du Gouvernement Français à l'Exposition de Saragosse auquel l'on avait songé
pour représenter l'ancien Ministre du Commerce, était aussi empêché par les exigences de la haute direction dont il a charge au
Ministère du Commerce.

M. Layus, malgré son vif désir de répondre à la pressante insis-
tance de M. Escoriaza, ne pouvait quitter la direction si laborieuse
de l'Administration de l'*Annuaire Didot-Bottin*, à une époque de
l'année où sa présence était indispensable.

Dès lors, le Comité Français délégua M. J. Hetzel, l'un de ses
Vice-Présidents et plus zélés collaborateurs, qui avait déjà été à Saragosse, M. Viger de son côté, tenant à se faire représenter, demanda à M. Stetten, Secrétaire général et Rapporteur de la Section
Française, de remplir cette mission.

Entre temps, la date de l'inauguration du monument avait été
retardée de huit jours et fixée au dimanche 16 janvier.

Après les brillantes fêtes qui accompagnèrent en 1908 l'inauguration de la Section Française, les opérations des jurys et la distribution de récompenses, l'on pouvait croire que sans l'affluence
amenée par la commémoration des Sièges et par l'Exposition et à
une époque de l'année aussi peu favorable que le cœur de l'hiver,
l'inauguration du monument dédié à l'Exposition et à Paraiso se
célèbrerait dans l'intimité de ceux qui avaient provoqué et organisé
l'Exposition Hispano-Française.

Il en fut autrement et à leur arrivée à Saragosse le 15 janvier à la
tombée de la nuit. M. Hetzel, accompagné de sa toute gracieuse fille,
et M. Stetten trouvèrent la gare encombrée de monde venu à leur
rencontre, et la surprise leur fut d'autant plus agréable qu'ils ne
s'attendaient pas à un accueil aussi chaleureux.

Sur les quais, MM. Escoriaza, Pellejero, Gascon y Marin et autres
membres du Comité Espagnol de l'Exposition donnèrent l'accolade
aux Délégués Français et leur présentèrent le Maire de Saragosse,
les Conseillers municipaux, les Membres de la Chambre de Commerce et du Circulo Mercantil; un public nombreux assistait à cette
réception et saluait les représentants français de ses vivats à la République Française.

A la sortie de la gare, des pompiers portant des torches étaient placés de distance en distance, éclairant d'une lueur flamboyante et romanesque le tableau animé que présentait la foule venue pour assister à la réception des voyageurs,

Les landaus de la municipalité attendaient devant la gare M. et Mlle Hetzel et M. Stetten accompagnés des autorités, y montèrent et en voitures découvertes, car la température était des plus agréables, l'on se dirigea vers l'hôtel Regina ; sur le parcours de nombreuses maisons particulières et les édifices publics étaient illuminés et le peuple Saragossain accouru en nombre manifestait sa sympathie par des applaudissements et des ovations.

Une autre surprise attendait les Délégués Français ; arrivés à l'hôtel Régina, ils apprirent que ce n'était plus un hôtel, mais une propriété privée mise à la disposition de la municipalité, qui leur offrait l'hospitalité, celle-ci se manifesta tout de suite d'une façon tout à fait gracieuse ; un brillant souper avait été préparé à leur intention dont le maire de Saragosse, M. Escoriaza, M. Pellegero et autres membres du Comité firent les honneurs ; M. Utard, notre sympathique agent consulaire à Saragosse, était parmi les convives.

Le Gouverneur Civil vint plus tard saluer MM. Hetzel et Stetten.

Le lendemain matin, par l'express de Madrid, arrivaient M. de Montille, secrétaire d'Ambassade, représentant notre éminent Ambassadeur M. Revoil, et M. Burell, Directeur Général du Ministère Espagnol des Travaux Publics ; c'est dans la journée même de leur arrivée qu'avait lieu l'inauguration solennelle du monument dédié à à l'Exposition Hispano-Française et à Paraiso.

L'inauguration devait avoir lieu à midi ; dès onze heures arrivaient successivement à la Faculté de Médecine où l'on se réunissait, la Commission exécutive du monument, le Gouverneur civil et les fonctionnaires adjoints, le Gouverneur Militaire, le Recteur de l'Université, les Présidents de la députation Provinciale et les député Provinciaux, le Président du Tribunal, les représentants de la royale Maestranza, le Chanoine Moreno représentant l'Archevêque, les représentants du Conseil Municipal et du Comité Agricole des délégués des différents corps de la garnison de Saragosse et enfin le Comité exécutif de l'Exposition Hispano-Française, sauf M. Paraiso.

Venaient ensuite le délégué du Gouvernement Espagnol, M. Burell, Directeur Général des Travaux Publics en représentation du Ministre de ce département, le délégué de l'Ambassadeur de France, M. de Montille, puis ceux du Comité Français des Expositions à l'Etranger et de M. Viger, Président de la Section Française de l'Exposition, MM. Hetzel et Stetten.

Avant de se rendre devant le monument, toutes les personnes présentes signèrent l'acte de remise à la municipalité de Saragosse.

Un temps superbe, le ciel de l'Espagne dans toute sa beauté, contribua à faire de cette cérémonie une fête de printemps ; aussi une foule considérable assistait à la solennité. Une tribune spacieuse était réservée aux délégations qui y prirent place pendant que la musique militaire exécutait la *Marche Royale*.

Après que le Président de la Commission du monument en eût fait en quelques paroles la remise solennelle à la municipalité, le Secrétaire de cette Commission, M. Valenzuela, Directeur de l'Heraldo de Saragosse, expliqua l'origine et le but de l'œuvre que l'on inaugurait.

Ce fut au tour de M. Escoriaza, premier Vice-Président du Comité exécutif de l'Exposition, de prendre la parole, il le fit avec une chaleur communicative qui captiva l'attention de l'auditoire :

« Le monument que l'on inaugure, dit-il, ne rappelle pas uniquement
« l'Exposition, qui pour belle qu'elle fût, ne méritait pas un tel honneur,
« ce monument consacre surtout l'étreinte de deux peuples frères, poussés,
« jasdis, l'un contre l'autre, dans une guerre fratricide ;

Puis, faisant allusion à l'emplacement resté vide sur la façade du monument et destiné à Paraiso :

« Je fais des vœux ardents, dit-il, pour que cette place reste vide
« pendant de longues années encore et que nous conservions plein de
« santé et de vigueur l'insigne Président qui fut l'âme de notre Exposition.»

D'unanimes applaudissements accueillirent cette jolie péroraison.

M. Stetten, désigné par ses collègues pour prendre la parole, s'exprima en Espagnol :

« C'est le Président de la Section Française, M. Viger et le premier Vice-
« Président, M. Layus, dit-il, qui auraient désiré être ici pour exprimer
« en leur nom comme au nom de la France et du Comité Français des
« Expositions à l'Etranger, leurs remerciements à Paraiso, à Escoriaza,
« Pellegero, Gascon et à tous ceux qui ont collaboré à l'Exposition ainsi
« qu'au peuple de Saragosse, d'avoir, par leur unanime adhésion à la
« noble pensée de commémorer le Centenaire des luttes de 1808 en con-
« viant leurs adversaires de jadis, aujourd'hui leurs amis, coopéré au
« succès de cette grande et belle manifestation que fut l'Exposition de
« Saragosse de 1908.

« M. Viger aurait voulu lui-même donner ici l'accolade à notre grand
« concitoyen Paraiso, dont la modestie dépasse encore, si possible, la no-
« blesse de caractère, il regrettera doublement son absence quand je lui
« rendrai compte de votre fraternel accueil et de cette belle solennité.

« Je suis fier d'être ici le représentant du Président de la Section Fran-
« çaise, dit en terminant M. Stetten, pour glorifier avec vous par l'inaugu-
« ration de ce beau monument les plus nobles sentiments communs à nos
« deux chères Patries, l'attachement à l'Indépendance Nationale et l'amour
« au Travail et au Progrès dans les œuvres pacifiques de la science, des
« Arts, de l'Agriculture et de l'Industrie ; vive l'Espagne ! vive la France ! »

Le nouveau Maire de Saragosse, depuis le récent avènement du
Ministère Moret, M. Galan, qui connaît beaucoup la France et a pour
notre pays une réelle sympathie, parla ensuite et nous citons avec
plaisir cette belle péroraison de son discours :

« Ce monument, dit-il, glorifie une œuvre de paix et de progrès obtenue
« par le plus sublime des moyens, le travail ; il exprime l'union des deux
« nations comme moi-même, en embrassant le représentant de la France,
« j'exprime la sympathie et l'affection que nous, Aragonais, ressentons
« pour la République voisine. »

Et ce disant, le Maire donnait l'accolade à M. de Montille,
représentant l'Ambassadeur Revoil.

Ce beau geste oratoire provoqua de longs et unanimes applaudissements.

Enfin la solennité se termine par un éloquent discours de M. Burell, Directeur Général des Travaux Publics, représentant le Ministre
du Fomento, M. Gasset.

« En venant au nom du Gouvernement, dit-il en substance, m'associer à
« cet hommage, je déplore que les limites strictes de la représentation of-
« ficielle, dont je suis investi ne me permettent pas de laisser éclater l'en-
« thousiasme que je ressens en ce moment où je contemple l'œuvre gran-
« diose qui couronne Saragosse d'une nouvelle et glorieuse auréole.

« L'œuvre réalisée dans cette héroïque, immortelle, très noble et très
« loyale cité, par un insigne et modeste Aragonais est un grand enseigne-
« ment d'activité individuelle et d'amour à la Patrie. »

L'orateur dédie un patriotique souvenir aux glorieux faits de 1808,
faits qui eurent, dit-il, une grande influence sur l'avenir des libertés
pour l'Espagne et la France, il termine en déclarant consacrer, au
nom de Sa Majesté le Roi, le monument appelé à commémorer l'Exposition Hispano-Française et l'œuvre de Paraiso.

On délivra ensuite le monument des toiles aux couleurs nationales qui le recouvraient; la musique militaire exécuta à nouveau la Marche Royale, puis la cérémonie prit fin après que l'on eut mis à jour les plaques portant l'inscription « Plaza Paraiso », la Municipalité a ainsi dénommé la vaste place où s'élève le monument destiné surtout à rendre hommage à l'illustre fils adoptif de Saragosse et à son œuvre.

DESCRIPTION DU MONUMENT.

Le monument est dû à l'architecte Don Ricardo Magdalena et aux sculpteurs distingués Don Miguel et Don Luciano Calé ; l'ensemble est harmonieux et simple.

Au-dessus d'un gradin de granit se détache un massif de pierres rocheuses, taillées sur la face antérieure et abruptes sur la face postérieure, par ce contraste entre le côté brut et le côté ouvré, les artistes ont voulu représenter le passé et le présent.

Le centre devant et les deux côtés latéraux sont ornés de bas reliefs en bronze ; sur celui du centre, deux femmes affectueusement serrées l'une contre l'autre figurent la France et l'Espagne contemplant l'Exposition Hispano-Française ; à droite, c'est Saragosse récompensant le travail, à gauche, le Réveil de l'Aragon aux manifestations du Progrès. Au sommet du rocher, un lion rampant, grandeur naturelle en bronze, symbolise la force, deux enfants de marbre blanc d'inégale grandeur, placés de chaque côté du lion, représentent l'un le Commerce, l'autre les Arts ; tous deux une branche d'olivier à la main, tiennent le lion par la crinière et semblent le pousser en avant ; des attributs d'agriculture complètent ce groupe.

Sur la gauche du rocher composant la partie postérieure du monument, des plants de lierre grimpent jusqu'à la cîme serpentant à travers les interstices des pierres et donnent un aspect de vétusté d'un bel effet ; au centre, on lit l'inscription suivante : « Ce monu-
« ment a été érigé en souvenir de l'Exposition Hispano-Française
« célébrée à Saragosse l'année 1908 pour solenniser, par cette œuvre
« de paix et de concorde, le premier centenaire des glorieux sièges
« soutenus contre les Armées Françaises dans la guerre de
« l'Indépendance. »

Cl. Gustavo Freudenthal.

Monument Commémoratif de l'Exposition de 1908, avec buste de D. Basilio PARAISO,
D. Ricardo MAGDALENA, Architecte ; D. Miguel et D. Luciano GALÉ, Sculpteurs.

Du côté face du monument, un emplacement est inoccupé, c'est celui destiné à la statue de Paraiso et au-dessus duquel se détache en grosses lettres de bronze le mot « Pax » ; la statue avait été installée, mais il fallut l'enlever sur la demande formelle de l'illustre patriote que ses concitoyens voulaient honorer.

Mentionnons ici un épisode des solennités auxquelles nous assistions : Paraiso, l'artisan de la fraternelle manifestation Hispano-Française, à l'approche du jour où son nom allait être glorifié et transmis à la postérité par la pierre et le bronze, a fui Saragosse et le héros de ces fêtes grandit encore dans l'admiration de ses amis et de ses concitoyens en se dérobant à leurs hommages, mû par le sentiment élevé de la modestie.

La cérémonie de l'inauguration terminée, un déjeuner était offert aux délégués du Gouvernement Espagnol, au représentant de l'Ambassadeur de France et aux Délégués Français, par M. de Escoriaza dans son hôtel particulier ; assistaient en outre à ce déjeuner le capitaine général Bruzon, le gouverneur civil M. Gaston et M. Utard, agent consulaire de France.

Mme de Escoriaza faisait avec beaucoup de grâce les honneurs de la table, et bien que la réunion fût tout intime, des toasts furent portés aux absents, à MM. Paraiso, Cruppi, Viger, Baudouin-Bugnet et Layus.

Dans l'après-midi, une excursion en automobile avait été organisée par M. de Escoriaza, elle eut lieu par un temps superbe.

A leur entrée à Saragosse, MM. Hetzel et Stetten adressèrent au Comité Français le télégramme suivant :

« LAYUS PARIS

ZARAGOZA, *16 janvier, 20 h. 20 du soir.*

« Prière rendre compte au Président que Stetten et moi sommes heureux
« vous communiquer très chaleureux accueil fait par Maire Municipalité
« Escoriaza et Comité Exposition ainsi que tous chers amis de Saragosse à
« l'inauguration monument très réussi symbolisant fraternité entre sœurs
« latines Alcade lut dépêches Comité Français aux acclamations Vive la
« France éprouvâmes déception absence Paraiso se soustrayant ovations
« préparées par concitoyens vifs regrets de tous pour les absents merci
« de nous avoir délégués Saragosse.

HETZEL.

9

Le Comité Français, de son côté, avait adressé à l'Alcade et à la municipalité un télégramme ainsi conçu :

16 janvier 1910.

SÉNOR ALCADE AYUNTAMENTO ZARAGOZA

« Comité Français Expositions à l'Etranger et Comité Français Exposition
« Saragosse s'associent à manifestation grandiose et inauguration officielle
« ayant lieu ce jour dans votre immortelle Cité.

Sénateurs Emile DUPONT, VIGER, *Présidents.*
Lucien LAYUS, *Premier Vice-Président,*
G ROGER SANDOZ, *Secrétaire Général.*

Messieurs Viger, Président et Layus premier Vice Président adressèrent en outre à M. Paraiso un télégramme s'associant à l'hommage qui lui était rendu, en voici les termes :

16 janvier 1910.

BASILIO PARAISO-ZARAGOZA

« Au nom du Comité Français de l'Exposition Hispano Française nous
« nous associons de tout cœur au glorieux hommage rendu par la vaillante
« cité de Saragosse au bon Patriote et au promoteur de la touchante mani-
« festation de 1908 et nous adressons à notre fidèle ami Paraiso notre plus
« affectueux souvenir. »

VIGER, LAYUS.

Le soir, le « Circulo Mercantil » avait organisé un grand banquet de 250 couverts en l'honneur des représentants du Gouvernement Espagnol et des Délégués Français. La vaste salle où les tables étaient dressées présentait un bel aspect et l'animation la plus cordiale ne cessa de donner à cette jolie fête son caractère de fraternelle manifestation.

C'est notre ami M. Gasgon qui, au dessert, prit le premier la parole. Il parla avec cette ardeur, cette chaude et communicative éloquence que nous lui avons vu déployer dans des circonstances antérieures, puis, M. de Escoriaza, avec sa verve sympathique, prononça une vibrante allocution et leva son verre à la France et à L'Espagne, au Roi Alphonse XIII et au Président Fallières, puis à tous ceux, Français et Espagnols qui collaborèrent au succès de l'Exposition Hispano-Française.

M. Hetzel, au nom du Comité Français des Expositions à l'Etranger, prononça ensuite une harangue où le cœur d'un bon Français s'exhala dans l'expression des sentiments qui devaient inspirer à tous, dit-il, « le spectacle de ces inoubliables manifestations « auxquelles nous « avons assisté à diverses reprises depuis l'inauguration de l'Expo- « sition par S. M. le Roi Alphonse XIII, et, qui consacrent par ces « témoignages réciproques de sincère amitié, l'union des deux Na- « tions latines appelées désormais à ne lutter que sur le terrain « fécond des œuvres de travail et de progrès.

« Ces manifestations qui sont la noble expression des plus beaux « sentiments du cœur humain, nous les devons à la belle pensée de « votre grand patriote Paraiso, dont l'absence atteste avec éloquence « la grandeur d'âme et l'exemplaire modestie.

« Nous vous remercions de vos témoignages si vibrants d'affec- « tueuse sympathie, ils nous vont droit au cœur, nous en serons « l'interprète auprès de ceux que nous avons l'honneur de repré- « senter ici et au nom desquels je lève mon verre à la prospérité « de votre immortelle cité, aux Aragonnais, à l'Espagne.

Ces paroles provoquèrent de vifs et unanimes applaudissements.

La soirée se termina par une sérénade donnée dans les salons de l'ancien hôtel Regina ; un groupe de guitarristes et de chanteurs se fit entendre dans les airs Aragonnais ; ainsi s'acheva gaiement cette journée bien remplie.

Le lendemain, le Maire et la Municipalité de Saragosse offraient un dîner de gala à l'Hôtel-de-Ville en l'honneur des délégués venus de Madrid et de Paris pour prendre part à l'inauguration du monument et à l'hommage rendu au grand Saragossain Paraiso.

Le dîner eut lieu dans le somptueux salon rouge de l'Hôtel-de-Ville brillamment illuminé pour la circonstance; soixante couverts étaient luxueusement dressés autour d'une table dont le centre dans toute sa longueur était converti en un véritable jardin avec ses parterres et ses massifs : le parterre, c'était un épais tapis de mousse tout émaillé de violettes, bordé à festons de mignons petits pots d'œillets rouges ; le massif, c'était l'écusson de Saragosse, tout d'œillets rouges avec le lion formant relief en fleurettes jaunes d'or ; aux deux extrémités, des guirlandes de laurier attachées par de gros nœuds de ruban aux couleurs d'Espagne et de France ; l'artiste jardinier, auteur de cette jolie ornementation mérite d'être complimenté.

La statue de Paraiso retirée du monument auquel elle était destinée est là sur un piédestal provisoire, tout entourée de plantes vertes.

Les invités furent reçus en grand cérémonial. Les Gardes Municipaux en culotte blanche étaient rangés dans le vestibule et c'est aux sons de la *Marche royale* et de la *Marseillaise* jouées par une Musique militaire que l'on prit place à table.

Le menu était à la fois copieux et soigné, la municipalité avait grandement fait les choses. Au dessert, c'est le Maire qui donna le signal des toasts en levant son verre à la Patrie, à la France, à Saragosse et au grand absent Paraiso ; M. de Montille, parlant au nom de l'Ambassadeur Revoil, donna tout d'abord un souvenir à Paraiso et remercia la Municipalité de la brillante réception qu'elle faisait au représentant de l'Ambassadeur et aux délégués du Comité Français des Expositions à l'Etranger.

« Le monument que l'on vient d'inaugurer, ajouta le Secrétaire de
« l'Ambassade de France, est le couronnement de l'œuvre de rappro-
« chement Franco-Espagnol, il est pour les deux pays amis un sym-
« bole de paix de travail et d'union ; ils sont d'ailleurs sur le point
« de se pénétrer mutuellement plus encore que jusqu'ici par une
« nouvelle ligne de chemin de fer ; c'est ainsi qu'ils se connaitront
« mieux encore, qu'ils s'estimeront davantage et apprendront à
« s'aimer. »

En terminant, M. de Montille leva son verre à l'Union fraternelle des deux peuples, à l'Espagne et à son Roi.

M. Burell, le distingué Directeur des Travaux Publics, se leva ensuite et, dans des paroles éloquentes, évoqua l'explosion de vie Nationale dont Saragosse a donné l'exemple sous l'impulsion d'un de ses Fils. « Puisse, ajouta-t-il, cette manifestation de patriotisme avoir de nombreux imitateurs dans l'intérêt de la grandeur de la Patrie Espagnole » ; il parla ensuite de la France, cette sœur latine qui est le plus actif véhicule des nobles idées de notre race.

De vifs applaudissements saluèrent ces paroles, puis, après avoir écouté debout, la *Marche Royale* et la *Marseillaise*, les convives se retirèrent pour se rendre à une représentation de gala qui avait lieu au Théâtre principal.

Les deux délégués Français quittaient Saragosse le lendemain

sous l'impression des manifestations affectueuses dont ils furent
l'objet.

Le Comité Français des Expositions à l'Etranger, après cet épisode de l'Exposition Hispano-Française de Saragosse, aura sans doute
pour la première fois à inscrire dans ses annales une solennité de
cette nature ; les tournois artistiques, industriels et commerciaux
auxquels, de jour en jour davantage, les nations se convient entre
elles, ne comportent pas de si solennelles commémorations,

L'année 1908 cependant a marqué une évolution dans le but jusqu'alors d'ordre exclusivement économique des Expositions.

La portée des deux Expositions Franco-Britannique et Hispano-
Française qui provoquèrent de la part du Comité Français le grand
effort qui aboutit à leur succès, fut, on peut le dire, plutôt d'essence
politique.

L'Exposition Franco-Britannique fut une belle et patriotique manifestation de l'entente cordiale entre la France et l'Angleterre ;
l'Exposition Hispano-Française fut d'un ordre plus élevé encore, pour
les Espagnols, ce fut la célébration du culte à l'indépendance de la
Patrie ; pour nous, Français, ce fut l'adversaire qui vint tendre la
main après le combat ; les fils des Défenseurs de Saragosse nous
conviaient à célébrer fraternellement avec eux le souvenir d'un drame
de la Grande Epopée Napoléonnienne sur le même terrain arrosé
cent ans auparavant du sang glorieux des combattants et devenu un
champ de luttes pacifiques entre deux peuples frères ; il y a, dans
cette commémoration, un beau geste et un grand enseignement.

Cl. Cheminais.

Hallebardiers Espagnols.

Plan de la Section Française, par J. de Montarnal, architecte.

Pavillon des Apanages Royaux.

SECTION I

CLASSES 1, 2, 4, 5 & 11

AGRICULTURE — HORTICULTURE — ARBORICULTURE

Président : Don Tomas TORRES.
Vice-Président du Jury : M. VILMORIN (Philippe de), à Paris.
Secrétaire : M. RAYNAUD, à Biarritz (Basses-Pyrénées).
Membre : M. RICOIS (Pierre-Auguste), à Moresville (Eure-et-Loir).

L'Espagne est un pays éminemment agricole. Sur une population d'environ 20 millions d'habitants, elle en compte le quart vivant des travaux de la terre. La propriété du sol s'est partagée depuis une vingtaine d'années en de nombreux propriétaires se livrant à la culture des céréales, de la vigne et de l'olivier. Les oranges, les citrons et les fruits de table sont également d'une grande culture pour le pays et donnent lieu, avec les vins et l'huile d'olive, à d'importantes expéditions à l'étranger.

Si l'on ne peut compter, dans ces conditions, diriger un grand courant d'exportation vers l'Espagne des produits agricoles, à moins que la disette de récolte n'oblige l'Espagne à demander à la Russie, à l'Argentine et à la Bulgarie de grandes quantites de froment comme elle le fait parfois, on peut vendre dans la Péninsule des graines et semences sélectionnées pour l'amélioration du rendement de ses ré- coltes de toute nature.

C'est dans ce but que la maison Vilmorin-Andrieux et Cie, de Paris, exposait des plantes annuelles, bisannuelles et vivaces ; des collections diverses avec des moulages, des planches et des tableaux. Les nombreux et intéressants produits envoyés par cette maison se composaient de collections de blés, de maïs, millets, seigles, orges, plantes légumineuses, plantes fourragères, graminées en gerbes et graines. On pouvait remarquer aussi comme envoi de cette maison une belle collection de betteraves, dont les variétés à grand rendement de sucre peuvent trouver en Espagne un débouché d'autant plus grand, que ce pays, depuis une dizaine d'années, n'est plus tributaire de l'étranger pour la consommation du sucre et qu'il en développe constamment la fabrication en vue de remplacer le sucre qui lui venait autrefois de ses colonies.

Cl. Thouin.
Section Française — Annexe de l'Agriculture.

Les élégantes vitrines de la maison de Vilmorin montraient, à côté des collections de légumes, des collections de fruits moulés d'une rare beauté d'exécution artistique.

M. Riccis, de Moresville, avait une exposition de produits agricoles d'origine végétale, graines et plantes diverses, fort bien présentée ; et M. Raynaud, de Biarritz, qui est Hors Concours comme Membre du Jury, a pris l'initiative de développer l'industrie de la truffe continuant ainsi à l'étranger l'œuvre de vulgarisation de ce champignon, œuvre qui a obtenu un beau succès à l'Exposition Franco-Britannique.

Il exposait la carte des régions truffières dressée pour le Minis- tère de l'Agriculture. Cette carte indique toutes les régions où croît la truffe, les arrondissements où elle abonde, elle indique les crus,

car il y a des crus de truffes comme il y en a pour les vins. Dans
toute une série de graphiques très saisissants parce qu'ils sont représentés par des dessins, M. Raynaud fait connaître le poids de la
récolte rapportée à l'hectare, son rendement qui, dans certains arrondissements peut atteindre le chiffre incroyable de 10 à 12.000 frs.
pour retomber dans d'autres de 800 à 3.000, puis la nature du sol,
sa composition chimique, les améliorations de culture, les fumures,
la nature des arbres trufficoles, leur nombre à l'hectare, etc., etc.
Deux tableaux séparés donnent les chiffres exacts des rendements des
5 dernières années, les importations, les exportations, dans les divers
pays, montrant ainsi avec de superbes échantillons à l'appui quelle
source de richesse possède la France dans les départements privilégiés du Lot, Lot-et-Garonne, Vaucluse, Drôme, etc. etc.

M. Raynaud, dans une vitrine à part, exposait des savons particuliers à base d'iode dont il a la concession et qui sont sa propriété.

Les autres exposants de cette section avaient envoyé notamment
des houblons, des graines pour brasseries, des collections de fibres
pour emballages, etc.

RÉCOMPENSES

Hors concours

Raynaud (A.), Biarritz.
Ricois (P.-A.), Moresville.
De Vilmorin, Andrieux et Cⁱᵉ, Paris.

Grands prix

Couturieux (Charles), Paris.
Famelart, Paris.
Hirsch frères, Paris.
Trouette, Paris.

Diplômes d'honneur.

Bousquet (Fernand-Albert', Paris.
Guillon (Philibert), Paris.
Midy frères, Paris.
Weil (Camille), Toury.

Médailles d'or.

Josset frères, Paris.
Koehly (Joseph), Paris.

Médaille d'argent.

Berger (Ismaël), La Varenne-Sainte-Hilaire.

COLLABORATEURS

Produits agricoles

Médailles d'or.

Cazancau, de la maison Raynaud.
Joubert, de la maison Weil.
Lelard (Auguste), de la maison Ricois.
Lemoy (Hippolyte), de la maison Vilmorin, Andrieux et Cie.
Trouette (Dr Jean), de la maison Trouette.

Médailles d'argent.

Guibert (Ernest), de la maison Koehly.
Kannapel, de la maison Couturieux.
Rougerie (Lucien), de la maison Vilmorin, Andrieux et Cie.
Verlot (Théodore), de la maison Vilmorin, Andrieux et Cie.

Médailles de bronze.

Bodin (Pierre), de la maison Ricois.
Chaboche (Armand), de la maison Ricois.
Legros (Paul), de la maison Vilmorin, Andrieux et Cie.
Seguin (Eugène), de la maison Vilmorin, Andrieux et Cie.

Partie centrale du Jardin de l'Exposition.   *Cl. Çoyne.*

SECTION II

CLASSES 25, 27, 28, 31 & 32

INDUSTRIE ET MATÉRIEL HORTICOLE

Président : Don Leon Laguna.
Vice-Président du Jury : M. Martinet, à Paris.
Secrétaire : Don Pedro Moyano.
Membre : M. Goyer (René), à Limoges (Haute-Vienne).

L'art des jardins, la culture des fleurs, l'élevage des abeilles et l'utilisation de leurs produits : miel, cire et hydromel, l'industrie fromagère étaient agréablement présentés dans ces classes.

La collectivité de la Société d'Apiculture de l'Aisne, la Fédération des Sociétés françaises d'Apiculture ; la Société d'Entomologie de Paris ; la Société d'Apiculture et d'Insectologie agricole de l'Aisne, avaient envoyé de fins produits et des travaux d'enseignement.

Ce n'est pas qu'il faille penser à exporter en Espagne des produits tels que la cire et le miel qui sont véritablement prohibés par des taxes douanières élevées : la cire paie 50 francs les 100 kilogs, le miel paie 80 francs.

L'Espagne produit de grandes quantités de miels, ses exportations pour les trois dernières années sont les suivantes :

EXPORTATION DE MIEL D'ABEILLE

1905 . . . . 32.855 kilogs.
1906 . . . . 28.928 »
1907 . . . . 19.457 »

Les exportations de cire en masse se sont élevées en 1907 à la somme considérable de 852.609 pesetas.

Il n'en était pas moins intéressant pourtant d'aller faire connaître, apprécier et admettre nos meilleurs procédés d'élevage et de fabrication. Les divers travaux d'enseignement agricole exposés par nos compatriotes ne devaient pas manquer de retenir l'attention de visiteurs qui ont pu se rendre compte des moyens employés par nos apiculteurs pour obtenir leur miel de qualité remarquable, caractérisé par son parfum et ses jolies cristallisations.

Nos exposants devaient être récompensés pour avoir si intelligemment montré à côté des résultats pratiques les méthodes employées.

RÉCOMPENSES

Hors concours.

Goyer (René), Limoges.
Magnier-Bédu, Groslay.
Martinet, Paris.

Grands prix.

Barbier et Cⁱᵉ, Orléans.
Cayeux et Leclerc, Paris.
Clément (Armand-Lucien), Paris.
Laurent-Opin, Laon.
Moret (Ernest), Tonnerre.
Nomblot-Bruneau, Bourg-la-Reine.
Nonin (Auguste), Châtillon.
Redont (Édouard), Paris.
Société anonyme de l'Emmenthal français, Besançon.

Société d'Apiculture de l'Aisne (Laon).
Société d'Entomologie de France, Paris.
Société française d'Encouragement à l'Industrie Laitière, Paris.
Société des Etablissements Herson, Paris.
Société nationale d'Horticulture de France, Paris.
Syndicat général de l'Industrie Fromagère de l'Est, Bar-le Duc
Tissot (Jean-Claude), Paris.
Touret (Eugène), Paris.
Vacherot (Jules), Paris.

Diplômes d'honneur.

Ballet (Charles), Troyes.
Brancourt (Éloi-Joseph), Crécy-sur-Serre.
Dumont (Albert), Salouël.
Duval (Georges), Lieusaint.
Fontaine-Souverain Dijon.
Gravereau (Auguste), Neauphle-le-Château.
Lagrange, Oullins.
Lépicier (Ambroise), Machecourt.
Levasseur (Louis-Jacques-Albert), Illiers-l'Évêque
Levavasseur (Lucien', Angers.
Mery Picard, Paris..
Millet et fils, Bourg la-Reine.
Pinguet-Guindon, Tours.
Tatoux (Victor), Paris

Médailles d'or.

Anfroy (Louis), Andilly.
Beranch (Charles), Paris.
Bernel-Bourette, Paris.
Beusnier (Eugène), Saint-Cloud.
Boucher (Georges), Paris.
Bruant (Georges), Poitiers
Croibier et fils, Vénissieux
Levavasseur (Ernest), Orléans.
Lhomme-Lefort, Paris.
Noblecourt (Narcisse), Chambry-sous-Laon.
Ondedieu (Baptiste-Joseph), Laon.
Pernet-Ducher, Vénissieux.
Rivoire et fils, Lyon.
Robert (Louis), Pithiviers.
Robichon (Arthur), Olivet.
Voraz (Louis), Lyon.

Médailles d'argent.

Fédération des Sociétés françaises d'Apiculture, Paris.
Guillaud (Auguste), Grand-Lemps.
Iches (Lucien), Paris.
Laporte (Guillaume), Créon.
Linossier (Marius), Paris.
Sonnier (Louis-Albert), Charny.

Médailles d'or.

Bernet (Marcel), Saint-Ponange.
Camus (Henri-Ernest), Chaourse.
Catois (Félix), Charmes.
Fourgny (Gaëtan), Chéry-les-Pouilly.
Guyot (Émile), Largny.
Herbert (Fernand), Bernot.
Lempernesse (Arthur-Virgile), Coucy-le-Château.
Mennechet (Donat), Macquigny.
Robert-Aubert (L.), Saint-Just-en-Chaussée.

COLLABORATEURS

Diplômes d'honneur.

Bois, de la Société Nationale d'Horticulture de France.
Masdoumier (Pierre), de la maison Goyer.
Racaud (Carlos), de la maison Martinet.

Médailles d'or.

Baltet (Lucien), de la maison Baltet.
Blanchelande, de la maison Martinet.
Bardon (Jean), de la maison Goyer.
Dupan, de la maison Nomblot-Bruneau.
Gibault, de la Société Nationale d'Horticulture de France.
Renard-Gillard, du Syndicat général de l'Industrie Fromagère de l'Est.
Gire, de la maison Martinet.
Gonnot, de la maison Martinet.
Gravereau (Mme), de la maison Gravereau.
Guy-Moussu, de la Société française d'Encouragement à l'Industrie Laitière.
Jourdain (Georges), de la maison Pinguet-Guindon.
Maumené, de la maison Hachette et Cie.
Mesnard (François), de la maison Millet et fils.

Oestenbroeck (William), de la maison Tissot.
Olivet (Fernand), de la maison Nonin.
Sontag, de la maison Vilmorin, Andrieux et Cie.
Touret (Basile), de la maison Touret.

Médailles d'argent.

Bernard (Henri), de la maison Vilmorin, Andrieux et Cie.
Chevalier (Jacques), de la maison Voraz.
Coyer (Henri), de la maison Fontaine-Souverain.
Devauchelle (Alfred), de la maison Dumont.
Ehrhardt, de la maison Vilmorin, Andrieux et Cie.
Lanson, de la maison Nomblot-Bruneau.
Lapaix (A.-J.), de la maison Lhomme-Lefort.
Launay (Maurice), de la maison Touret.
Meunier, de la maison Nomblot-Bruneau.
Michaut (Daniel), de la maison Robert (Louis).
Mutin, de la Société française d'Encouragement à l'Industrie Laitière.
Niel (Arthur), de la maison Boucher.
Noël (Alexis), de la maison Lucien Levavasseur.
Parnot, de la maison Cayeux et Le Clerc.
Redont (Jules), de la maison Redont.
Redont (Léon), de la maison Redont.
Redont (Louis), de la maison Redont.
Rothier (Armand), de la maison Robichon.
Tavire (Léon), de la maison Goyer.
Vinay (Louis), de la maison Fontaine-Souverain.

Médailles de bronze.

Chenault, de la maison de Vilmorin, Andrieux et Cie.
Chéron (Félix), de la maison Laporte.
Mazier (Antoine), de la maison Sonnier.
Morisot (Joseph), de la maison Fontaine-Souverain.
Plailly (Eugène), de la maison Sonnier.
Poirier (Paul), de la maison de Vilmorin, Andrieux et Cie.

Section Française — Machines agricoles

Cl. Thouin.

SECTION III

CLASSES 14 A 18

MACHINES AGRICOLES

Président du Jury : M. Marot (Émile), à Niort (Deux-Sèvres).
Vice-Président : M. Lefebvre-Albaret, à Rantigny (Oise).
Secrétaire : Don Miguel Padilla.
Membres : MM. Bajac, à Liancourt (Oise) ; Darley-Renault, à Ne-
mours (Seine-et-Marne) ; Magnier-Bédu, à Groslay (Seine-et-
Oise) ; Senet (Adrien), à Nogent-le-Rotrou (Seine-et-Marne).

En entrant dans cette section qui comporte l'industrie et le matériel agricole, on peut se dire qu'avec les précédentes, elle est peut-
être une des plus importantes au point de vue de l'intérêt direct de
l'Espagne et des leçons qu'elle peut tirer d'une exposition. Le paysan
espagnol n'est venu que très tard à la compréhension de la culture
savante, à l'emploi des machines perfectionnées, à l'usage des engrais
qui font rendre à la terre tout ce qu'elle peut donner. Il a besoin plus

que tout autre de chercher à améliorer le rendement, car le sol qu'il exploite, s'il est riche dans la zone avoisinant la Méditerranée, est pauvre dans le centre du royaume, et partout la chaleur, le manque d'eau, rendent nécessaire la création de canaux d'irrigation. On s'y est employé, on a voulu pour le même motif, arrêter le déboisement, repeupler les forêts et enfin on a instruit le paysan des résultats d'une culture rationnelle donnant des rendements de 40 à l'hectare au lieu de 6 ou 7 hectolitres de blé qu'il tira longtemps de son travail pénible. Le roi Alphonse XIII lui-même prêche d'exemple et dans cette exposition il remporta une récompense méritée pour son envoi de machines et d'instruments d'agriculture.

Les importations de matériel agricole en Espagne ont donc pris une certaine importance depuis quelques années quoique le droit de 10 pesetas par 100 kilogs, poids brut, soit quelque peu prohibitif.

La concurrence en cette matière contre la fabrication américaine est assez difficile, les Etats-Unis étant par excellence pays de grande culture, toujours en quête de machines inventées pour suppléer au manque de bras, pays en outre de grande industrie, fabriquant l'outillage dans des conditions exceptionnelles de simplicité et de bon marché. Pourtant l'Allemagne, la France et l'Angleterre peuvent vendre pour des chiffres assez importants comme montrent les statistiques suivantes :

IMPORTATIONS DE MACHINES AGRICOLES EN ESPAGNE

en 1907.

Provenance.	Poids.	Valeur.	Droits payés.
Etats-Unis . . .	1.051.695 kilog.	1.188.415 pesetas.	105.170 pesetas.
Allemagne . . .	411.610 »	465.119 »	41.161 »
France	359.885 »	406.670 »	35 991 »
Autres pays. . .	569.715 »	643.779 »	56 967 »
	2.392.905 »	2 703.983 »	239 289 »

Les machines agricoles rangées dans cette catégorie sont celles dont se sert le laboureur ou l'agriculteur pour préparer les terres, récolter les fruits et les nettoyer et pour fouler le raisin et les olives.

Les moteurs, les manèges, ne sont pas compris dans cette catégorie, et ils doivent payer des droits de 35 ou 40 pesetas par 100 kil. suivant espèces. Pourtant il est possible de leur faire appliquer le régime des machines agricoles : 10 pesetas, si les importateurs

prouvent, au préalable, que ces moteurs et manèges ne doivent être
employés que dans les exploitations agricoles.

Le gouvernement espagnol, partagé entre son désir de voir l'agriculture s'outiller de façon à mieux produire et son désir de voir l'industrie espagnole fabriquer elle-même ce matériel, a établi sur ces
machines un fort droit d'entrée mais il a prévu aussi des modéra-
tions dans certains cas qui équivalent à la franchise. Quand les propriétaires et les fermiers, qui jouissent des bénéfices de la loi du
3 juin 1868, importeront des instruments de labour ou des machines
exclusivement destinées à l'agriculture, ils acquitteront un droit
d'une piécette par 100 kil. A cet effet, l'importateur s'engagera à
payer les droits les plus élevés du tarif si, dans les délais jugés suf-
fisants et fixés par la douane, il ne présente un certificat de l'alcade
de sa localité, justifiant, avec indication de la dénomination de l'es-
pèce et du poids des instruments et machines agricoles, que ces
objets se trouvent dans les colonies agricoles auxquelles ils étaient
destinés, et un autre certificat de l'autorité compétente constatant
que la colonie dont il s'agit est dans les conditions voulues pour
bénéficier des privilèges de la loi précitée. S'il ne présente pas ces
deux documents, il aura à payer les droits fixés au tarif sur la
matière.

Des charrues Brabant exposées par M. Bajac à Liancourt, et par
M. Magnier-Bedu, de Grosley (Seine-et-Oise) retenaient l'examen particulier des paysans aragonais ; leurs exposants ont été classés hors
concours. Des brabants-bineuses formaient l'envoi de M. Darley-
Renault, de Nemours, également classé Hors Concours.

Les établissements Egrot, dont il serait long d'énumérer les récompenses obtenues dans les expositions, étaient représentés par
plusieurs des appareils les plus perfectionnés dans lesquels ils se
sont spécialisés ; ce sont principalement les appareils de distillerie,
alambics, appareils pour fabriques de liqueurs, de produits pharmaceutiques, essences et conserves alimentaires.

Ils présentaient en outre de ces appareils très remarqués, un tableau montrant l'installation de la cuisine à vapeur Egrot, en
usage au nouvel hôpital militaire de Madrid, et dont le bon fonctionnement est prouvé par l'emploi qui en est fait à Paris dans les
Grands Magasins du Bon Marché et du Louvre, dans les hôpitaux
de l'Assistance publique de Paris, et les principaux hôtels de
Londres.

La fondation de la maison Egrot remonte à 1780.

L'usine occupe à Paris une superficie de plus de 5000 mètres et emploie 250 ouvriers.

Un Grand Prix confirmant les récompenses obtenues antérieurement a été attribué à cette importante Usine.

Un Grand Prix également a été attribué à la maison Emile Puzenat et Fils pour ses machines et instruments agricoles ; elle présentait à Saragosse un rateau à cheval, un extirpateur, une herse canadienne et une houe à cheval, instruments qui ont attiré tout particulièrement l'attention des visiteurs compétents.

Une croyance généralement répandue est qu'en matière de fabrication de matériel agricole, les pays étrangers, surtout l'Amérique, ont sur la France une incontestable supériorité. De bruyantes réclames, le luxe et la profusion d'instruments aux couleurs tapageuses figurant à toutes les expositions et concours agricoles, n'avaient pas peu contribué à entretenir et à développer cette idée dans les esprits justement étonnés que chez une nation aussi riche et aussi industrieuse que la nôtre, nul ne songeât à appliquer des principes généraux de construction identiques, et à obtenir, comme quantité et qualité, les résultats qu'on admirait tant chez nos concurrents.

Cette constatation pouvait être exacte, il y a quelques années ; elle ne l'est plus aujourd'hui grâce aux progrès incessants réalisés par nos ingénieurs et constructeurs, au perfectionnement d'un outillage incomparable. Notre fabrication nationale est parvenue à ce résultat merveilleux, non seulement de rivaliser avec les pays les plus réputés, mais encore de les surpasser en perfection et en bon marché. Les constructeurs qui ont le plus puissamment aidé au développement de cette industrie si féconde et si utile, et dont le nom restera désormais attaché à cette œuvre grandiose sont MM. Emile Puzenat et Fils, créateurs de l'importante usine Saint-Denis, à Bourbon-Lancy (Saône-et-Loire).

Cette usine, qui occupe aujourd'hui plus de 400 ouvriers, est à même de fabriquer plus de 180 rateaux par jour ; en mars de chaque année, son parc possède 12.000 rateaux qui sont presque entièrement absorbés jusqu'au mois de juillet suivant et plus de 32.000 machines diverses sortent chaque année de ses ateliers.

Disons enfin que les rateaux à cheval de la marque Puzenat sont aujourd'hui employés non seulement en France et en Espagne, mais aussi en Italie, en Suisse, en Belgique en Allemagne et même en Angleterre, pays d'origine de ces instruments.

Les établissements Simon Frères exposaient à Saragosse : des fou-

loirs à vendange ; des pressoirs à cidre et à vin ; des broyeurs d'olives
(de création toute récente) ; des aplatisseurs « le bi-conique » ; des
concasseurs de grains.

Ces établissements ont été fondés à Cherbourg en 1856 par M. Simon Laurent, père des deux associés actuels qui ont été d'abord ses
collaborateurs de 1879 à 1886, puis ses associés de 1886 à 1896 sous
la raison sociale Simon et ses Fils et sont devenus les propriétaires
directeurs des établissements actuels depuis 1896, sous la raison sociale Simon Frères.

Ces ateliers ont subi un développement constant, ils comprennent
actuellement deux usines : l'une située rue Hélain, occupant 10.000
mètres carrés et l'autre de construction toute récente, dite « du Maupas », est édifiée sur des terrains d'une superficie de 110.000 mètres
carrés, emploient plus de 300 ouvriers.

Les établissements Simon Frères se sont spécialisés dans la fabrication des appareils de cidrerie, des appareils de vinification, des
appareils de laiterie, des appareils pour le travail des grains et des
moteurs.

Ils ont pris part aux différentes expositions universelles et internationales, ainsi qu'aux concours régionaux de France et ont obtenu
partout les plus hautes récompenses ; un Grand Prix leur a été également décerné à Saragosse.

RÉCOMPENSES

Hors concours.

Bajac (A.), Liancourt.
Darley-Renault, Nemours.
Lefebvre-Albaret, Rantigny.
Magnier-Bédu, Groslay.
Marot et Cie, Niort.
Senet (Adrien), Nogent le-Rotrou.

Grands prix.

Beaupré, Montereau.
Egrot et Cie, Paris.
Gaulin, Paris.
Gougis, Auneau.
Guichard, Lieusaint.

Guillaume, Paris.
Marmonier fils, Lyon.
Puzenat et fils, Bourbon Lancy.
Simon frères, Cherbourg.
Simoneton, à Paris.
Souchu-Pinet, Langeais.
Vidal-Beaume, Boulogne-sur-Seine.

Diplômes d'honneur.

Dumaine, Moisy-Gramayel.
Laffly, Boulogne-sur-Seine.
Meslé (Ferdinand), Nevers.

Médailles d'or.

Caruelle, Origny-Sainte-Benoîte.
Dautier, Paris.
Le Grand de Mersay, Montbellet.

Médailles d'argent.

Bristiel et Cie, Pau.
Marois, Versailles.
Voitellier, Paris.

Médaille de bronze.

Société des Aviculteurs français, Paris.

COLLABORATEURS

Diplômes d'honneur.

Champard (Léonce), de la maison Marmonier fils.
Évrard (Alfred), de la maison Simoneton.
Garnier (Joseph), de la maison E. Marot et Cie.
Gosset (Ernest), de la maison Bajac.
Magnier (Aimé), de la maison Magnier-Bédu.
Parlot (Henri), de la maison E. Marot et Cie.

Médailles d'or.

Bourrillier (Jules), de la maison Gougis.
Dumm (Benoît), de la maison Simoneton.

Faure (Gabriel), de la maison Mesle.
Gaulin fils, de la maison Gaulin.
Gonon (Joanny), de la maison Marmonier fils.
Gonidec, de la maison Vidal-Beaume.
Guerré (Auguste), de la maison Darley-Renault.
Guy (Louis), de la maison Souchu-Pinet.
Maupas (Pierre), de la maison Puzenat et fils.
Poplineau (Gustave), de la maison E. Marot et Cie.
Quidville (Émile), de la maison Magnier-Bédu.
Roucoux (Gustave), de la maison Bajac.
Tellier (G.), de la maison Lefebvre-Albaret.
Tézard (Paul), de la maison Guichard.
Thier (Pierre), de la maison Simoneton.
Tible, de la maison Égrot et Cie.

Médailles d'argent.

Berthier (V.), de la maison Lefebvre-Albaret.
Bertrand (Maurice), de la maison E. Marot et Cie.
Boué (Paul), de la maison Darley-Renault.
Bourrillier (Henri), de la maison Gougis.
Bontemps (Léon), de la maison Darley-Renault.
Daubron (Lucien), de la maison Dautier.
Dautier (Adrien), de la maison Dautier.
Étien (Gustave), de la maison E. Marot et Cie.
Filiole (Léon), de la maison Vidal-Beaume.
Laugenie (Julien), de la maison Simoneton.
Lucas (François), de la maison Souchu-Pinet.
Marchand (Joanny), de la maison Marmonier fils.
Ourjo (René), de la maison Dautier.
Petit (André), de la maison Guichard.
Poirier (Ernest), de la maison Laffly.
Rousseau (Paul), de la maison Darley-Renault.
Schulz (François), de la maison Simoneton.
Sontag (François), de la maison Simoneton.
Talpin (Philibert), de la maison Puzenat et fils.
Teinturier (Sylvain), de la maison Guichard.
Turlier (Henri), de la maison Puzenat et fils.
Veillerot (Benoit), de la maison Puzenat et fils.

Médailles de bronze.

Aubry (Baptiste), de la maison Guichard.
Buzard (Jean-Baptiste), de la maison Égrot et Cie.

Chemin (Louis), de la maison Gougis.
Conflant, de la maison Vidal-Beaume.
Delaporte (Émile), de la maison Lefebvre-Albaret.
Deshayes (Ed.), de la maison Lefebvre Albaret.
Dubien, de la maison Bristiel et Cie.
Hochedez (Émile), de la maison Daulier.
Jamar (Joannès), de la maison Marmonier fils.
Liégeois (Émile), de la maison Darley-Renault.
Morineau (Gustave), de la maison Darley-Renault.
My (Jules), de la maison Égrot et Cie.
Petit (Alfred), de la maison Guichard.
Rigoureau, de la maison Darley-Renault.
Rousseau (Albert), de la maison Guichard.
Savareux (L.), de la maison Lefebvre-Albaret.
Tapin (Jules), de la maison Guichard.

Cl. A. B. C.

S. M. le Roi
visitant une installation de métallurgies.

Visite Royale à la Section agricole espagnole.

Cl. A.B.C.

SECTION IV

CLASSES 33 & 34

ENSEIGNEMENT AGRICOLE - AGRONOMIE
STATISTIQUE AGRICOLE

Président du Jury : M. Vacher (Marcel), à Paris.
Vice-Président : Don Antonio Casana.
Secrétaire : Don Antonio Lapazaran.

Les Expositions des classes 33-34 présentaient surtout un caractère d'enseignement en même temps que de statistique agricole. Plusieurs de nos grandes Sociétés d'Agriculture y prenaient part ainsi que plusieurs de nos agronomes connus, témoignant ainsi du souci de montrer l'effort et les résultats obtenus dans les diverses branches de notre agriculture.

Cette exposition fut appréciée à sa valeur et surtout par les agriculteurs espagnols qui en témoignèrent leur satisfaction en maintes circonstances.

Parmi les associations nous devons mentionner tout d'abord le Syndicat des Agriculteurs de France, dont l'action sur les progrès de notre agriculture est indéniable.

Un Grand Prix lui a été attribué en récompense des services rendus par ce syndicat qui, par ailleurs, n'avait pas craint de faire les sacrifices nécessaires pour présenter une exposition faisant honneur à la section.

A côté du Syndicat central des Agriculteurs de France, la Société d'Encouragement d'Agriculture du Loiret, que préside avec sa haute autorité M. le sénateur Viger, l'éminent président de la Section française, marquait par ses graphiques, ses publications, l'œuvre de progrès et d'encouragement que s'est imposée cette société dans un département essentiellement agricole où voisinent la Sologne qui chaque jour s'améliore et la vieille terre de Beauce qui fut si durement éprouvée par la crise agricole mais qui défend toujours son glorieux renom de fécondité. Un Diplôme d'Honneur lui est accordé.

La Société des Viticulteurs de France n'a pas voulu être absente d'un rendez-vous où la viticulture française devait avoir sa grande place. Elle s'est imposée avec l'autorité qui s'attache à son nom et qui fait d'elle une de nos plus puissantes associations agricoles. Un Diplôme d'Honneur lui est également accordé.

La Société Centrale d'Agriculture de la Haute-Garonne qui s'attache d'une façon si efficace à l'amélioration de la race gasconne, a pensé, non sans raison, qu'il ne serait pas indifférent aux éleveurs espagnols de connaître le type amélioré de cette race qui peut, dans ce pays, rendre de réels services comme animal améliorateur et donner lieu, dans l'avenir, à un commerce d'exportation des pays de Gascogne dans les pays espagnols, des meilleurs animaux reproducteurs. A cet effet, trois tableaux photographiques représentaient sous ses diverses faces, le type parfait de la race de Gascogne. Cet envoi est récompensé par une Médaille d'Or.

Si, après avoir passé en revue les expositions collectives, nous examinons les expositions particulières, nous y trouvons des travaux d'une réelle valeur scientifique et agronomique.

M. Marcel Vacher expose un tableau représentant la photographie des meilleurs types de nos races de France (espèces chevaline, bovine, ovine, porcine); chaque photographie est accompagnée d'une monographie qui permet d'apprécier la valeur de chacune de nos races. Les agronomes espagnols ont été particulièrement frappés par cette exposition, à telle enseigne que le Cercle agricole de Saragosse a demandé à devenir acquéreur de ce tableau. M. Marcel Vacher, étant président du Jury et membre du Jury supérieur de Saragosse, a dû exposer Hors Concours.

M. Remy, de Neuvillette (Oise), est un de nos grands agriculteurs tout à la fois éleveur, agriculteur, distillateur : il nous exposait des plans de sa distillerie, des tableaux statistiques de son exploitation agricole. Déjà titulaire d'un Grand Prix, il obtint un rappel de cette haute récompense.

M. René Berge a été en France le promoteur des concours beurriers qu'il a organisés avec un très grand succès en Seine-Inférieure, comme Président de la Société centrale d'Agriculture de Seine-Inférieure. De belles photographies, une brochure éditée avec le plus grand soin, sont un exemple vivant de la belle organisation de ces concours : cette exposition, bien présentée, est une véritable œuvre de propagande des concours laitiers qui a été jugée digne d'un Grand Prix.

RÉCOMPENSES

Hors concours.

Vacher (Marcel), Paris.

Grands prix.

Berge (René), Paris.
Rémy (Henri), Neuvillette.
Syndicat central des Agriculteurs de France, Paris.

Diplômes d'honneur.

Société d'Encouragement à l'Agriculture d'Orléans, Orléans.
Société des Viticulteurs de France, Paris.

Médaille d'or.

Société centrale d'Agriculture de la Haute-Garonne, Toulouse.

COLLABORATEURS

Diplôme d'honneur.

Brillaud de Laujardière (Charles), du Syndicat central des Agricult[s] de France.

Médaille d'or.

Corbay, de la maison Henry Rémy.

Médailles d'argent.

Fayet (Henri), du Syndicat central des Agriculteurs de France.
Lebrun (Paul), du Syndicat central des Agriculteurs de France.
Vacher (Robert) de la maison Marcel Vacher.

Jardin central de l'Exposition.

Cl. Coyne.

SECTION V

CLASSES 38 A 45

FORÊTS

Président : M. R. O. de Solorzano.
Vice-Président du Jury : M. Rachet (Georges), à Paris.
Secrétaire : M. Pedro Ayerbe.

Ainsi que le faisait remarquer M. Marius André, dans un rapport sur cette question, l'Espagne n'a jamais été un pays de grandes forêts, comme la Russie, la Suède et l'Autriche ; le sol de la région des plateaux est, par sa nature même, impropre au développement des hautes futaies.

Mais au moyen-âge, le domaine forestier était beaucoup plus étendu qu'aujourd'hui. On trouve, par exemple, dans le livre de vénerie d'Alphonse XI des renseignements intéressants sur des forêts de Castille, de Léon et d Andalousie, qui ont disparu depuis ; et cependant l'œuvre de déboisement était commencée déjà avant l'avènement de ce monarque. Les pouvoirs publics se désintéressaient de cette question à un tel point que le *Fuero viejo* de Castille et les *Fueros* d'Aragon ne mettaient que les arbres fruitiers sous protection de la loi. Ce n'est qu'au milieu du XIV° siècle qu'on prit des mesures pour arrêter la destruction des forêts. Mais malgré leur sévérité — peut-être même à cause d'elle — les édits de Pierre le Cruel ne parvinrent pas à empêcher le déboisement. Les coupes désordonnées continuèrent et l'on vit toujours, à l'automne, des bergers mettre le feu aux broussailles et aux bruyères afin de faire pousser des herbes plus vigoureuses au printemps. C'est aux pasteurs des troupeaux transhumants dont la corporation nommée la *Mesta*, jouissait de privilèges considérables, qu'on doit une partie du déboisement de l'Espagne. Ils causèrent ainsi de graves préjudices à l'agriculture.

Les montagnes élevées, couvertes de neiges une partie de l'année, sont dépourvues d'arbres ; il n'y a que de maigres pâturages où l'on conduit les troupeaux en transhumance l'été. Dans la plupart des hauteurs moyennes, les forêts sont rares et clairsemées, sur une grande partie du territoire. Les régions forestières les plus importantes sont celles des Pyrénées, de la Galice, des monts de l'Estramadure et de l'Andalousie. Les essences les plus répandues sont le chêne, le châtaignier, le hêtre, les conifères. La production annuelle des forêts est évaluée en moyenne à 15 millions de pesetas. L'arbre dont la culture donne les profits les plus considérables est le chêne-liège.

La production du liège dans le monde entier est ainsi répartie (moyenne annuelle) :

Portugal.	300.000	quintaux métriques
Espagne.	250.000	» »
Algérie	150.000	» »
Autres pays.	100.000	» »

L'Espagne est donc au second rang des pays producteurs de liège. Ses forêts de chêne-liège qui couvrent une superficie de 250.000 hectares sont presque toutes situées en Catalogne, principalement dans la province de Gerone où la fabrication des bouchons occupe la population d'une trentaine de villages et hameaux ; San Feliu de Guixols et Palafrugell sont les centres les plus actifs de cette industrie. Plusieurs industriels de Palafrugell ont fait fortune dans la fabrication des bouchons pour bouteilles de champagne.

Autrefois l'Espagne ne retirait pas de cette richesse naturelle de
son sol tout le profit qu'elle pouvait. Elle exportait trop de liège à
l'état brut ou demi-travaillé au lieu de le transformer en bouchons
dans ses manufactures. Les fabriques étaient trop peu nombreuses,
et leurs produits laissaient généralement à désirer, du moins ceux
qui étaient destinés à la consommation intérieure.

Pour parer à cet inconvénient, le gouvernement a fait établir, sur
le liège en planche ou en morceaux, un droit de sortie de 5 pesetas
par 100 kilos.

Les exportations d'Espagne en liège sous ses diverses formes ont
été les suivantes durant les trois dernières années :

	1905	1906	1907
Liège en planches . . .	2.649.715 pesetas.	1.861.799 pesetas.	2.172.639 pesetas.
— en bouchons . . .	34.492.830 »	40.005.285 »	45.785.310 »
Sciures et copeaux . . .	1.550.220 »	1.469.390 »	1.755.773 »
— en petits cubes .	734.120 »	655.743 »	863.346 »

Les déchets de liège qui, il y a quelques années encore n'étaient
pas utilisés, sont employés aujourd'hui pour la fabrication des lino-
leums et des agglomérés. 100 kil. de liège travaillés pour la con-
fection des bouchons laissent environ 50 kil. de déchets qui sont
comprimés et expédiés en balles de 60 à 80 kil, en Angleterre, en
Allemagne et aux États-Unis. On s'en sert aussi à Valence pour
l'emballage des fruits.

Pourtant, malgré l'importance de ces chiffres, le commerce et
l'industrie du liège en Espagne se plaignent d'être dans une période
de crise actuellement.

Un congrès de fabricants et de propriétaires de forêts de chênes-
liège s'est réuni à Gérone en 1908, un second quelques mois plus
tard à Caceres et ont sollicité l'attention des pouvoirs publics sur le
déclin d'un commerce éminemment national. Les dispositions douanières frappant d'un droit le liège à sa sortie d'Espagne sont criti-
quées comme n'apportant pas, en compensation, un aliment suffisant
aux fabriques de bouchons indigènes et comme nuisant à la vente du
liège espagnol qui ne peut concurrencer à l'étranger le liège du Portugal ou de l'Algérie.

L'exportation du liège de notre Algérie doit être en effet un motif
de crainte pour l'Espagne, car elle s'accroît très rapidement et donne
un produit estimé. Alors qu'en 1897 l'exportation algérienne ne ven-

dait que pour 2.800.000 francs de liège brut à l'étranger, les exportations de ces dernières années ont été les suivantes :

```
1905.  . . . . . . .   8.400.000   francs
1906.  . . . . . . .  11.600.000     »
1907.  . . . . . . .  13.400.000     »
```

Un fait singulier à noter est qu'il existe un courant d'importation en Espagne de bouchons et d'objets en liège qui représentait en 1906 une valeur de 86.711 pesetas et qui s'est accru en 1907 pour atteindre 126.093 pesetas dont une cinquantaine de mille francs de bouchons et articles français.

Il sera plus étonnant encore de remarquer qu'une importation assez considérable de liège brut en planches se fait en Espagne, malgré la surproduction indigène et malgré les droits de douane.

Ces chiffres d'entrées, qui ne peuvent évidemment pas se comparer aux millions de l'exportation, ne sont pas cependant sans importance. L'importation du liège brut en Espagne a atteint :

```
En 1905.  . . . . . . .   1.790.949   pesetas
En 1906.  . . . . . . .   2.811.926     »
En 1907.  . . . . . . .   2.015.062     »
```

Plus de la moité de ces importations viennent de Portugal. Mais la France vient ensuite vendant à l'Espagne en 1907 pour 786.286 pesetas de liège brut en planches ou en sciures qui ont payé 9.435 pesetas de droits d'entrée !

Dans cette section des forêts, M. Albert Benex, d'Ivry-Port, dont la maison exploite les peupliers par scieries ambulantes, scieries-circulaires, bateaux-scierie, exposait des peupliers sciés aux épaisseurs ordinaires.

M. Fettu présentait des bouchons et des articles en liège aggloméré.

M. Jean Hollande, de Paris, dont la maison a pour spécialité le commerce des bois des îles et particulièrement l'importation du palissandre du Brésil, avait une superbe exposition de panneaux de bois exotiques couramment employés dans l'ébénisterie.

Les spécimens les plus intéressants de bois employés pour l'ébénisterie étaient également représentés dans une collection, réunie dans un même cadre, et du plus heureux effet, que présentait

M. Georges Rachet, de Paris. Cette maison avait envoyé de beaux panneaux de noyer de France, acajou, citronnier, etc., et deux belles bûches de bois de rose et d'ébène très heureusement disposées.

Enfin, MM. Sébastien frères avaient une exposition très agréablement disposée d'échantillons de sapin blanc et rouge, pitchpin, merisier, charme, frêne, etc.. et différents articles pour la couverture.

Notre exposition forestière, avec les enseignements qu'elle comportait, devait retenir particulièrement l'attention des ingénieurs que préoccupe le problème du reboisement de l'Espagne.

Ainsi que le faisait remarquer récemment encore M. de Sartiges, la régularisation du régime des eaux mettrait fin aux inondations périodiques qui dégradent les pentes des montagnes, en arrachant les terres meubles et les condamnant à une dangereuse stérilité.

En présence de ces déplorables résultats, il semble que quelques initiatives privées essaient de créer dans la population un courant tout au moins de curiosité en faveur de la sylviculture.

Un ingénieur des forêts M. Puig y Valls a conçu l'idée d'instituer une « Fête des arbres » et sa gracieuse pensée a rencontré un accueil favorable dans plusieurs régions de la Péninsule : une centaine de municipalités y ont adhéré. La « Fiesta del Arbol » est fort goûtée par les enfants des écoles ; les adultes y prennent volontiers leur part. Des résultats tangibles ont déjà été acquis ; ainsi, en Aragon, les arbres et surtout les arbres fruitiers, naguère assez maltraités par la population, se trouvent, depuis que la fête de l'arbre y a été introduite, l'objet de sa sollicitude ; les conducteurs d'attelages s'abstiennent même, dit-on, d'y attacher leurs mules pour leur éviter la moindre dégradation.

L'an dernier la « Fiesta del Arbol » a été célébrée à l'Escorial ; l'établissement dans cette ville de l'Institut Royal des Forêts a contribué à prêter à cette solennité beaucoup d'éclat, à cette date a commencé la plantation de nombreux semis de pins dans la région.

Les autorités encouragent d'ailleurs ce mouvement, le gouvernement y collabore par l'allocation de subsides atteignant de 300 à 500 piécettes.

Les circonscriptions forestières du royaume portent en général le nom du fleuve le plus important qui arrose leur étendue. Ainsi la circonscription de la Segura comprend la province de Murcie et partie de celle d'Almeria ; celle du Jucar, la province de Valence et de Castellon ; celle de la Segre et du cours inférieur de l'Ebre, les provinces de Saragosse, de Lerida, de Huesca. Cependant la circonscription comprenant la vallée du Tage porte le nom de la Lozoya, cours d'eau qui descend de la Guadarrama et alimente Madrid.

Malgré des crédits peu élevés et des conditions climatériques et naturelles défavorables, le corps d' « Ingenieros de Montes » compte à son actif des résultats sérieux. Tel est le cas notamment de la vallée supérieure de la Segura : 16.000 hectares environ y ont été replantés, surtout en pins et, depuis cette époque, la huerta de Murcie n'a plus à craindre le retour de ces inondations dont la dernière survenue en 1879 a provoqué dans toute la France une si légitime émotion.

De concert avec le reboisement, s'est développée une industrie intéressante, celle de la production résinière. Plusieurs exploitations particulières auxquelles leur isolement ne permettait guère de prendre de l'extension se sont réunies en syndicat sous le nom de « Union Resinera Española » et la nouvelle société se trouve dans une situation très prospère.

RÉCOMPENSES

Hors concours.

Rachet (Georges), Paris.
Rigaut (Mme Louis), Paris.

Grands prix.

Benex (Albert), Paris.
Hollande (Jean), Paris

Diplôme d'honneur.

Fettu (Eugène), Paris.

Médaille d'or.

Sébastien (frères), Paris.

COLLABORATEURS

Diplôme d'honneur.

Lucet (Maurice), de la maison Rigaut.

Médailles d'or.

Duval (Lazare), de la maison Benex.
Girard (Gabriel), de la maison Rachet.
Ranchoux (Eugène), de la maison Rachet.
Sauvage (Auguste), de la maison Benex.

Médailles d'argent.

Campominosi (André), de la maison Rachet.
Coutant (Paul), de la maison Benex.
Gaulon (Pierre), de la maison Fettu.

Médailles de bronze.

Hildembrandt (Victor), de la maison Sébastien frères.
Magrun (Georges), de la maison Benex.

Avenue du Jardin Botanique.

GROUPE II

SECTION VI

CLASSES 64 à 74, 83 à 85, 90 à 91

ALIMENTS SOLIDES ET HUILES COMESTIBLES

Président du Jury : Don Hilarion Gimeno.
Vice-Président du Jury : M. Gilles (Georges) à Paris.
Secrétaire : Don Eusebio Romeo.

Les articles exposés dans les classes 64 à 74, empruntant leurs matières premières principalement aux produits du sol, ne pouvaient offrir un grand intérêt au point de vue de l'importation dans un pays essentiellement agricole comme l'Espagne. De plus, le Royaume-Uni se trouvant dans des conditions diamétralement opposées, l'attention des fabricants de produits alimentaires français avait surtout été attiré vers l'Exposition Franco-Britannique et c'est à Londres qu'ils avaient déjà engagé de gros frais quand le Gouvernement décida la participation officielle de la France à l'Exposition Hispano-Française de Saragosse.

On voit que la tâche était assez malaisée pour les organisateurs de
ce groupe.

Le Comité Français des Expositions à l'Étranger, le Syndicat général des Vins et Liqueurs, M. Jules Prevet vice-président de la
Section française, M. J. Stetten secrétaire de la Section française
et M. Gilles, ces deux derniers aidés par leurs connaissances de
l'Espagne et leurs relations dans ce pays, unirent leurs efforts
et réussirent, malgré cette situation très défavorable, à grouper
un nombre respectable d'exposants ; quant à l'importance des maisons qui répondirent à cet appel, il suffira, pour s'en rendre
compte, de rappeler que, parmi les récompenses obtenues, figurent
3 Grands Prix et 3 Diplômes d'Honneur.

Nous devons reconnaître que la plupart de ces exposants — de
leur propre aveu — font peu d'affaires en Espagne, en raison de la
fabrication locale contre laquelle des droits prohibitifs les empêchent
de lutter. C'est pourquoi, si nous adressons nos félicitations sincères
aux organisateurs de ces classes d'avoir su triompher des difficultés
signalées plus haut, nous tenons à ne pas oublier d'exprimer notre
gratitude aux exposants de ces mêmes classes 64 à 74 qui ne sont
venus à Saragosse ni par intérêt, ni dans l'espoir d'affaires futures,
mais uniquement pour répondre au désir du Gouvernement et pour
affirmer la richesse industrielle et agricole de la France.

Comme nous le rappelons au début de ce chapitre, l'agriculture
fournit à la plupart des industries indigènes de l'alimentation leurs
matières premières. Nous nous attendions donc à Saragosse, dans
cette Espagne dotée par la nature de la gamme la plus étendue des
produits agricoles, à une manifestation grandiose des industries alimentaires nationales, mais nous devons reconnaître que notre
attente a été dépassée.

En effet, le plus vaste des bâtiments de l'Exposition avait été
réservé à l'alimentation espagnole et il lui suffisait à peine, non
seulement à cause du grand nombre d'exposants, mais encore en
raison de l'importance et du luxe de la plupart des stands ; aucune
des récentes grandes expositions ne nous avait permis de constater,
dans ces classes un tel effort, couronné d'ailleurs de succès, pour
rendre agréables et jolies les expositions d'articles pour la plupart
pourtant, bien ingrats à disposer. Il faudrait citer des centaines de
noms ; nous nous contenterons, au hasard de nos souvenirs, de mentionner quelques maisons, tout en nous excusant auprès des autres :
la Fortuna (biscuits), le Syndicat général des Alcools, avec ses effets

de glaces ; le Syndicat des fabricants de sardines de Vigo ; les grandes Raffineries espagnoles Carbonnel (huiles) et nos compatriotes Brieu et C° pour ses huiles de Logroño et G. Gilles pour ses usines de conserves d'Alicante et de Madrid.

Nous donnerons une mention particulière à la maison de Saragosse qui faisait déguster un excellent chocolat fabriqué sous les yeux des visiteurs.

Pour donner une idée du nombre des maisons qui avaient exposé leurs produits dans ces classes, il nous suffira de rappeler que les huiles comestibles espagnoles étaient à elles seules, représentées par plus de 300 exposants.

Si nous envisageons maintenant les enseignements qui se dégagent pour les producteurs français de notre visite à la section espagnole d'alimentation, tout en tenant compte des droits de douane qui, pour certains articles, atteignent jusqu'à trois fois leur valeur d'achat, voici le champ d'action, bien limité d'ailleurs, qui paraît rester ouvert à l'industrie française.

Nous ne voyons, pour les conserves alimentaires que les pâtés de foie gras en boîtes et en terrines et les truffes susceptibles d'être importés. Il en est de même des bonbons de marque ou constituant une spécialité de notre industrie (dragées, bonbons de chocolat, fondants, etc.) et certains fruits confits.

Par contre, en ce qui concerne le chocolat en tablettes employé surtout pour cuire (industrie largement représentée en Espagne) il n'y a aucune chance de succès pour nos fabricants, en raison du goût tout spécial exigé par la clientèle : ce chocolat, qui se présente sous un aspect beaucoup moins compact et partant moins dur, est le plus souvent très parfumé à la cannelle.

L'Espagne n'achète annuellement que pour 40.000 fr. de chocolats étrangers, notamment en Suisse, qui paient des droits de près de 100 °/° (environ 36.000 fr. en 1907).

Les marques françaises ont une clientèle annuelle de 10.000 fr. environ, laquelle ne pourra guère s'étendre tant que les droits de douane de 3 francs le kilog. seront maintenus.

L'assortiment des pâtes alimentaires paraît moins varié qu'en France et sans doute nos fabricants pourraient réussir des affaires dans les centres riches. Nous en avons vendu en 1907 pour 67.000 pesetas contre 15.000 de l'Angleterre et 13.000 de l'Italie. Les droits sont de 20 pesetas les 100 kilos.

C'est une maison française, la société Olibet, de Renteria, qui occupe la première place dans l'industrie de la biscuiterie. Elle s'est établie dans le pays pour y fabriquer le même produit qu'elle fabrique en France. Ce produit « le petit beurre » notamment, qui est une spécialité bien française, est très estimé en Espagne. Mais les droits de douane sur les biscuits fins à l'entrée en Espagne sont de 3 pesetas le kilog., droits absolument prohibitifs, empêchant toute importation. Cette maison rencontre, en outre la concurrence de plusieurs fabriques importantes de Barcelone et de Madrid et nous voyons là peu de chances de succès pour les produits français.

Les prunes sèches ou pruneaux, préparés surtout dans la région de Malaga, ont paru laisser de la place à l'importation de nos beaux produits du sud-ouest de la France.

Si poussant plus loin notre enquête, nous cherchons quels sont les produits de ces classes contre lesquels nos insdustriels auront à lutter sur les grands marchés d'exportations, nous signalerons à nos fabricants d'huile d'olive les progrès considérables faits par cette industrie en Espagne : on nous a présenté des échantillons notamment de la région de Tortosa, dont la qualité nous a paru susceptible de rivaliser avec certaines de nos huiles de Provence.

L'exportation de l'huile d'olive d'Espagne a pourtant subi depuis deux ans une décroissance considérable :

EXPORTATION D'HUILE D'OLIVE

	1905	1906	1907
En France. . . .	3.547.647 pesetas.	1.087.896 pesetas.	424.946 pesetas.
En d'autres pays .	30.680.751 »	17.823.681 »	10.347.716 »
	34.228.398 »	18.911.577 »	10.772.661 »

Nous arrêterons aussi un moment notre attention sur les conserves alimentaires et, en particulier, les conserves de poissons.

En raison des mauvaises années de pêche en France, beaucoup de nos compatriotes ont créé des usines sur le golfe de Gascogne où existaient déjà nombre de fabriques espagnoles, et ils ont apporté des procédés de fabrication qui font, de cette production, une concurrence dangereuse pour l'industrie française, surtout si l'on tient compte de l'amélioration constatée ci-dessus dans la préparation des huiles. La vente à l'étranger en 1907 a atteint près de 20 millions de pesetas.

En résumé, en ce qui concerne les produits de l'alimentation solide, l'Espagne, à de rares exceptions près, paraît pouvoir suffire à sa consommation intérieure et même, pour certains produits, elle peut être à l'exportation une concurrente sérieuse pour l'industrie française.

Bien que, comme nous le disons, l'Espagne ne soit pas un marché important pour nos excellents produits d'alimentation solide et huiles comestibles, plusieurs maisons parmi nos marques les plus réputées ont tenu à être représentées à Saragosse.

Nous citerons celles ayant obtenu des Grands Prix et Diplômes d'Honneur.

La maison LÉON BRAQUIER, de Verdun, bien connue pour l'excellente qualité de ses dragées et de ses autres produits de confiserie, a été fondée en 1783, son Usine modèle du Château du Coulmier témoigne de l'importance de sa fabrication.

La Maison DURAND, fondée en 1870 à Carcassonne par M. Antoine Durand, père du propriétaire actuel, s'est spécialisée dans la fabrication des fruits confits, pulpes de fruits, compotes de fruits au jus et confitures de fruits. Son chiffre d'affaires modeste au début, a aujourd'hui pris une extension telle qu'elle a dû créer une nouvelle usine à Carpentras et organiser une succursale à Paris.

M. Albert Durand fils a collaboré avec son père dès 1875 et lui a succédé à son décès. Successivement membre du Tribunal de commerce et de la Chambre de commerce, il est actuellement président de la Chambre syndicale des Fabricants de fruits confits du Midi.

La maison Durand est très connue à l'étranger sur tous les marchés et ses produits font marque. Elle a d'ailleurs pris part à plusieurs expositions et les diverses récompenses qu'elle a obtenues témoignent de sa progression constante. Elle s'est vu attribuer un Grand Prix à Saragosse.

MM. Ch. PRÉVET et Cⁱᵉ dont la notoriété dans l'industrie des légumes secs est universelle, sont les successeurs de l'importante usine fondée il y a de longues années par MM. CHOLLET et Cⁱᵉ.

MM. CHOLLET et Cⁱᵉ préparaient des légumes desséchés qui réunissaient toutes les qualités désirables. On retrouvait dans les légumes réhumectés toute la saveur des légumes frais.

Mais le grand volume que présentaient encore les légumes desséchés rendait difficile leur emmagasinement et l'arrimage dans les navires. Ils restaient exposés par une trop grande surface à l'humidité de l'air ainsi qu'aux autres causes d'altération.

Pour remédier à cet inconvénient, MM. CHOLLET et Cⁱᵉ imaginèrent, après la dessiccation, la compression des légumes, afin de mieux assurer la conservation des produits et d'en faciliter le transport, Les légumes desséchés, feuilles et tranches de racines ou de tubercules, furent soumis à une pression tellement énergique, qu'ils restent agglomérés en pains ou tablettes ayant l'aspect d'une plaque de marbre et la densité du bois de hêtre. La diminution de volume est telle que 40.000 rations sont contenues dans un mètre cube.

MM. CHARLES PREVET et Cie ont apporté de nouveaux perfectionnements à leur industrie de la dessiccation et de la compression des légumes.

Les légumes comprimés de MM. CHARLES PREVET et Cie s'expédient et se consomment dans le monde entier. Aucune société d'exploration, aucune mission, aucune expédition scientifique ne part sans en emporter une provision. Il n'y a pas de colonie si lointaine que les explorateurs n'y aient envoyé des légumes comprimés.

Pour la marine, leur usage est devenu une nécessité ; ils préviennent ou combattent les maladies qui résultent de la consommation prolongée des salaisons. Les marines française et anglaise font surtout un usage régulier et constant du mélange d'équipage qui n'est qu'un composé des divers légumes : choux, carottes, pommes de terre, navets, panais, oignons, poireaux, céleri, etc..

MM. CHARLES PREVET et Cie ne s'occupent pas seulement de l'approvisionnement des navires et de l'exportation en pays lointains. Partout en Europe on connaît et on consomme leurs légumes desséchés, leur Julienne, leurs semoules et farines de légumes, leurs pâtes féculentes, etc..

L'industrie de MM. CHARLES PREVET et Cie qui ouvre à la culture maraîchère des débouchés considérables doit être rangée parmi les grandes industries françaises.

De 1851 à 1908 la maison Ch. PREVET et Cie a obtenu 32 grandes médailles et grands prix auxquels est venu s'ajouter un grand prix à Saragosse.

La Confiturerie française était réprésentée par une des fabriques qui fait le plus d'honneur à cette importante industrie. MM. MAITRE FRÈRES de Paris-Billancourt dont la maison fut créée en 1857 par MM. Duval et Danouville.

En outre des conserves de fruits, confitures et marrons glacés, produits qui ont fait la réputation de cette maison, elle a fondé une usine à Avignon pour la préparation de la pulpe d'abricots. Cette industrie occupe en permanence 90 personnes et, au moment de la fabrication, ce chiffre s'élève à 500 ; un Diplôme d'Honneur lui a été décerné à Saragosse.

La maison Vve Mosser et Elbel de Nancy, fondée en 1872 à Nancy, est très réputée pour ses conserves de viandes et foie gras, titulaire de nombreuses récompenses à des expositions antérieures, a également obtenu un Diplôme d'Honneur.

M. Emmanuel Tivolier, de Toulouse, a vu consacrer la réputation de ses célèbres terrines de fois gras et de canards par l'attribution d'un Diplôme d'Honneur.

Les gourmets connaissent depuis longtemps la réputation des terrines de foie gras et de canards de la maison Tivollier à Toulouse.

Fournisseur attitré des cours royales et des premiers restaurants du monde, M. Tivollier, Hors Concours et Membre du Jury, à plusieurs expositions, a obtenu une Médaille d'Or aux Expositions universelles de Paris, en 1889, et en 1900 ; à celle de Saint-Louis, en 1904 ; un Diplôme d'Honneur à Liège en 1905. Cette année, ses pâtés ont obtenu : un Diplôme d'Honneur à l'Exposition franco-britannique de Londres ; enfin il a été nommé Membre du Jury, Hors Concours à l'exposition de Toulouse.

RÉCOMPENSES

Hors concours.

Gilles (Georges), Paris.

Grands prix.

Braquier (Léon), Verdun.
Durand (Albert), Carcassonne.
Prévet (Charles) et Cie, Paris.

Diplômes d'honneur.

Maître frères, Billancourt.
Mosser (Veuve) et Elbel, Nancy.
Tivollier (Emmanuel), Toulouse.

Médailles d'or.

Chevalier (Louis), Paris.
Gosse, Delleaux et Cie, Boué.

Médaille d'argent.

Denizot (A.), Reims.

COLLABORATEURS

Diplômes d'honneur.

Alcan (Pierre), de la maison Georges Gilles.
Duluat, de la maison Ch. Prévet et Cie.

Médaille d'or.

Chaumette, de la maison Ch. Prévet et Cie.

Médaille d'argent.

Taflin (Narcisse), de la maison Georges Gilles.

Médaille de bronze.

Durang (Édouard), de la maison Denizot.

SECTION VII

CLASSES 75 à 79, 82, 86 à 89

VINS, CIDRES, BIÈRES ET EAUX MINÉRALES

Président du jury : Don Maristany.
Vice-Président : M. Soualle (Louis), à Pont-Sainte-Maxence (Oise).
Secrétaires : M. Robinet (Georges), à Reims (Marne).

ET

SECTION VIII

CLASSES 80 et 81

ALCOOLS ET LIQUEURS

Président du jury : M. Lizabe.
Vice-Présidents : M. Marcel Legrand, Fécamp (Seine-Inférieure).
— Don Santiago Corella.
Secrétaires : Don Baltazar Muro.
— M. Léopold Brugerolle.

(Les deux Sections réunies)

L'Espagne étant un pays essentiellement producteur de vins de
consommation courante, vins fins de conserve et vins de liqueurs,
la participation de la France vinicole et de négociants en vins de
France devait être forcément restreinte à l'Exposition de Saragosse,
mais les uns et les autres mettant toute idée commerciale de côté,
voulurent donner une preuve de solidarité et de sympathie à leurs
collègues espagnols et jugèrent que les produits français devaient y
occuper la place que leur renommée leur a conquise.

Le Syndicat national du Commerce en gros des Vins Spiritueux
et Liqueurs de France fut chargé de recruter les exposants et de
grouper toutes les boissons.

Le président du Syndicat national, M. Forsans, lança le 23 mars
1908 un appel à tous les viticulteurs et négociants en liquides en
les engageant vivement à exposer et en leur démontrant qu'il était

Pavillon de la Bénédictine.   *Cl. Cheminais.*

indispensable qu'un grand nombre d'exposants soient réunis afin de
faire une manifestation économique permettant aux deux pays de
reprendre les pourparlers en vue de la conclusion d'une convention
commerciale favorable aux intérêts français.

Cet appel fut entendu et un grand nombre d'adhésions arrivèrent
rapidement au siège du syndicat. M. Soualle, secrétaire-général-
adjoint du syndicat national et secrétaire du Comité d'organisation
de la Section française, fut spécialement chargé de l'organisation de
l'alimentation liquide.

Des différentes parties de la France l'empressement fut grand,. mais la Champagne spécialement, à l'instigation du distingué secrétaire-général du Syndicat du Commerce des vins de Champagne,. M. de la Morinerie, apporta un très large concours et un gros appoint. d'exposants.

Les envois de bouteilles furent faits en temps voulu et le jour de l'ouverture de l'exposition, nos crus fameux de la Bourgogne, du Bordelais et de la Champagne voisinaient en agréable compagnie avec les liqueurs françaises. Les bières et les cidres et même les eaux minérales offraient aux regards charmés des visiteurs un bataillon serré de bouteilles à l'aspect alléchant et tentateur.

Aussi les Espagnols, qui nombreux visitèrent la galerie de l'alimentation liquide, étaient-ils étonnés de la diversité de nos vins et. de la multiplicité de nos crus.

Grâce à l'amabilité et à la grande compétence du jury espagnol, les dégustations des produits français et l'attribution des récompenses. se firent rapidement. En dehors de la bonne harmonie qui ne cessa de régner pendant ces opérations, les jurés français virent avec plaisir que nos crus de France étaient connus de nos bons voisins et justement appréciés.

Après les vins français, les jurés espagnols menèrent leurs collègues à la section vinicole espagnole où après avoir admiré l'installation et félicité les organisateurs du goût artistique qui avait présidé aux installations et à l'organisation du groupe, il fut décidé que, dès le lendemain, on commencerait la dégustation des produits espagnols.

Une salle spacieuse, froide et bien confortablement installée dans un des bâtiments destinés, après l'exposition, à servir d'école, était réservée aux opérations des jurés. Le nombre des bouteilles soumises au jury était très grand et toute la gamme des vins si variés de l'Espagne était représentée.

Avant de procéder aux opérations du jury, les jurés français tinrent à poser comme principe, et à faire accepter par tous les membres présents, que tous les produits espagnols qui seraient improprement ou faussement dénommés ne seraient pas examinés par le jury. Il était tout naturel que, dans le pays où avait été élaborée la Convention de Madrid, elle fût respectée scrupuleusement.

En effet, certains produits étaient désignés sous le nom de « Cognac de Xérès » ou « Champagne d'Espagne » et l'usurpation de ces marques, d'origine bien française, et des appellations géographiques de provenance, qui, dans chaque exposition et depuis de longues années a provoqué de bien justes et très légitimes protestations des producteurs et négociants, a été la cause de préjudices considérables.

La campagne réclamée par le commerce honnête a toujours eu pour but de se défendre et contre les fraudeurs qui ont érigé la duperie et la fraude à la hauteur d'un principe et contre les commerçants qui ont pris la trop facile habitude de tromper leur clientèle en usurpant des désignations qu'ils savent pertinemment ne pas appartenir aux produits qu'ils lui livrent.

La Convention de Madrid, si elle était rigoureusement observée, supprimerait ces fraudes et ces tromperies ; mais malheureusement elle n'est que très difficilement appliquée, même dans les pays y ayant donné leur adhésion.

Les jurés espagnols acceptèrent très loyalement le principe posé par MM. Souälle et Robinet, spécialement désignés pour la dégustation des cognacs et champagnes, et nous devons reconnaître que chaque fois qu'une bouteille portant la désignation « Cognac » et « Champagne » était soumise à l'appréciation du Jury, à l'unanimité elle était écartée de l'examen.

Malheureusement certaines maisons, ayant soumis à l'appréciation du Jury des vins de liqueurs et des vins d'Espagne qui furent reconnus dignes d'une haute récompense, en profitèrent très probablement pour appliquer à l'ensemble de leur exposition, qui comprenait des spiritueux faussement dénommés cognac ou des vins mousseux improprement désignés comme champagne, la récompense obtenue.

On ne saurait trop protester contre cette façon de procéder très rare heureusement, et qui n'est pas dans les habitudes du commerce espagnol, toujours si correct et si digne.

L'importation de vins mousseux en Espagne est presque exclusivement composée de vins français. Des tentatives d'importation allemande se font qui n'atteignent à peine qu'un chiffre d'affaires de cinq ou six mille pesetas par an.

Les importations de vins mousseux dans ces dernières années ont été les suivantes :

1905.	982.992	pesetas
1906.	1.008.246	»
1907.	876.361	»

Il ne peut être évidemment question pour la France de trouver un débouché sérieux pour ses vins en Espagne, alors que ce pays est embarrassé de sa propre production. On compte donc à peine un cou-

rant d'affaires d'exportation de nos vins en fûts de 35 à 40.000 francs
par an, lesquels paient du reste près de 50 º/₀ de leur valeur à la
douane espagnole, 20.000 francs de vins généreux en bouteilles et
environ 60.000 francs de nos vins fins en bouteilles.

Nous fournissons environ la moitié des liqueurs, cognacs, eaux-de-
vie composées que l'Espagne achète à l'étranger. Les droits sont de
260 pesetas par hectolitre et les importations dans les trois dernières
années ont été les suivantes de toutes provenances :

1905. . . . . . 295.412 pesetas
1906. . . . . . 274.664   »
1907. . . . . . 404.356   »

Puisque nous avons parlé de la dégustation des produits des
vignes espagnoles, il nous sera permis de donner un aperçu de l'état
actuel de la viticulture en Espagne.

La Revista del Instituto Agricola Catalan de San Isidro vient de
publier un intéressant travail sur la situation de la viticulture en
Espagne. Nous en extrayons les renseignements qui suivent :

Les premières statistiques relatives aux vignobles espagnols datent
de 1797. A cette époque la vigne était cultivée dans la Péninsule,
sur une étendue de 400.000 hectares. De 1797 à 1857, cette culture
prend un grand développement et les terrains plantés de vignes ar-
rivent à embrasser une superficie de 1.142.718 hectares.

En 1886, le Conseil supérieur de l'Agriculture indique 1.800.000
hectares comme minimum de l'extension du vignoble.

Deux ans après un autre rapport officiel, motivé par la crise agricole qui sévisait alors, porte ce vignoble à 1.940.300 hectares. C'était
l'époque où l'exportation des vins espagnols était à son apogée.

Survint ensuite l'invasion phylloxérique et le vigneron commence
à lutter contre mille circonstances adverses qui accompagnent la reconstitution des vignes et dont toutes n'ont pas encore disparu. Il en
st résulté une diminution notable dans l'étendue du vignoble, laquelle en 1907 était descendue à 1.367.455 hectares, c'est-à-dire
qu'elle avait diminué de 572.845 hectares en vingt ans.

Il convient même d'ajouter qu'une partie des vignes existant aujourd'hui est nouvellement plantée et ne produit pas encore, et que
le reste est loin d'être partout en plein rapport.

Il est évident que la production du vin a suivi une marche parallèle
à celle de la culture de la vigne. En 1857, le travail statistique, auquel
nous avons fait allusion, accusait une récolte de 10.806.000 hecto-

litres de vin ; en 1877, cette production s'élève à 20.519.412 hectolitres ; elle atteint, en 1885, 42.686.000 hectolitres, pour tomber en
1907 à 18.348.337 hectolitres.

Sur ce chiffre on compte :

1.500.000 hectolitres de vin exportés ;

2.500.000 hectolitres destinés à la distillerie;

14.000.000 hectolitres consommés dans le pays.

En résumé, si l'on compare successivement au chiffre maximum
de production atteint en 1885, 42.000.000 en chiffres ronds, la production moyenne de chaque année, depuis 1886 jusqu'à 1907, soit
18.000.000 d'hectolitres on peut noter une diminution moyenne annuelle de 24.000.000 d'hectolitres.

La conclusion à tirer de ces données, même en ne leur attribuant
qu'une exactitude relative, comme à toutes les statistiques, est que
la production des vins en Espagne ne devrait pas suffire pour répondre
aux besoins du commerce intérieur et à ceux de l'exportation, mais
nous avons vu, d'autre part, que le chiffre de la consommation intérieure n'était que de 14.000.000 d'hectolitres, c'est-à-dire moins de
100 litres par habitant et par an.

Quant à la qualité des vins ordinaires, on constate qu'elle a évolué.
A l'époque où l'exportation de cet article était plus florissante, ce
n'était guère qu'une matière première qui servait à des coupages et
qui était élaborée par les acheteurs. Aujourd'hui, nombreux sont les
producteurs espagnols qui savent travailler leurs vins et qui les livrent
aux consommateurs dans d'excellentes conditions.

Si l'on passe en revue le commerce des vins généreux, on constate
que leur exportation est d'abord peu importante ; puis on la voit augmenter progressivement ainsi qu'en témoignent les chiffres suivants :

En 1893, les vins généreux ne figurent à l'exportation que pour
170.000 hectolitres. En 1906, cette exportation est de 286.000 hectolitres et en 1907 de 422.000 hectolitres.

L'article qui doit retenir d'une manière toute spéciale notre attention dans cette catégorie est le *Vin de Champagne*. Notre consul général à Barcelone a fait remarquer dans un de ses rapports la répercussion fâcheuse qu'a eue l'augmentation du droit de douane sur la
consommation de nos champagnes dans la Péninsule. Le droit a été
élevé de 1 peseta 50 par litre à 2 pesetas et il s'en est suivi une perte
d'affaires d'une centaine de mille francs. Les chiffres des entrées
montrent qu'en 1906, avant l'application du nouvel Arancel, on a fait

du stock en Espagne, mais 1907 indique un fléchissement dans nos
ventes comme on le voit aux chiffres ci-après des importations de
vins mousseux en Espagne, lesquels sont presque tous de provenance
française :

1905.	. . . .	982.992 pesetas
1906.	. . . .	1.008.216 »
1907.	. . . .	876.361 »

S'étendant sur ce sujet, notre Consul général a donné, à propos de
notre commerce d'exportation des vins de champagne, des indications
que nous nous faisons un devoir de reproduire ici.

L'importation *des vins de Champagne* n'a pas baissé dans la même
proportion que celle des vins ordinaires, mais elle a cependant suffisamment rétrogradé pour que le fait mérite de retenir notre attention.
Ces vins acquittaient, avant 1892, un droit de 5 piécettes par hectolitres. Or, d'après le régime douanier actuel, ils paient 2 fr. par litre ;
de plus, par lui-même, le vin de champagne coûte cher et le change
pèse sur lui d'autant plus lourdement. Aussi le consommateur a
délaissé peu à peu les bonnes marques pour s'attacher aux vins
mousseux de fabrication locale. Les maisons qui s'y adonnent dans
cette région n'ont pas ménagé d'ailleurs leurs efforts et ont fait une
large réclame dans tout le pays. Une maison espagnole serait arrivée à vendre annuellement 150 à 200.000 bouteilles. Au point de vue
français, s'il y a lieu de craindre que cette concurrence amène une
diminution de notre trafic avec l'Espagne, il semble que la vulgarisation du vin de champagne, qui a été la conséquence de la réclame
faite par ces maisons, ait eu pour résultat d'amener une plus grande
consommation de ce produit. Elle a, en effet, augmenté depuis ces
dernières années. C'est toujours le moment pour nos importateurs
de chercher par tous les moyens à répandre le goût de leur vin dans
le pays, d'envoyer des agents visiter les négociants, de stimuler leur
zèle et de s'imposer surtout une réclame bien dirigée et bien comprise.

Trop important était le nombre des exposants et trop nombreuses
les grandes marques de nos vins, champagnes et liqueurs, pour
qu'il nous soit possible d'en donner ici la longue liste que l'on trouvera plus loin dans le palmarès.

Le nombre et l'importance des récompenses décernées témoignent
d'ailleurs de la présence de produits de toutes les premières marques,
dont la supériorité et la finesse colportent la célébrité de par le

monde et imposent la consommation, malgré les barrières chaque
jour plus élevées qui paralysent l'essor de l'exportation.

Nous avons cependant le devoir de ne pas passer sous silence les
noms de MM. Brugerolle, Marcel Legrand et Georges Robinet, Hors
Concours comme Membres du Jury.

M. Léopold Brugerolle est l'un des chefs de la distillerie de Matha,
près Cognac ; il présentait la liqueur Angelica qui est l'objet d'une si
grande faveur en Angleterre et qui est non moins appréciée en Espagne
et dans toute l'Amérique du Sud ; elle a figuré avec succès au Palais
de l'Elysée dans les banquets offerts par M. le Président de la République aux Souverains d'Italie, d'Angleterre et d'Espagne ; S. M. Alphonse XIII a daigné apprécier la qualité du produit et il a conféré à
M. Brugerolle le brevet de fournisseur de la Cour d'Espagne.

M. Marcel Le Grand présentait la Bénédictine de Fécamp, dont l'installation fut très remarquée à l'Exposition de Saragosse. La société
qui exploite cette exquise liqueur avait d'ailleurs bien fait les
choses. Dans l'Avenue centrale, face à la porte principale, elle avait
édifié un fort joli kiosque gothique en bois sculpté.

M. Marcel Le Grand, directeur de cette importante entreprise industrielle, avait été nommé vice-président de la section de l'alimén-
tation liquide. Il fut en outre au nombre des quelques Français composant le Jury supérieur de l'exposition, chargé de trancher les difficultés et d'attribuer en dernier ressort les récompenses.

Nos compatriotes charentais lui sauront gré d'avoir fait prévaloir
son opinion tendant à exclure des récompenses les eaux-de-vie espagnoles qui seraient présentées à l'examen du jury sous le nom de
« Cognac ».

Nous nous dispenserons de donner ici une longue description
de la Bénédictine, la grande liqueur française dont la renommée
aujourd'hui est universelle.

Nous montrerons en quelques lignes seulement l'essor vraiment
merveilleux qu'ont pris ses affaires au cours de ces dernières années.

L'établissement, des plus modestes à son origine, a pris de nos
jours des proportions grandioses ; les bâtiments, reconstruits à la
suite d'un incendie survenu en 1892, ne couvrent pas moins de dix
mille mètres carrés.

Au point de vue architectural, ils constituent une véritable merveille inspirée du style renaissance le plus riche.

Près de 400 ouvriers et ouvrières sont occupés journellement dans
la distillerie ou dans les champs de culture situés sur les hauteurs

qui dominent Fécamp et la mer et où se récoltent l'hysope et la mé--
lisse, plantes qui sont la base de la fabrication de la Bénédictine.

Après avoir débuté, en 1864, par le modeste chiffre de 28.000 bou--
tielles, représentant les ventes de l'année, ces ventes étaient 20 ans
après de 400.000 bouteilles ; elles atteignaient le million en 1897 ;
en 1908, elles dépassaient un million sept cent mille bouteilles.

Ces chiffres sont assez éloquents par eux-mêmes pour exclure tous
commentaires.

RÉCOMPENSES

Hors concours.

Brugerolle (Léopold), liqueur Angelica, Matha.
Le Grand (Marcel), la Bénédictine, Fécamp.
Robinet (Georges), Reims.
Soualle (Louis), Pont-Sainte-Maxence.

Grands prix.

Charton (C.) fils, Beaune.
Chevallier-Appert, Paris.
Cointreau fils, Angers.
Collectivité du Syndicat du commerce des vins de Champagne, Reims.
    En participation :
Veuve Clicquot-Ponsardin (Werlé et Cie, successeurs).
Delbeck et Cie (de la Morinerie, Delbeck et Cie, successeurs).
Goulet (Georges), (Veuve Goulet et Cie, successeurs).
Heidsieck et Cie (Walbaum, Luling, Goulden et Cie, successeurs).
Heidsieck (Charles).
Irroy (Ernest), (Blondeau, Berque et Cie, successeurs).
Mumm et Cie (G.-H.).
Piper-Heidsiek (Kunkelman et Cie, successeurs).
Pommery et Greno (Louise Pommery frères et Cie, successeurs).
Roederer (Louis) (L. Olry-Roederer, successeur).
Ruinart père et fils.
Saint-Marceau (de) et Cie (André Givelet et Cie, successeurs).
Ayala et Cie.
Deutz et Geldermann (Lallier, Van Cassel, Durvin et Cie, successeurs).
Duminy et Cie (Couvreur et Cie, successeurs.)
Duc de Montebello, (Alfred de Montebello et Cie, successeurs.).
Moët et Chandon (Chandon et Cie, successeurs).
Pol Roger et Cie.
Dinet, Peuvrel et fils (G. Loche, successeur).

Geisler et Cie.
Binet fils et Cie (Veuve Binet fils et Cie, successeurs).
Dumas-Fillon, Lyon.
Dumesnil frères, Paris.
Forsans (Paul), Lagor.
Fourey (Paul), Nangis.
Gabolde-Gel (Louis), Revel.
Grandes brasseries réunis de Maxéville, Maxéville, Nancy.
Havy (Alfred), Paris.
Lafond frères (Henry Turpin), Rouen.
Larue (Auguste), Paris.
Lignou (Achille), Lyon.
Lillet frères. Podensac.
Malaquin (Eugène), Paris.
Marnier Lapostolle (Louis-Alexandre), Paris.
Moineaux et Bardin, Paris.
Monis et Cie. Jarnac.
O'Scanlan et Mandeix, Le Havre.
Pagès-Ribeyre, Le Puy.
Pellisson père et Cie, Cognac.
Querhoënt (J. de), Le Havre.
Restaurant Paillard, Paris.
Ricqlès (de) et Cie, Saint-Ouen.
Simon aîné, Chalon-sur-Saône.
Société anonyme des Eaux minérales d'Evian-les-Bains, Evian-les-Bains.
Solères, Paris.
Vert (B.) et Cie, Jarnac.
Vichy (Compagnie fermière de l'établissement thermal de), Vichy.
Violet frères, Thuir.

Diplômes d'honneur.

Blanchet (Charles), Beauvais.
Blonde (Jules), Paris.
Crémont-Mouquet, Lille.
Decroze (Louis-Georges), Pont-Sainte-Maxence.
Dussaux (Pierre), Paujas.
Fournier-Demars, Saint-Amand-Montrond.
Hanier (Charles), Saint-Cloud.
Hérouart (Henri), Beauvais.
Mauprivez-Leroy (Charles). Compiègne.
Mommessin (J.), Charnay-les-Mâcon.
Pourvoyeur (Edmond), Ribécourt.
Rigaud (Mme Veuve Louis), Paris.

Médailles d'or.

Baivel (Charles), Brionne.
Bourbonnais (Gustave), Marolles-en Hurepoix.
Brissot (Paul), Provins.
Distillerie de la Rhodine, Cires-les-Mello.
Dorsemaine fils, Montfort-l'Amaury.
Julien (Victor), Lavaur.
Maupassant (comte Ch. de), Paris.
Union des détaillants, Paris.

Médailles d'argent.

Andrieu (Louis), Toulouse.
Bazin (Pierre), Pont-Saint-Maxence.
Delelée-Prehaut (Marie), Pré-en-Pail.
Lemelle (Georges), Pont-Sainte-Maxence.
Massé (D.), et Cⁱᵉ, Beuvraignes.
Poulin (Léonce), Pont-Sainte-Maxence
Soulié (Félix), Bordeaux.

COLLABORATEURS

Diplôme d'Honneur

Schmidt (Alfred), de la maison Dumesnil frères.

Médailles d'or

Avenel (François), de la maison O'Scanlan et Mandeix.
Corbette (Eugène), de la maison Paul Fourey.
Dumestier (Louis), de la maison Léopold Brugerolle.
Gerbaud (Célestin), de la maison Léopold Brugerolle.
Le Grand (Pierre), de la maison Marcel Le Grand.
Philippe (Georges), de la maison Vᵛᵉ Rigaud.
Pleiffer (Charles), de la maison Deutz et Geldermann.
Siau (Isidore), de la maison Léopold Brugerolle.
Trimbach (Frédéric), des Brasseries de Maxéville.
Thouvignon (Maurice), de la maison Vᵛᵉ Rigaud.
Toutain (Edmond), de la maison O'Scanlan et Mandeix.

Médailles d'argent.

Auriol (Henri), de la maison Léopold Bugerolle.
Bienvau (François), de la maison Dorsemaine fils.

Bouquet (Marcelin), de la maison Léopold Brugerolle.
Collineau (Joseph), de la maison Ch. de Maupassant.
Debet, de la maison Vve Rigaud.
Fontaine (Alphonse), de la maison Achille Lignon.
Gatineau (Raoul), de la maison Léopold Brugerolle.
Guilhermet (Antoine), de la maison Dumas Fillon.
Jacobsen (Christian), de la maison Heidsieck et Cie, Monopole.
Lasserre (Albert), de la maison Lillet frères.
Le Moult de la Fosse, de la maison Paul Fourey.
Lequien (Théophile), de la maison Louis Soualle.
Liaheuf (Pierre), de la maison Pagès-Ribeyre.
Narran (Jean), de la maison Lillet frères.
Pangnier (Jean Baptiste), de la maison Decroze.
Triboulet (Prosper), de la maison Louis Soualle.
Zwilling (Charles-Robert), de la maison Chevallier-Appert.

Médailles de bronze.

Ard (Albert), de la maison Léopold Brugerolle.
Astor (Jacques), de la maison Gabolde-Get.
Danoy-Sanyas (Nicolas), de la maison Violet frères.
Dumont (Ernest), de la maison Léonce Poulin.
Gabet (Mme Octavie), de la maison Léopold Brugerolle.
Gélis (Henri), de la maison Victor Julien.
Grugeon (Eugène), de la maison Charles Blanchet.
Gustin (Frédéric), de la maison Léopold Brugerolle.
Hoerdt (Madeleine), de la maison Deutz et Geldermann.
Larrieu (Anna), de la maison Lillet frères.
Marchive (André), de la maison Léopold Brugerolle.
Marti-Torel (José), de la maison Violet frères.
Meillon (Pierre), de la maison Dumas-Filon.
Merle (Pierre), de la maison Dumas-Filon.
Py-March (Honoré), de la maison Violet frères.
Raulet (Théodore), de la maison Deutz et Geldermann.
Rey (Mme Marie), de la maison Victor Julien.
Rovira (José), de la maison Violet frères.
Sauvage (Édouard), de la maison Crémont-Mouquet.
Villemur (Fernand), de la maison Victor Julien
Vincent, de la maison Solères.

Mentions honorables.

Berthelot (Clodomir), de la maison Léopold Brugerolle.
Durotoy (Mlle Amélie), de la maison D. Massé.
Gire (André), de la maison Pagès-Ribeyre.

· La Calle Alfonso XII.　　　　　　　　*Cl. Cogne.*

GROUPE III

SECTION IX

CLASSE 99

MACHINES ET TRANSMISSIONS

Président du jury : M. Domange (Albert), à Paris.
Vice-Président : Don Juan Rafecas.
Secrétaire : Don Luis Vendrell.

MM. A. Domange et Fils, fabricants de courroies et cuirs industriels (ancienne maison Scellos), 74, boulevard Voltaire à Paris,.
avaient dans la classe 99 (machines) une exposition bien disposée
qui attirait l'attention des visiteurs et leur permettait de se rendre
compte de l'application de tous les cuirs employés dans l'industrie
en général, tels que : courroies en cuir simple, courroies en cu'r

double, courroies homogènes en cuir sur champ, cuirs emboutis pour pistons, cônes pour turbines, engrenages en cuir vert (scellosine) cordes en cuir lisse pour machine à coudre, courroies pour motocyclettes, cuirs pour usages divers au chrome, tuyaux en cuir pour pompes.

Cette maison a obtenu les plus hautes récompenses dans toutes les précédentes expositions.

(Voir plus loin les récompenses.)

Section Française — Galerie des Transports et de Travaux Publics.   *Cl. Thouin.*

SECTION X

CLASSES 103, 104 & 105

AUTOMOBILES, CYCLES, TRANSPORTS MARITIMES ET FLUVIAUX

Président du jury : S* Don Genaro CHECA.
Vice-Président : M. STERN (Alfred), à Suresnes (Seine).
Secrétaire : Don Narciso Masoliver.
Membre : M. EHRENBERG (Georges), à Paris.

La vente des automobiles en Espagne est susceptible de prendre une extension beaucoup plus grande que celle actuelle. L'insuffisance relative des voies ferrées peut en développer l'usage pour les transports en commun et l'automobile de plaisance doit aussi trouver un débouché assez sérieux; car les routes sont assez belles et suffisamment entretenues. Mais il faut des voitures en lesquelles on puisse avoir toute confiance, car les étapes sont longues, les relais d'approvisionnement et de réparation font à peu près défaut et l'odieuse panne est plus que partout ailleurs à redouter pour le touriste.

La France a vendu en Espagne en 1907 pour 300.000 pesetas de voiturettes découvertes, pesant moins de 1.000 kilog et pour 75.000 pesetas de voitures automobiles découvertes pesant plus de 1.000 kilogs. Les ventes anglaises, allemandes et italiennes restent à peu près chacune dans les 30 à 40.000 pesetas. Nos voitures automobiles fermées ont atteint un chiffre de vente de 320.000 pesetas pour les voiturettes et de 290.000 pesetas pour les voitures fermées de plus de 1.000 kilogs. Les constructeurs allemands ont vendu pour 64.000 pesetas de voiturettes et pour 25.000 pesetas de grosses voitures.

Pour les camions automobiles, on compte 86.000 pesetas de ventes françaises ; 20.000 pesetas de ventes allemandes et 38.000 pesetas de ventes anglaises.

L'ensemble montre un développement considérable des achats espagnols en 1907, car l'année 1906 n'avait comporté que 300.000 pesetas d'affaires, alors que l'année 1907 donne un chiffre d'achats à l'étranger de 1. 564.000 pesetas.

Bien qu'il se soit créé à Madrid une banque automobile s'offrant comme intermédiaire et accordant du crédit de paiement, la difficulté principale de la vente est que les acheteur éventuels, non initiés à la conduite, ne peuvent et ne veulent acheter en se fiant à de simples catalogues. Les maisons allemandes ont obvié à ces inconvénients et elles ont lancé sur les routes d'Espagne des automobiles montées chacune par un vendeur et un chauffeur. Le marché conclu sur le vu de la machine, sur ses essais, par la tentation de devenir acquéreur ; d'un seul mot la voiture était immédiatement laissée à l'acheteur avec le chauffeur si bon lui semblait.

La valeur et la mise au point des automobiles françaises doivent donc inciter nos constructeurs à lutter par les mêmes moyens contre la concurrence qui naît pour conquérir le marché espagnol et pour développer considérablement la vente de nos marques, car il n'est point suffisant que nous ayons les 2/3 des ventes en Espagne et les achats ne sont pas, au total, ce qu'ils pourraient être dans ce pays. Notons cependant que nos principaux constructeurs sont représentés directement en Espagne par des agents sérieux et actifs.

Les transports par automobiles en Espagne se développent rapidement.

Depuis le mois d'août 1908, plus de quinze lignes, comportant un total de 40 voitures ont été mises en service en Catalogne. Le même mouvement se propage en Galice.

Les différents services actuellement organisés et en voie d'extension sont indiqués ci-après.

1° Service automobile entre la ville de La Corogne et Corcubion, via Carballo (72 kilomètres), assuré par la société anonyme « *Automoviles Coruneses* » dont le siège social est La Corogne. Cette entreprise toute nouvelle possède actuellement deux automobiles et un camion automobile qui sont de fabrication française. La société compte étendre son exploitation.

2° Service automobile entre la ville de La Corogne et la ville de Santiago de Compostelle, via Ordenes (62 kilomètres) appartient à la firme Antonio Sanjurjo et Fils de Vigo ; le service est fait actuellement par 10 automobiles à vapeur de fabrication française et par une automobile allemande. On songe à remplacer toutes les voitures à vapeur par des automobiles à benzine.

3° Service automobile entre la ville de Vigo et la cité balnéaire de Mondariz, via Redondela et Porrino (45 kilom.) Exploité par MM. Penador frères, propriétaires des Eaux de Mondariz ; le service est assuré par deux automobiles de construction allemande et par un camion automobile de même provenance.

4° Service automobile entre les villes de Vigo et de Bayonne. Deux automobiles de construction espagnole sont utilisées et la longueur de la ligne est de 22 kilomètres.

5° Service automobile entre la ville de Ribadeo (province de Lugo) et Baamunde (station de la ligne de Madrid à la Corogne). Longueur de la ligne : 80 kilomètres. Les automobiles sont de fabrication allemande.

6° Service automobile entre Orense et Verin (station balnéaire de la province d'Orense), longueur de la ligne 55 kilomètres.

7° Service automobile pendant la saison d'été, entre la station balnéaire de la Toja (province de Pontevedra) et la ville de Carril, station du chemin de fer de Santiago à Vigo, longueur : 10 kilomètres.

Par suite des bons résultats obtenus, toutes ces entreprises songent à étendre leurs services et à augmenter le nombre de leurs voitures.

La Section française des classes 103 et 104 a plutôt brillé par la qualité des exposants que par leur quantité.

La maison Darracq et C°, de Suresnes, exposait trois de ses nombreux types de voitures automobiles.

Inutile de faire l'éloge de ce grand établissement universellement connu, qui répand dans le monde entier plus de 4.000 châssis automobiles par an, construits dans ses ateliers modèles de Suresnes.

L'impeccabilité de sa construction, jointe aux prix relativement minimes auxquels elle parvient à vendre sa production en fait une des maisons les plus connues du monde, elle fait apprécier de tous la qualité et le bon renom de l'industrie automobile française.

A l'exposition Hispano-Française, la maison A. Darracq et C° a été mise hors concours, son délégué ayant été nommé vice-président faisant fonctions de président des classes 103 et 104.

Les établissements Bergougnan à Clermont-Ferrand qui, en plus de toutes les applications du caoutchouc manufacturé, fabrique le pneumatique « Gaulois », était Hors Concours, Membre du Jury. La qualité de ses produits, l'importance de son usine, sont connus et la présentation si intéressante de sa fabrication en a été une fois de plus une manifestation évidente.

Il nous suffira de rappeler que la Compagnie Générale des Omnibus de Paris, après des essais nombreux, a adopté exclusivement la fabrication des établissements Bergougnan pour la fourniture de bandages en caoutchouc, destinés à ses autobus.

La maison Charles Chapelle à Pantin (Seine) avait exposé les différents modèles de bicyclettes qu'elle construit :

Elle est notamment connue pour sa fameuse bicyclette sans chaîne « Acatène Métropole » si appréciée par tous ceux qui font usage de la petite reine de la route.

Hammond, Mouter et C°, à Paris, ont présenté également de fort beaux modèles de bicyclettes et de motocyclettes, sœurs aînées de la précédente, et dont les dispositifs mécaniques si connus ont fait l'admiration de tous les visiteurs.

Malgré un droit de douane élevé de 3 pesetas par kilog. la vente des bicyclettes et motocycles est susceptible de prendre de l'extension en Espagne. Les importations de ces diverses machines se sont élevées à 1.173.704 pesetas en 1906 et à 1.032.996 en 1907. Sur ce dernier chiffre, la France a fourni pour 406.000 pesetas, l'Allemagne pour 389.000 pesetas, et l'Angleterre pour 195.000 pesetas.

La carrosserie française, universellement connue et appréciée, était représentée par deux des plus anciennes et des plus importantes maisons, dont la réputation est universelle, Kellner et ses fils, et Henri Labourdette à Paris.

M. Labourdette a fourni plusieurs carrosseries automobiles à S. M. Alphonse XIII.

Le nom de la maison J. et A. Niclausse, constructeurs de chaudières à Paris, est tout un programme ; la plupart des constructeurs de navires de guerre, aussi bien français qu'étrangers, s'adressent à ces grands constructeurs pour la fourniture des chaudières de leurs navires de guerre.

Les chaudières Niclausse ont fait leurs preuves, non seulement en temps de paix, mais encore en temps de guerre. Les principaux navires des flottes russes et japonaises en étaient munis et ont prouvé une fois de plus l'admirable résistance et la solidité du matériel fourni par ces importants établissements.

M. Georges Ehrenberg avait exposé de fort intéressants modèles de navires destinés au transport des marchandises.

M. G. Ehrenberg était Hors Concours par suite de sa qualité de membre du Jury.

(Voir plus loin les récompenses.)

Plaza de la Constitucion et Calle de la Independencia.   *Cl. Coyne.*

GROUPE III

SECTION XI

CLASSES 107, 108, 113bis

MINES ET INDUSTRIES MÉTALLURGIQUES

CLASSES 128 & 130

ÉLECTRICITÉ EN GÉNÉRAL

CLASSES 135, 136, 138

CONSTRUCTIONS EN GÉNÉRAL

Président du Jury : Don Manuel Abbad.
Vice-Président du Jury : M. Godard-Desmarest, à Paris.
Secrétaire : Don Antonio de Gregorio.
Membre : M. Louyot (E), à Paris.

Dans ces groupements de classes qui embrassent tous les travaux du génie civil, nous aurions pu trouver, si l'exposition n'avait été organisée en un si court délai, des exposants plus nombreux, alors même qu'ils n'eussent été recrutés que parmi les maisons françaises qui ont fourni du matériel ou construit des œuvres d'art en Espagne. Quoi qu'il en soit, si le temps ni l'espace disponible n'ont permis

13

d'installer dans le pavillon français de grandes machines en mouvement qui ont toujours un si vif succès auprès des visiteurs et du public en général, il était donné aux techniciens et spécialistes espagnols de compulser des documents, d'étudier des appareils qui font honneur à notre construction si appréciée en Espagne.

MM. Godard-Desmarest, de Paris, exposaient des appareils perfectionnés pour l'éclairage à l'acétylène. Ces appareils sont appelés à rendre de grands services en Espagne en attendant que nombre de villes et de bourgades puissent organiser leur éclairage public et privé au gaz ou à l'électricité.

La maison Louyot, de Paris, exposait des feuilles, bandes et fils en tous métaux : cuivre, aluminium, nickel, etc.

Les directeurs de ces deux maisons étant membres du Jury ont été de ce fait mis Hors Concours.

La maison Hillairet-Huguet, qui a participé comme nous le disons plus loin, à tant de travaux concédés en Espagne à des maisons françaises, nous montrait ses derniers systèmes de traction électrique et des constructions mécaniques d'une fort belle venue qui devaient lui mériter sans conteste un des Grands Prix de ces sections.

La maison Crépelle-Fontaine, de la Madeleine-lez-Lille, bien connue pour la construction des machines à vapeur Corliss, simples, jumelles et compound, qu'elle a introduites en France ; par ses tendems triple expansion de toutes puissances, de 30 à 2.500 chevaux, ne pouvait évidemment installer dans notre coquet pavillon un de ces monstres de l'énergie industrielle moderne. Elle s'est contentée de nous présenter des appareils de distillation et de rectification qui peuvent rendre les plus grands services aux viticulteurs espagnols et dont le fini de fabrication, uni au prix relativement peu élevé, fait preuve d'une construction soignée destinée à acquérir un succès dans la vente. MM. Crépelle-Fontaine ont obtenu un Grand Prix pour ces appareils.

La réputation de la Société des Forges et Hauts-Fourneaux de Pont-à-Mousson n'est plus à faire, même en Espagne, où cette grande compagnie a construit de nombreuses adductions d'eau potable. Cette maison exposait des types de ses tuyaux en fonte pour les conduites d'eaux des villes et M. Cavallier, son directeur, s'est vu décerner un Grand Prix pour cette exposition.

Un Grand Prix également devait récompenser l'intéressante exposition de la Compagnie pour la fabrication des compteurs et matériel d'usines à gaz, de Paris, 16, boulevard de Vaugirard, avec ses compteurs pour générateurs.

La maison Barbier, Bernard et Turenne a exposé deux projecteurs
électriques de 75 °/ᵐ de diamètre avec commande à distance, appareils du type adopté pour l'armée et la marine.

Cette importante maison possède actuellement deux usines, l'une
à Paris, rue Curial, l'autre à Blanc-Misseron (Nord), elle s'occupe
spécialement de la fabrication des appareils de phares, tours métalliques et sirènes, non seulement pour le gouvernement français, mais
pour tous les gouvernements étrangers. Le Jury lui a décerné un
Grand Prix.

Dans la section de l'électricité, M. Jules Richard de Paris, avait
installé des appareils de précision auxquels le Jury a décerné un
Grand Prix.

La mise en valeur de l'Espagne est due aux ingénieurs français.
Ainsi que le signalait le regretté M. Coiseau, dans une étude à ce sujet, ce sont eux qui, il y a plus d'un demi-siècle, commencèrent la
construction de ses chemins de fer et c'est encore par eux que la construction et l'exploitation sont dirigées ; la part de notre capital national engagée dans ces entreprises est évaluée à 1 milliard 600 millions de francs. Aux côtés des hommes remarquables, auteurs des
études des réseaux Nord de l'Espagne, Madrid-Saragosse-Alicante et
Chemins Andalous, ainsi que des travaux de canalisation de l'Ebre,
travaille une pléiade d'ingénieurs français. Les grandes usines françaises : le Creusot, Fives, Cail, Gouin, Eiffel, ont participé à l'exécution des ouvrages d'art importants.

Nos compatriotes ont doté l'Espagne d'une industrie manufactu-
rière qui n'a cessé depuis de se développer, surtout en Catalogne,
jusqu'à prétendre aujourd'hui repousser tout concours et marcher
seule. L'industrie minière et celle du gaz, ainsi que les distributions
d'eaux, sont entre les mains d'entreprises françaises.

Dans cette suite ininterrompue d'entreprises et de grands travaux,
la Compagnie des Chemins de Fer du Nord de l'Espagne reprend en
1891 l'exploitation de la ligne de Madrid à Cacérès et au Portugal,
ainsi que la ligne en construction de Plasencia à Astorga, qui doit lui
être fournie complètement terminée par nos compatriotes MM. Bar-
tissol et Duparchy, entrepreneurs généraux.

A cette époque, divers travaux importants sont en cours d'exécution : la ligne de Linarès à Alméria est entreprise à forfait par la société de Fives-Lille, il y a lieu de signaler notamment la construction
du viaduc de Guadahortuna et d'un viaduc sur le Rio Salado ; un

bac suspendu à vapeur sur la rivière de Bilbao et près de son embouchure est établi pour relier la ville de Portugal, etc. à celle des Arenas ; M. Arnodin, ingénieur civil français est chargé de cette construction ; MM. Coiseau, Couvreux et Allard, ayant pour collaborateurs M. Edmond Henry, ancien élève de l'Ecole Polytechnique et M. La - serre, ingénieur des Arts et Manufactures, poursuivent, malgré les ravages de deux terribles tempêtes, les travaux du port de Bilbao pour l'amélioration de la rivière et la construction du port extérieur ; un brise-lames de 1.450 mètres et un contre-môle de 1.077 mètres furent menés à bonne fin ; les chantiers de ces travaux furent les premiers desservis par l'électricité ; pour la fabrication des blocs artificiels, leur transport et leur immersion. MM. Hillairet et Huguet, nos compatriotes, ont fourni les appareils électriques.

En 1889, M. Delaunay termine les travaux du port de Pasajes dont il a rendu compte dans une notice fort intéressante.

Dans la colonie française de Bilbao, nous pouvons remarquer vers 1889 MM. Léon Benoist, sous-directeur de la fabrique de dynamite, Galdacano, Paul Benoist, ingénieur de la Compagnie Minière Franco-Belge, Albert Bovagnet, ingénieur métallurgiste et constructeur, Michel Congé, entrepreneur des travaux du chemin de fer à Bilbao, Alphonse Etchats, directeur et Eugène Legrand, ingénieur de la Compagnie Minière Franco-Belge.

A la Pena, près Bilbao, les ateliers français de MM. Barbier frères et Bouché, fabriquent les clous, pointes, rivets, etc.. et occupent un grand nombre de nos compatriotes.

A Santander, deux raffineries de pétrole appartiennent à des maisons françaises, l'une à MM. Deustch et Cie l'autre à MM. Desmarais, frères, et il existe une usine de la Compagnie des Cirages Français qui, en outre des cirages et de l'encre, fabrique des boîtes métalliques.

En 1893, la Compagnie Française des Andalous étend le réseau de ses chemins de fer dont les centres sont Malaga et Cordoue ; elle crée une ligne de 175 kil. qui dessert les mines de charbon de Belmez qui lui appartiennent et dont les travaux ici encore sont dirigés par des français.

A Valladolid, les ateliers centraux de la Cie des Chemins de fer du Nord de l'Espagne sont dirigés par un ingénieur français, agent consulaire de France.

M. Arnodin construit le pont suspendu de Santa Isabella et le type de cette construction est adopté pour un grand pont sur l'Ebre à Gallur.

Les fonderies de Pont-à-Mousson fournissent les tuyaux de fonte pour canalisation d'eaux, de Saragosse, soit une commande de 250.000 francs.

La société Dyle et Bacalan fournit à l'Espagne pour plus de cinq millions de matériel de chemin de fer de 1889 à 1904.

Les anciens Etablissements Cail exécutent des commandes importantes de locomotives et de matériel pour sucrerie.

Un ingénieur français, M. Averly, crée dans la province de Saragosse une usine pour l'installation des moulins à farine et d'usines pour la production de lumière électrique.

M. Philippe Génevois fonde à Valence une usine de construction de chaudières à vapeur ; à Saint-Sébastien, M. Ch. Laborde établit des ateliers pour la construction électrique.

La maison Hennebique construit en ciment armé une fabrique de farine à Vista-Alegre pour la Cie de Meunerie et Panification de Bilbao.

La Société française Fayé, Durand et Cie, déjà propriétaire des tramways de Valence et du Grao, complète son réseau en 1898 par l'achat de la ligne de Valence à Torrente, moyennant la somme de 925.000 pesetas.

La Société lyonnaise des Eaux exécute les travaux dont l'ensemble s'élève à 3.500.000 francs pour l'adduction et la distribution de l'eau potable à Valence.

MM. Daydé et Pillé fournissent les tabliers métalliques des ponts de la ligne de Puente-Genil à Linarès, la charpente métallique des ateliers de la gare de Valladolid, plusieurs ponts et un viaduc sur les lignes de Linarès à Alméria.

Deux cent quarante kilomètres de voies nouvelles sont inaugurés en 1899, appartenant à la Compagnie du Sud de l'Espagne et allant de Baeza à Almeria. Les grandes masses magnétiques de cette dernière région sont acquises par une société française.

. Une autre société, la Société Générale des Ciments Portland de Sestao, dont tous les actionnaires sont français, crée une filiale pour l'exécution des travaux en tous genres de ciment armé et, à cet effet, elle exploite le brevet d'un ingénieur français M. Blanc.

La construction des digues extérieures du port de Valence est adjugée pour la somme de 13.500.000 pesetas à la Société française Daydé, Pillet, Réveillac et Groselier. Ces travaux comportent une digue au nord de 1.132 m. de long, une autre digue à l'est, isolée de 823 m. ; une autre au sud de 1.029 m., enfin un quai à l'ouest, à

l'embouchure du Turia de 1.323 m. Un titan de 40 tonnes est installé
sur les travaux. Une voie ferrée de 35 kil. relie les divers chantiers
du port aux carrières d'où l'on extrait la pierre pour les enrochements.

La maison Terrier construit à Cadix un bassin de radoub pour
l'arsenal de la Carraca.

En 1900, la Société Nueva Montaña se fonde pour l'établissement
de hauts-fourneaux avec récupérateurs, dont l'installation est
surveillée par un ingénieur français.

La Société lyonnaise rachète où loue les principales lignes de
tramways situées à Valence ou dans sa banlieue, en vue de réunir
ses lignes en une seule exploitation et de les transformer en traction
électrique.

Dans les travaux du port de Gijon, à l'exemple de l'installation
des chantiers de Bilbao, les blocs de béton sont faits, transportés et
immergés par des appareils de fabrication française, commandés
électriquement, dont l'installation a été confiée à la maison Bréguet ;
cette installation est surveillée par notre compatriote M. Louis
Bickart ingénieur de l'Ecole supérieure d'électricité.

En 1904, M. Lorenzo Triana ingénieur diplômé de l'Ecole natic-
nale des Ponts et Chaussées de Paris est mis à la tête de la Compagnie
pour la fabrication des compteurs et matériel d'usine à gaz, au capital
de 8.000.000 de frs. Les usines de cette Société, situées à Barcelone,
ont été agrandies en 1907 sous la raison sociale Chamon et Triana ;
elles occupent près de 300 ouvriers.

La liste serait longue des ingénieurs français ayant acquis des si-
tuations importantes dans l'industrie en Espagne. Pouvons-nous citer,
sans crainte d'oublis, les nombreuses Sociétés minières en Espagne
qui sont dirigées par des Français ou dans lesquelles des Français
sont intéressés ; les principales, croyons-nous, sont les Sociétés minières de Penarroya, Puertollano, La Nava de Jadraque, la Franco-
Espagnole, La Argentifera, El Horcajo, l'Union houillère et métallurgique des Asturies, la Compagnie générale espagnole des mines, la
Compagnie de Aguilas, la Escombrera-Bleyberg, Avion, les Pyrites de
Huelva, la Franco-Belge de Somorrostro, etc.

Dans l'enquête faite récemment par nos consuls sur la fortune
française à l'étranger, on a compté que les capitaux français enga-
gés en Espagne dans des entreprises de navigation fluviale et mari-
time, de construction de docks ou de quais, s'élèvent à 46 millions
de francs dont la plus grande partie est engagée dans les travaux de
port entrepris à Bilbao, Santander et Pasajes. On a compté également

que nous sommes intéressés en Espagne dans les sociétés minières
pour plus de 70 millions de francs et dans l'industrie pour 173 millions.

Nous pouvons donc dire que nous avons été les initiateurs de ce
pays et qu'il peut rester pour longtemps encore un débouché pour
nos capitaux qui déjà s'y emploient pour près de 3 milliards et un débouché pour le savoir et l'esprit d'initiative de nos ingénieurs.

Le vent de protectionnisme qui souffle malheureusement sur tous
les pays à cette époque, règne en Espagne plus que partout ailleurs
peut-être et s'il ne va pas jusqu'à interdire à nos capitaux de s'y
employer, ce qui du reste est peu à craindre, les mesures prohibi-
tives qui frappent les importations de produits fabriqués vont avoir
leurs semblables à l'égard des importations d'hommes.

Le Gouvernement royal constatait en effet tout récemment comme
nous venons de le faire, que les ingénieurs étrangers avaient rendu
de grands services à la mise en valeur de l'Espagne. Mais il lui
semble à présent que le pays peut se passer du concours intellec-
tuel de l'étranger pour faire appel aux ingénieurs nationaux. Sur
150 ingénieurs des mines étrangers autorisés dans ces dix dernières
années à exercer leur profession en Espagne, 84 étaient Français,
29 Belges, 14 Allemands et 12 Anglais. Pour mettre un terme à ce
concours, un ordre royal tend d'une part à retenir les futurs ingénieurs espagnols dans leur pays même en leur imposant, s'ils vont
étudier à l'étranger, des taxes scolaires égales à celles qu'ils de-
vraient acquitter s'ils restaient dans leur pays. L'assimilation des
diplômes ne permettra, d'autre part, aux étrangers, qu'un droit temporaire d'exercer en Espagne la profession d'ingénieur, en payant
les droits de diplôme correspondant en Espagne et sous condition
de certifier six années de pratique professionnelle.

Nous pensons, sans vouloir le moins du monde désobliger nos bons
voisins, que cette tentative d'émancipation est pour le moins pré-
maturée, pour la très simple raison que l'Espagne n'a pas, comme la
France par exemple, une population suffisamment intense eu égard
à son territoire. Lorsque nous comptons en France 74 habitants par
kilomètre carré, on ne compte en Espagne que 37 habitants ; l'Espagne est donc moitié moins peuplée que la France, ses besoins
sont donc moitié moindres également comme aussi sa capacité de
production. Dès lors l'atavisme industriel lui devait fatalement manquer et ce n'est pas par des ordonnances et des règlements qu'on y
pourra suppléer. Nos modes d'exploiter, nos mécanismes brevetés
feront toujours une supériorité aux entreprises françaises en outre

de l'autorité que leur vaudront leurs capitaux et il deviendrait exagéré de prétendre que des sociétés françaises travaillant en Espagne avec des capitaux français exploitant des idées, des méthodes, des brevets français, fussent dans l'obligation de confier la marche de leurs travaux à des ingénieurs espagnols, au détriment des propriétaires, auteurs, inventeurs, ingénieurs français. L'ordonnance dont nous parlons plus haut devra donc être rapportée prochainement dans l'intérêt même de la bonne mise en valeur de l'Espagne.

Il est certainement prématuré pour l'Espagne de vouloir s'émanciper de toute ingérence étrangère pour la réalisation des grands travaux, pour la conduite de toutes ses industries indistinctement et cette prétention est encore moins opportune en ce qui concerne l'exploitation de son domaine minier.

Le sous-sol de l'Espagne est un des plus riches du monde, en mines de toutes sortes. Si nous nous en référons à une savante étude de M. André, elles furent connues et exploitées dès la plus haute antiquité et les Romains en retirèrent des quantités considérables de métaux précieux.

Les traces d'exploitation romaines, des galeries même qu'on a retrouvées conservées, et les récits des écrivains de l'époque ne laissent aucun doute à ce sujet.

Après la chute de l'Empire Romain, l'exploitation des mines fut abandonnée ; elle fut reprise par les Maures, puis presque délaissée de nouveau après leur expulsion d'Espagne.

Le roi Jean leur accorda par une ordonnance à tous ses sujets le droit de rechercher et d'exploiter les mines d'or, argent, mercure et autres métaux mais, « comme ces mines avaient été octroyées à des seigneurs, archevêques, évêques, personne ne voulut s'occuper des travaux de recherche et d'exploitation ; les propriétaires des mines en retirèrent peu de bénéfices, et le royaume fut complètement privé de leurs produits (1) ».

En 1859, une pragmatique autorisa tous les Espagnols indistinctement à découvrir des mines et à en extraire des minerais sous la condition de payer une redevance au Trésor royal. Les travaux de l'exploitation firent dès lors quelques progrès. Une courte période d'activité suivit la pragmatique ; des recherches eurent lieu dans tout le royaume. On trouva des gisements « jusque sous les maisons

______

(1) Tomas Gonzalez : *Noticia historica documentada de las minas de Guadalcanal* (1832).

particulières dans les rues, sous les portiques et portails des temples, dans les vignobles et les jardins..... L'abondance fut telle que le pays ne suffit plus à consommer ses produits et que des embarcations étrangères venaient pour les exporter (1) ».

Mais c'était l'époque où commençaient à affluer en Espagne les métaux précieux du Nouveau Monde et les Espagnols négligèrent les richesses de leur propre sol pour celles que leur apportaient les conquistadores. Et cependant, parmi les chercheurs de lointaines aventures, il n'en manquait pas qui, de retour dans leur patrie, affirmaient que les mines espagnoles étaient plus riches que celles de Guanajuato, de Zacatecas et du Potosi.

On continua à exploiter quelques gisements, et principalement ceux de la sierra de Gador, d'Almaden et de Guadalcanal ; mais il faut arriver au XVIIIe siècle pour revoir une exploitation assez active des mines de la Biscaye, de la Catalogne, de la Manche et de l'Andalousie. Vers 1780, leur production était d'après Hoppensack qui les visita et étudia à cette époque :

Mercure.	900.000	kilogrammes
Plomb.	1.600.000	»
Fer.	9.000.000	»
Cuivre.	15.000	»
Antimoine.	300.000	»
Zinc.	125.000	»

En 1825, on comptait 132 mines en exploitation dont 20 mines d'or, 48 d'argent, 8 de plomb, 16 de fer, 34 de cuivre, 3 de mercure, 1 de plombagine, 2 d'antimoine, leur nombre et l'importance de leur production n'ont cessé de progresser depuis ; mais c'est surtout à partir de 1885 que l'industrie minière a pris un essor qui fait prévoir que l'Espagne, si elle continue toutefois à faire appel à toutes les initiatives, ne tardera peut-être pas longtemps à prendre la place qui lui revient parmi les pays producteurs de minerais.

Les causes qui entravent encore ses progrès sont :

L'insuffisance des capitaux ;

La difficulté et la cherté des transports dans un pays pour ainsi dire dépourvu de voies navigables, et où les mines éloignées de la mer ne sont pas toujours reliées aux ports d'embarquement par les voies ferrées ;

(1) Tomas Gonzalez, *Registro y relacion general de minas de la corona de Castilla* (1832).

Les lourds impôts qui pèsent sur l'industrie minière.

En 1896, on comptait 1.776 mines en exploitation d'une superficie de 248.000 hectares ; en 1903, le nombre des mines s'élevait à 2.316 et la superficie exploitée à 258.964 hectares. D'après l'Inspection générale des mines, il y a eu en outre 24.907 concessions improductives dont la superficie est de 697.912 hectares.

Charbons. — La superficie des mines de charbons espagnols dépasse 17.000 kilomètres carrés, c'est-à-dire qu'elle est le triple de celle de la France et 16 fois plus grande que celle des houillères belges. Les terrains houilliers de la France, de l'Autriche-Hongrie, de l'Allemagne et de la Belgique réunis n'égaleraient pas en superficie les gisements espagnols. Si l'exploitation y était plus active, elle pourrait suffire à la consommation intérieure et fournir un excédent considérable pour l'exportation. Cependant, quoique les besoins de l'industrie et ceux du chauffage domestique soient peu élevés, l'extraction est insuffisante et l'Espagne doit acheter annuellement à l'étranger plus de 2 millions de tonnes de charbon et 200.000 tonnes de coke. L'exploitation ne date que de 1742 ; la première mine productive fut celle de Villanueva del Rio en Andalousie.

Avant 1830, la production des charbons était à peu près insignifiante ; elle a suivi, depuis, la progression suivante :

1830	10.524 tonnes
1840	19.248 »
1850	62.925 »
1860	339.851 »
1870	661.927 »
1880	825.790 »
1890	1.168.000 »
1900	2.514.545 »
1902	2.807.550 »
1903	2.800.843 »
1904	3.123.540 »
1905	3.371.919 »

Fer. — Le fer est la plus grande richesse minière de l'Espagne. Ses gisements étaient exploités dans l'antiquité, avant même la domination romaine ; mais comme nous l'avons déjà dit, ce n'est qu'à notre époque, dans les vingt dernières années du dix-neuvième siècle, que cette exploitation a pris un grand essor.

Les minerais de fer espagnols sont généralement de bonne qualité ;
il y en a d'excellents qui sont recherchés par la métallurgie étrangère. On les divise en trois classes principales : 1° la vena, qui est
la meilleure qualité, a été le premier exploité ; c'est une hématite
rouge contenant de 58 à 60 °/₀ de métal pur ; 2° le campanil, peroxyde de fer anhydre, contenant 53 à 55 °/₀ de fer ; 3° le rubio,
peroxyde de fer hydraté, d'une teneur de 48 à 55 °/₀.

Les gîtes métallifères sont nombreux et abondants ; on les répartit
en cinq grandes régions : la zone de Bilbao ou de la Biscaye ; celle
des Asturies, celles du Sud-Ouest, du Sud-Est et de l'Est.

La production pourrait y être beaucoup plus considérable si cette
exploitation n'était pas, en général, des plus déplorables. Elle y est
faite encore dans un grand nombre de mines, au moyen de procédés
primitifs qui frappent d'étonnement les ingénieurs étrangers venus
pour les visiter ; les travaux sont souvent exécutés par des galeries
et des cheminées où ne peut passer qu'un seul homme, parfois même
un adolescent. Les petits exploitants qui travaillent pour leur
compte dans de pareilles conditions fournissent les 85 °/₀ de la sierra
de Carthagène qui est la région minière la plus importante de la
province de Murcie. Il existe dans cette sierra de nombreux gisements où le fer est presque toujours accompagné de manganèse ; le
minerai de fer seul y est excessivement rare.

La région de Morata donne des hématites rouges manganésifères
d'une teneur de 50 à 51 °/₀ de fer et 2 à 3 de manganèse, et des hématites brunes plus riches en fer mais ne renfermant presque pas de
manganèse.

La production totale des mines de fer espagnoles a été :

1864.	253.121	tonnes
1879.	1.617.836	»
1885.	3.933.000	»
1890.	5.789.000	»
1896.	6.762.582	»
1899.	9.397.733	»
1901.	7.906.517	»
1902.	7.904.555	»
1903.	8.304.153	»
1904.	7.964.748	»
1905.	9.077.245	»

Cuivre. — La province de Huelva, en Andalousie, est le centre de la zone des pyrites de fer cuivreuses, qui se prolonge à l'ouest en Portugal et à l'est dans la province de Séville jusqu'au Guadalquivir ; c'est là que se trouvent les mines fameuses de Rio Tinto, Tharsis, la Zarza. Leurs minerais contiennent de 2 1/2 à 6 °/₀ de cuivre ; ceux dont la teneur en cuivre est inférieure à 3 °/₀ sont traités sur place. Les plus riches sont en grande partie exportés ; on les utilise d'abord pour la fabrication de l'acide sulfurique ; on en retire ensuite les quantités plus ou moins grandes de cuivre, d'or, d'argent et de plomb qu'ils renferment et les résidus sont traités comme minerais de fer.

On trouve dans la région de Rio Tinto des gisements dont les minerais contiennent de 7 à 8 °/₀ de cuivre. Il y a aussi les mines de pyrites de fer sans cuivre, d'une teneur de 40 à 45 °/₀ de fer.

Le versant septentrional de la sierra Morena contient des gisements où le cuivre domine ; il existe encore d'autres mines de cuivre dans les provinces de Grenade, Léon, Murcie, Navarre et Palencia.

La production totale du minerai de cuivre a été :

1864.	213.389	tonnes
1882.	1.720.853	»
1895.	2.701.000	»
1898.	2.302.447	»
1899.	2.443.044	»
1901.	2.672.365	»
1902.	2.618.654	»
1903.	2.799.789	»
1904.	2.646.126	»
1905.	2.621.054	»

Mercure. — Le mercure est exploité dans les provinces de Ciudad Real, de Grenade et d'Oviedo ; mais les gisements de ces deux dernières régions sont de peu d'importance, tandis que la province de Ciudad Real possède la plus grande mine de mercure du monde, celle d'Almaden.

La production en minerai a été :

1864.	19.800	tonnes
1882.	27.037	»
1895.	33.792	»
1898.	31.361	»
1901.	23.367	»

1902. . . . . 26.037 tonnes
1903. . . . . 30.370   »
1904. . . . . 27.185   »
1905. . . . . 26.485   »

Manganèse. — Le manganèse occupe, après le cuivre et le fer, le troisième rang parmi les richesses minérales de la région de Huelva. Ses gisements sont assez superficiels puisque la plupart ont à peine 20 mètres de profondeur ; quelques-uns ont une profondeur de 40 mètres.

Les autres gisements sont situés dans les provinces d'Alméria, d'Oviedo et de Teruel, mais leur production est insignifiante.

La production totale a été :

1864. . . . . 22.246 tonnes
1882. . . . . 5.668   »
1895. . . . . 10.162   »
1899. . . . . 104.974   »
1901. . . . . 60.325   »
1902. . . . . 46.069   »
1903. . . . . 26.194   »
1904 . . . . 18.732   »

Zinc, plomb, argent. — Les minerais de zinc les plus répandus en Espagne sont la blende et la calamine ; ils se trouvent dans la plupart des gisements avec la galène (minerai de plomb) qui est toujours plus ou moins argentifère. Les provinces les plus riches en zinc sont celles de Santander, Murcie, Cordoue et Lérida. Les mines de Santander sont divisées en deux groupes : celui de Reocin et celui de Comillas-Udias ; la calamine y domine, elle a une teneur de 54 % de zinc. On y trouve aussi des blendes qui rendent 50 %.

La sierra de Cartagène donne des calamines d'une teneur de zinc de 30 à 35 % dont quelques-unes renferment de 1 à 3,50 de plomb et de 6,20 à 15 % de fer. Une partie de ces mines est exploitée par la compagnie française Escombrera-Bleyberg.

Les gisements de plomb les plus considérables sont situés dans les provinces de Jaen, Almeria et Ciudad Real, le plomb argentifère est exploité dans celles de Murcie, Ciudad Real, Badajoz, Cordoue et dans quelques autres qui produisent chacune moins de 600 tonnes par an. Les minerais sont très abondants dans la province de Ciudad

Real ; plusieurs gisements y donnent une galène contenant de 2 à
8 kilogrammes d'argent à la tonne. Ceux de Linares (Jaen) renferment
77 °/₀ de plomb et 160 à 320 grammes d'argent à la tonne. Les gîtes
de la province d'Almeria sont situés dans la sierra de Gador et dans
la sierra Almagrera. La galène de Mazarron (Murcie) donne 1.500 gr.
d'argent à la tonne.

Dans les environs de Hiendelaencina on trouve des mines d'argent
dont la production est très variable d'une année à l'autre : en 1895
par exemple, elles donnaient 16.269 tonnes de minerai et l'année
suivante 1.230 seulement. Elles ont été plusieurs fois abandonnées.

Voici quelle a été à différentes époques la production des minerais
de plomb, de zinc, et d'argent (en tonnes).

	Zinc	Plomb	Argent
1864	80.222	299.700	1.848
1882	57.353	363.243	18.349
1895	54.109	305.628	16.299
1901	119.708	381.584	391
1902	127.618	328.048	175
1903	154.126	288.518	231
1904	156.329	270.334	300
1905	160.567	»	»

Etain. — On trouve des gisements d'étain dans une bande de
25 à 30 kilomètres de long qui va de la province de Pontevedra jusqu'à Salamanque et Zamora et se continue en Portugal dans la province de Bragance.

La production s'est élevée de 2.348 tonnes en 1896 à 12.762
en 1902 et n'a été que de 330 tonnes en 1903.

Or. — Il y a des gîtes d'or dans les environs de Lora del Rio,
entre Cordoue et Séville ; on l'y trouve dans les alluvions de la
plaine, dans les terres rouges de la sierra de Penaflor, dans les
roches et dans différents minerais. Les terres rouges ont une teneur
de 5 à 6 grammes d'or par mètre cube de terre. On trouve des
pyrites aurifères à Becerra (province de Lugo).

Autres mines, carrières. — L'antimoine existe à Espiel et à
Sancta Maria de Trosiera (Cordoue), dans la région de Huelva et à
Villarbacin (Lugo) ; les sulfures *d'arsenic* et de *cobalt* en Asturie, le
wolfram en Galice et en Léon ; le minerai de *soufre* dans les pro-

vinces d'Albacete, Murcie, Almeria, Teruel, Malaga et Cadix ; le *nickel* en Galice, le *graphite* dans les roches de Marbella (Malaga) ; les phosphorites dans les régions de Caceres, Badajoz et Murcie.

Revenant sur ces questions, M. de Sartiges, après M. André, de qui nous tenons ces renseignements, disait récemment que la situation de l'Espagne peut, au point de vue de la richesse minière, être considérée comme assez prospère.

Si dans quelques provinces, comme celles de Malaga, Murcie, l'exploitation se trouve en décroissance ou peut être même considérée comme tarie ; l'industrie extractive est dans la grande majorité des provinces, en pleine activité ; d'autres, comme celles de Grenade, de Teruel, surtout où de riches gisements ont à peine été entamés, remplaceront avec avantage les régions épuisées.

Aussi espère-t-on, dans un laps de temps assez prochain, pouvoir se rendre indépendant de l'étranger. Lorsque le bassin houiller de Puertollano sera mis en communication directe avec les ports de la Méditerranée, lorsque les lignites d'Utrillas pourront être transportés directement à Sagonte et à Valence, d'une part, à Saragosse, de l'autre, les économistes estiment que le charbon de Cardiff ne pourra plus concurrencer dans tout le Levant, le charbon indigène. On espère même qu'il pourra dominer le littoral de la Méditerranée. La production du bassin d'Utrillas est évaluée à cinq millions de tonnes par an ; inférieur au charbon anglais en qualité (il développe de 6.200 à 6.500 calories au lieu de 7.000 comme moyenne générale et 8.000 pour le meilleur charbon) il le supplantera néanmoins par suite de son prix modique.

En ce qui concerne le mercure et le plomb, l'Espagne occupe la place de marché régulateur. Cartagène impose sur le plomb sa cote sur la place de Londres.

En ce qui concerne le cuivre, l'Espagne n'occupe que le troisième rang.

Les opérations successives de l'exploitation se sont beaucoup améliorées au cours de ces dernières années. Les mineurs descendent dans les puits avec une lampe Davy perfectionnée, à fermeture magnétique et qui ne peut être ouverte qu'à l'atelier de lampisterie.

Nous nous sommes peut-être laissés entraîner dans cette revue métallurgique et minéralogique de l'Espagne au-delà des limites que comportait l'importance de notre Exposition, classes 107, 108 et 113 (Mines et Industries métallurgiques) mais l'on jugera sans doute que cette étude n'est pas sans intérêt.

Notre Exposition avec ses cartes, ses photographies, plans, modèles d'installations, montrait assez la part prise en Espagne par le Génie civil français : elle est considérable, et pour être appréciée à son exacte valeur, il faudrait combler des lacunes dans notre énumération. L'exposition du Génie civil français est permanente et partout en Espagne. Il n'était donc pas nécessaire que nos grandes sociétés vinssent à Saragosse pour rappeler les aménagements des ponts, les créations de voies ferrées, les adductions d'usines, les exploitations minières, les moyens de transports qui sont dus à notre intervention. Quelques maisons ont pourtant tenu à apporter leurs cartes de visite dans cette manifestation purement cordiale qu'était l'Exposition Hispano-Française et nous devons les en remercier d'autant plus qu'elles n'avaient pas à chercher, par cette manifestation, une place qui leur est tout acquise.

RÉCOMPENSES

GROUPE III

Sections IX, X et XI.

SECTION IX

CLASSES 92 à 101.

CLASSES 128 à 132 (en partie).

Machines. — Transmissions. — Électricité.

Hors concours.

Domange (A.) et fils, Paris.

Grand prix.

Barbier, Bénard et Turenne, Paris.

SECTION X

CLASSES 102 à 106.

Transports.

Hors concours.

Darracq (A.) et Cⁱᵉ, Suresnes.
Ehrenberg (Georges), Paris.
Bergougnan et Cⁱᵉ, Clermont Ferrand.

Grands prix.

Chapelle (Charles), Paris.
Niclausse (J.-A.), Paris.

Diplôme d'honneur.

Hammond, Mouter et Cie, Paris.

SECTION XI

CLASSES 107 à 113.

CLASSES 128 à 130 (en partie).

Mines. — Industries métallurgiques. — Constructions.

Hors concours.

Godard-Desmarest, Paris.
Louyot (E.), Paris.

Grands prix.

Baudet, Donon et Cie. Paris.
Cavallier, Pont-à-Mousson.
Compagnie pour la fabrication des compteurs et matériel d'usines à gaz, Paris.
Crépelle-Fontaine, la Madeleine-lez-Lille.
Hillairet-Huguet, Paris.
Richard (Jules), Paris.

Diplômes d'honneur.

Baudon et Cie, Ronchin-lez-Lille.
Pachy (Edmond), Roubaix.

Médailles d'or.

Amouroux (E.), Paris.
Froudière (André), Paris.

COLLABORATEURS

SECTION IX

CLASSES 92 à 101.

CLASSES 128 à 132 (en partie).

Machines. — Transmissions. — Électricité.

Diplôme d'honneur.

Jafflin (Louis), de la maison A. Domange et fils.

SECTION X.

CLASSES 102 à 106

Transports.

Médailles d'or.

Chapelle (Gaston), de la maison Charles Chapelle.
Lévêque (Émile), de la maison J. et A. Niclausse.
Mouté (Henri), de la maison Charles Chapelle.
Walon (E.), de la maison Georges Ehrenberg.

Médailles d'argent.

Obrecht (Émile), de la maison Charles Chapelle.
Poulain (Henri), de la maison Charles Chapelle.
Soyer (Jules), de la maison Charles Chapelle.

Médailles de bronze.

Bobin (Lazare), de la maison J. et A. Niclausse.
Byl (Alfred), de la maison J. et A. Niclausse.
Chardot (Émile), de la maison J. et A. Niclausse.
Lerch (Frédéric), de la maison J. et A. Niclausse.
Pouelle (Jean), de la maison J. et A. Niclausse.
Rocafulle (Louis), de la maison J. et A. Niclausse.
Seignouret (Édouard), de la maison J. et A. Niclausse.

SECTION XI

CLASSES 107 à 113 BIS

CLASSES 128 à 138 (en partie)

Mines. — Industries métallurgiques. — Constructions.

Médailles d'or.

Abadie (Maurice d'), de la maison Godard-Desmarest.
Barthélémy (Henri), de la maison E. Louyot.
Delabarre (André), de la Compagnie pour la fabrication des Compteurs.
Dubreuil (Léon), de la maison Jules Richard.
Lointier, de la maison Crépelle-Fontaine.
Mouchette (Lucien), de la maison Cavalier.
Pachy (Achille), de la maison Edmond Pachy.
Roussel (Paul), de la maison E. Louyot.
Russel (Édouard), de la maison Crépelle Fontaine.
Schertzmann, de la maison Baudet, Donon et Cⁱᵉ.

Médailles d'argent.

Magnin (Germain), de la maison Godard-Desmarest.
Masquelier, de la maison Crépelle-Fontaine.
Rabaux (Albert), de la maison Edmond Pachy.
Toussaint (Léon), de la maison Jules Richard.
Tugault (Paul), de la maison E. Louyot.
Withe, de la maison Jules Richard.

Plaza de la Constitucion.   *Cl. Coyne.*

SECTION XII

CLASSES 114 à 116
TISSUS

CLASSES 121 et 122
VÊTEMENTS ET ACCESSOIRES, CONFECTIONS

Président du Jury : Don José Monegal.
Vice-Président : M. Chevreau (Léon) à Paris.
Secrétaire : Sᵣ Lopez Tudela.
Membre : M. Eugène Neveu à Paris.

SECTION XV
FOURRURES

Présidente : Mᵐᵉ Caballero.
Vice-Président du Jury : M. Conny (Th.) à Paris.
Secrétaire : M. Cognacq (Gabriel) à Paris.

Les exposants français dans ces deux catégories savaient en allant
à Saragosse, que la lutte depuis longtemps n'est plus à égalité entre
fabricants des deux pays respectifs, car si le tarif espagnol de 1891 a
favorisé considérablement l'industrie cotonnière, la protection contre
laquelle ils pouvaient en partie lutter, grâce à la qualité de leurs pro-

duits, n'est plus guère possible depuis que sont appliqués les tarifs
de l'Arancel de 1906.

Du fait des nouvelles taxations quasi-prohibitives, on voit notamment les importations en Espagne de toutes provenances de tissus
de coton, unis et croisés, écrus, blancs ou teints pesant de 80 grammes
à 120 grammes le mètre carré jusqu'à 20 fils inclusivement, décroître
suivant les chiffres ci-après :

En 1905 . . . . 4.389.954 pesetas
En 1906 . . . . 3.481.359   »
En 1907 . . . .   670.206   »

Les mêmes tissus, comptant de 21 à 30 fils ont décru à l'importation dans les proportions suivantes :

En 1905 . . . . 466.667 pesetas
En 1906 . . . . 471.089   »
En 1907 . . . . 209.157   »

La protection est telle que les entrées de la matière première, le
coton brut, qui étaient en 1891 de 85 millions de pesetas, et en 1905
de 105 millions de pesetas, sont montées en 1907 à 137 millions, en
1908, d'après nos derniers renseignements, à plus de 140 millions
de pesetas.

Si l'on voit d'autre part les importations de tissus de coton façonné
au métier baisser de 861.116 pesetas en 1907 à 642.630 pesetas en
1908, on voit par contre, certains articles qui, grâce aux efforts de
l'Allemagne et de la Suisse et des conventions signées par ces pays,
peuvent encore pénétrer en plus grandes quantités même sur le marché espagnol.

Tels sont les pannes de coton, les velours (veludillos) et autres
tissus veloutés, excepté les tapis, dont les droits ont été réduits de
6 pesetas 20 à 3 pesetas 50 le kilogr. net.

Les importations de ces tissus en Espagne ont subi un accroissement comme ci-après :

1905 . . . . 300.972 pesetas
1906 . . . . 308.222   »
1907 . . . . 476.842   »
1908 . . . . 572.007   »

Les tulles de coton unis, qui payaient 10 pesetas 45 au kilog à l'ancien tarif, ont eu leurs droits réduits à 5 pesetas le kilog dans le ta-

rif nouveau et les les importations totales ont de ce fait augmenté, elles ont été :

en 1905 . . . . 266.679 pesetas
1907 . . . . 226.070 »
1908 . . . . 321.160 »

Les tissus à point de crochet, les dentelles de fantaisie (puntillas) de toutes sortes qui ont eu leurs droits réduits de 13 pesetas 50 le kilog à 6 pesetas 25, ont augmenté également à l'entrée en Espagne comme suit :

1905 . . . . 1.429.335 pesetas
1906 . . . . 3.055.738 »
1907 . . . . 2.012.912 »

«Ces quelques modifications favorables sont mises à profit par la France, l'Angleterre, l'Allemagne et la Suisse, mais si nous pouvons prendre une part qui pourra se développer sans doute dans cette fourniture, cette part ne pourra jamais récupérer la perte que nous éprouvons sur les tissus de coton en pièces.

L'industrie cotonnière espagnole dispose à l'heure actuelle de près de trois millions de broches et de 70.000 métiers. Barcelone est le centre de la filature, du tissage et de la blanchisserie ; les villes voisines, Sabadell et Tarrasa, ont mérité le nom de « Manchester espagnol ».

Les fabricants français, pas plus que les autres du reste, ne peuvent donc lutter avec les fabriques espagnoles sur le terrain des cotonnades bon marché pour lesquelles la proportion du droit à la valeur est un obstacle infranchissable qui permet, même aux producteurs d'Espagne, de hausser leur prix, en puisant dans la marge considérable que leur donne le tarif par le nouveau mode de dédouanement.

La hausse du change a d'ailleurs contribué beaucoup à diminuer depuis 1901 le mouvement des importations et par conséquent, à favoriser l'industrie nationale. Voici, d'après un tableau dressé par la Chambre des négociants commissionnaires et du Commerce extérieur de la France, une comparaison des prix des produits de l'industrie textile en Espagne avant et après le décret du 21 juillet 1901 qui accorda de nouvelles mesures protectrices à l'industrie catalane :

FRANCE	ESPAGNE	
Prix de vente (francs)	Prix de revient (francs)	
	avant 1901 —	après le décret
1,25	2,85	4,30
2, »	3,75	5,40
3,50	5.75	7,50
4,50	7, »	8,50
6,50	9,50	11,75

et, depuis lors, ces prix ont encore sensiblement augmenté.

L'industrie lainière date aussi en Espagne de 1892. Elle doit actuellement posséder 6.000 métiers ordinaires, 1.300 métiers Jacquart et environ 2.000 moteurs mécaniques.

Les tissages et filatures sont à Barcelone, à Valence, à Alcoy, à Ségovie, Bejar, Malaga et à Walls. Les mantas ou couvertures de voyages se fabriquent principalement à Antequera.

Le développement de l'industrie lainière en Espagne se juge au développement des importations de laines brutes en même temps qu'à l'abaissement parallèle des entrées d'articles en laine.

Les achats de laine brute, notamment à la République Argentine et à l'Australie, qui étaient en 1890 de 2 millions 348.000 kilogs sont montés à 3.108.000 kilos. en 1892. Elles se tiennent à présent dans 2 millions de kilogs environ ; le territoire avec son troupeau de quinze millions de moutons fournit la tonte nécessaire pour le reste.

Dans ce même laps de temps on aura vu les achats d'articles en laine tomber d'une valeur de 26 millions de pesetas à une dizaine de millions annuellement.

C'est dans ces quelques millions laissés à la concurrence étrangère, sans qu'il soit possible de les développer grandement, que les exportateurs français doivent chercher à se tailler une part.

La politique économique du nouvel Arancel a fait fermer la porte à certains tissus de laine en même temps qu'elle l'a ouverte à d'autres. Les fabricants français verront si leurs produits ont été favorisés alors que certaines fabrications étrangères n'ont pas trop souffert dans leurs intérêts ou sont même un peu favorisées.

Les tissus de laine pure, de poil ou de bourre, pesant moins de 150 grammes le mètre carré par exemple, ont vu leurs importations en Espagne s'augmenter. On comptait pour 127.646 pesetas en 1906 et l'on compte 1.054.586 pesetas d'importations de ces tissus en 1907.

De même, sont en accroissement depuis le nouvel Arancel d'autres tissus de laine légers.

Ce sont les tissus de laine, ayant la chaîne ou la trame de coton ou d'autres fibres végétales, et ne pesant pas plus de 150 grammes par mètre carré. Les entrées de ces tissus qui avaient été d'une valeur de 33.311 pesetas en 1906, se sont élevées à 745.865 pesetas en 1907. Ces sortes de tissus sont de fabrication généralement anglaise, mais les Allemands en fournissent également, tandis que la France n'en vend pas dans ce chiffre d'affaires pour une centaine de mille francs.

Les tissus pesant plus de 451 grammes au mètre carré sont aussi en légère augmentation dans les ventes en Espagne avec plus de 800.000 pesetas pour les tissus non mélangés et 56.000 pesetas d'entrées pour les mêmes tissus mélangés de coton.

A côté de ces bien faibles avantages, la modification douanière prohibe presque les tissus de laine pure de 151 à 250 grammes dont la France avait le monopole.

Les droits, d'après la Convention suisse, étaient de 6 pesetas et sont maintenant de 10 pesetas 75 le kil. Les chiffres des importations suivantes montrent les effets de cette nouvelle tarification qui vise et frappe particulièrement la fabrique française :

```
1905. . . . . . . . . . 2.943.507 pesetas
1906. . . . . . . . . . 3.890.639    »
1907. . . . . . . . .    974.778    »
```

De même pour les tissus de laine mélangée pesant de 151 à 250 grammes au mètre carré dont les droits sont passés de 5 pesetas à 7 pesetas le kilog., les entrées ont été comme ci-après au grand détriment de la fabrique anglaise :

```
1905. . . . . . . . . . 1.472.598 pesetas
1906. . . . . . . . . . 2.316.749    »
1907. . . . . . . . .    698.977    »
```

Les industries du chanvre, du jute, du lin, dont le centre est dans la province de Valence, sont également protégées par les tarifs douaniers et le nouvel Arancel, en refoulant plus encore que le précédent, les articles manufacturés étrangers, a provoqué en Espagne l'afflux des matières premières dont voici les entrées pour ces trois dernières années.

Chanvre brut et chanvre sérancé, y compris l'étoupe :

1905. . . . . . . 2.558.195 pesetas
1906. . . . . . . 3.009.191 »
1907. . . . . . . 4.875.985 »

Lin et ramie bruts et sérancés, et leurs étoupes.

Importations en Espagne :

1905. . . . . . . 181.385 pesetas
1906. . . . . . . 170.490 »
1907. . . . . . . 247.025 »

Jute, abaca, jute et autres fibres végétales brutes :

1905. . . . . . . 8.263.752 pesetas
1906. . . . . . . 8.299.447 »
1907. . . . . . . 10.932.922 »

On ne compte plus que les filés qui fassent l'objet d'un commerce extérieur important ; tous les autres objets manufacturés de ces texiles sont en décroissance à l'importation.

La réduction de droit de 45 pesetas à 35 pesetas les 100 kilogs sur les filés de chanvre, lin ou ramie, jusqu'au N° 20 a fait s'accroître notablement les importations de ces filés, elles ont été de :

1905. . . . . . . 278.591 pesetas
1906. . . . . . . 474.186 »
1907. . . . . . . 1.041.105 »
1908. . . . . . . 991.355 »

Par contre l'augmentation du droit sur les filés du N° 21 au N° 50 de 27 pesetas 50 à 40 pesetas les 100 kil. a réduit de moitié les importations, comme on peut le voir aux chiffres ci-après :

1905. . . . . . . 5.344.332 pesetas
1906. . . . . . . 3.748.696 »
1907. . . . . . . 4.629.570 »
1908. . . . . . . 2.466.225 »

Les importations ne sont quelque peu favorisées en ce qui concerne les objets manufacturés que sur les tapis de fibre végétale dont les droits ont été réduits de 2 pesetas à 1,50 et qui donnent lieu à une importation totale en 1907 de 112.920 pesetas au lieu de 25.119 pesetas en 1905.

Egalement la passementerie, les galons, les rubans ayant jusqu'à
5 centimètres de largeur voient croître leurs entrées en 1907 pour
15.290 pesetas au lieu de 8.483 pesetas en 1906.

Les manches et seaux et autres objets en grosse toile dont le
droit est d'une piécette au kilog. doublent leurs entrées en 1907
avec 103.778 pesetas.

Enfin les filets pour la chasse et la pêche, dont le droit est de 1 pesetas 50 au kil. montent aux importations de 5.940 pesetas en 1906
à 15.682 pesetas en 1907.

Nous clôturerons cette rapide enquête sur les débouchés possibles
de l'industrie textile en Espagne par l'examen du commerce de la
soie.

D'après une étude de notre ambassade à Madrid, l'Espagne est un
des premiers pays d'Europe où la sériciculture ait été implantée.
Introduite dès le IXe siècle par les Arabes, elle continua, après la
conquête chrétienne, à être l'objet d'une sollicitude particulière de la
part des souverains espagnols. Ferdinand le Catholique accorda en
1479 aux « belluteros » et « terciopeleros » (tisserands de soie et de
velours) le droit de se constituer en maîtrise ; Charles II fonda en
1686 le « Colegio del Arte Mayor de la Seda » dont les membres
jouissaient de droits et privilèges importants.

Après une courte éclipse au début du XIXe siècle, l'industrie reprit
un nouvel essor de 1835 à 1852, année qui marque son apogée
(800.000 kgs. de cocons dans la seule province de Valence), mais, en
même temps, le début de son déclin. En effet, dès 1853, la maladie
s'abattait sur les vers à soie ; les races jusqu'alors robustes de la
Serra Segura et de Chornet disparurent successivement.

L'année suivante, l'Espagne était obligée d'acheter ses cocons en
Chine.

Les recherches de Pasteur et ses découvertes en ce qui concerne
la guérison de cette maladie furent connues trop tard en Espagne
pour sauver l'industrie : les paysans avaient déjà arraché leurs mû-
riers séculaires pour les remplacer par des vignes et des oran-
gers. Cependant, depuis quelques années on peut noter un certain
progrès : dans les seules provinces de Murcie et d'Orihuela, le poids
des cocons a atteint en 1905 plus de 600.000 kgs.

L'initiative gouvernementale pourrait, semble-t-il, encourager ce
relèvement. L'exemple de la France, de l'Italie, de la Hongrie surtout
est instructif ; dans ce dernier pays, la soie est un monopole de
l'Etat qui distribue des graines sélectionnées, des plants de mûrier,

paie des primes aux filateurs. La production qui n'atteignait pas 2.500 kg. en 1879 a dépassé 1.244.700 en 1899.

Des fabricants catalans ont récemment fondé sous la présidence de M. Gayetan Fabregas, la « Sociedad de Fomento de la Sériciculture Espanola », mais on ne connaît pas encore le résultat de cette intéressante initiative.

On estime la production de soie grège de l'Espagne à 75.000 kilog. par an.

Cette production n'est rien si on la compare à celle des principaux pays producteurs d'Europe comme l'Italie avec 4.418.000 kil., la France avec 580.000 kil., l'Autriche-Hongrie avec 318.000 kil. Sur l'ensemble de la production mondiale qui est estimée à 19 millions de kilos, le Levant et l'Asie Centrale fournissent 2.450.000 kil. ; la Chine, le Japon et les Indes à eux trois fournissent 12 millions de kilogs.

L'Espagne a donc besoin d'un appoint considérable de l'étranger pour la fourniture de la soie. Les tarifs protecteurs de 1906 en surchargeant les droits sur les tissus ont fait encore s'accroître les importations en Espagne de filés de soie. Les importations de soie écrue, filée non moulinée ont été les suivantes :

<pre>
1905 . . . .   4.350.915 pesetas
1906 . . . .   4.952.160   »
1907 . . . .   4.875.215   »
1908 . . . .   5.697.755   »
</pre>

Ici encore l'Espagne, comme pour les filés des autres textiles, a facilité généralement l'importation des fils pour pouvoir fabriquer les tissus. Elle sacrifie ainsi une main-d'œuvre simple pour favoriser une main-d'œuvre plus complexe et par conséquent plus rémunératrice.

Le droit établi sur les tissus de soie cuite avec ou sans mélange de soie artificielle et qui était de 17,50 en vertu de la convention suisse, a été porté à 20 pesetas et de ce fait la France, qui a la prépondérance dans la fourniture de ces tissus, a été frappée et l'on peut dire que c'est elle seule qui enregistre la perte que les chiffres ci-après vont nous montrer. Les importations de ces tissus de soie non-dénommés ont été les suivantes :

<pre>
1905 . . . .   5.409.992 pesetas
1906 . . . .   4.791.957   »
1907 . . . .   3.802.515   »
1908 . . . .   3.793.625   »
</pre>

La perte enregistrée, au grand détriment de la France sur ce principal article de l'importation espagnole, il ne reste plus que quelques catégories d'articles qui peuvent être visés par nos exportateurs en Espagne.

Ce serait la passementerie de soie de toutes sortes y compris la chenille et les galons et rubans ayant jusqu'à 5 centimètres de largeur, avec ou sans mélange d'autres fibres textiles. Le droit sur ces sortes étaient autrefois de 12 pesetas 50 le kilog. ; il a été réduit à 10 pesetas le kilog, et de ce fait les importations en Espagne se sont accrues comme suit :

1905.	393.050 pesetas
1906.	1.470.567 »
1907.	2.522.734 »

Les tulles de soie, dentelles et dentelles de fantaisie de soie ou de bourre de soie ont eu leurs droits portés de 22 pesetas 50 le kilog. à 26 pesetas le kilog. Cependant l'importation se maintient dans les mêmes chiffres de 1.200.000 pesetas environ par an.

L'article de tulle ne se fabrique pas ou presque pas en Espagne. C'est Lyon ou Calais, ainsi que le fait justement remarquer notre Consul général à Barcelone, qui le lui fournissent. La fabrication dans ces deux villes est, comme on sait, bien différente, et c'est grâce à cette différence qu'elle arrive à se compléter et à satisfaire tous les goûts espagnols. Lyon produit pour la consommation espagnole un tulle uni et un tulle à pois dit moucheté. Le tulle uni est à maille fine et très brillant, et le tulle à pois ou moucheté est un tulle sur lequel on applique à la main des points en peluche. Calais au contraire, fabrique pour ce pays-ci un tulle uni à maille forte à gros réseaux sans brillant, et un tulle broché dont les pois sont tissés par le même métier.

L'importation de cet article pour ces deux villes dans toute l'Espagne peut être évaluée à un million de francs, dont environ 700.000 fr. pour la Catalogne. Cette différence en faveur de la Catalogne doit être attribuée à ce fait qu'il existe à Barcelone six maisons de gros qui s'occupent spécialement de la vente de cet article et qui visitent toute l'Espagne par leurs voyageurs. D'ailleurs, dans les autres villes de la Péninsule, il n'existe pas de maisons importantes de ce genre.

M. de Bellisen-Benac fait remarquer en ce qui concerne les mantilles, que l'Espagne use dans cet article quatre sortes de fabrications bien différentes les unes des autres : 1° la mantille dite brillante qui est de fabrication lyonnaise ; 2° la mantille fabriquée à Calais et. nommée « bolillo » à Barcelone ; 3° la mantille catalane qui est faite à la main et se produit sur la côte du Levant et dont les principaux centres de production sont les petites villes de Catella, Malgrat et Arenys ; 4° la mantille dite d'Almagro qui prend ce nom de la ville qui est le centre de sa production.

La mantille brillante fabriquée à Lyon se vend toujours : d'abord parce que, jusqu'à ce jour, elle ne se fabrique pas en Espagne et ensuite à cause de sa souplesse, de son brillant, de la richesse de ses dessins et de son prix relativement bon marché.

La vente cependant a diminué sensiblement à cause du chapeau qui tous les jours tend à remplacer davantage cette ancienne coiffure féminine si gracieuse, véritable coiffure nationale, à peine encore en usage à l'église et aux courses de taureaux. Son importance actuelle peut être évaluée à 500.000 fr. dont la moitié en Catalogne à cause toujours des maisons de gros qui existent à Barcelone. Ce fut Calais qui, il y a 8 ou 10 ans, alimentait principalement le marché espagnol ; il s'en importait pour deux millions au moins ; depuis, on a créé des usines à Barcelone et son importance est descendue à 100.000 fr. au maximum.

Et enfin, malgré les droits sur les tissus de soie ayant la chaîne ou la trame de coton, qui ont été portés de 8 pesetas à 11 pesetas le kilog. cet article est le dernier qui présente encore un chiffre intéressant d'entrées, bien que ce chiffre de 2.484.000 pesetas en 1905 soit tombé à 1.518.000 pesetas en 1907. La France reste prépondérante sur cet article et il faut noter que, de même que pour les tissus non dénommés, la surtaxe tarifaire a dû être établie vraisemblablement pour l'amener à signer un arrangement commercial.

Pour la France, les exportations en Espagne de produits de l'industrie textile restent donc intéressantes malgré la guerre de tarifs que nous subissons de la part de ce pays ami, par réciprocité bien évidemment avec le régime quasi prohibitif dont nous frappons les vins espagnols à forte teneur d'alcool.

Les chiffres les plus importants de nos ventes en Espagne portent encore sur les tissus de laine, sur les tissus de soie, sur les tissus de coton. Il y a là un ensemble d'une dizaine de millions d'affaires.

Quant aux vêtements et lingerie de ces matières, pour nous comme pour tous les pays vendeurs, la surtaxe de 150 à 75 °/₀ sur le droit du tissu extérieur ne nous permet pas de trouver un grand débouché pour nos articles qui sont généralement appréciés et même recherchés. On peut remarquer que notre clientèle nous est restée fidèle, malgré les relèvements de droits des tissus, lesquels ont eu leur répercussion sur les vêtements, car nous avons toujours le même chiffre de ventes d'environ trois millions de francs.

Pour les articles confectionnés en fourrures, malgré l'augmentation du droit porté de 9 à 15 pesetas le kilog. on voit un courant d'affaires s'accentuer ; il atteint 132.000 pesetas en 1907, au lieu de 97.000 en 1905. De même, sur les fourrures apprêtées, malgré l'augmentation considérable du droit porté de 0,65 à 3 pesetas, les importations atteignent 428.000 pesetas en 1907, en augmentation de près de 200.000 pesetas sur 1905. Il y a là une partie fort intéressante pour la France qui est presque seul fournisseur.

Nous sommes heureux d'enregistrer, pour finir cette revue des tissus et vêtements, que les gants de peau, dont nous sommes presque exclusivement les vendeurs en Espagne ont eu leurs droits réduits de 32 pesetas à 20 pesetas le kg. et que l'importation totale s'est, de ce fait, accrue à notre grand avantage, de la manière suivante :

```
1905. . . . . . . . . 13.616 pesetas
1906. . . . . . . . . 17.400    »
1907. . . . . . . . . 23.700    »
```

Les exposants français, qui ne désespèrent pas de voir enfin un arrangement commercial intervenir entre la France et l'Espagne, pour le plus grand bien des deux pays, ont donc vu parfaitement juste en ne dédaignant pas, malgré les difficultés actuelles, le consommateur espagnol qui apprécie leurs produits et qui, s'il réduit momentanément ses achats, ne les abandonne pas tout à fait.

Nous avons donc été très satisfaits de voir de grandes maisons françaises participer à l'exposition de Saragosse : le Louvre, le Bon Marché, la Belle Jardinière, la Samaritaine avaient envoyé des types parfaits de vêtements et de nouveautés qui voisinaient avec les jolis mannequins de la collectivité de la fourrure par la maison Corby, la maison Grison et Cⁱᵃ, la maison Jungmann et Cⁱᵉ, la maison Ruzé et les établissements Révillon.

Nous devons une mention toute particulière à M. Th. Corby, l'organisateur de cette belle collectivité, qui a réuni sous sa direction son ancienne maison de la rue Milton et la maison Pfeiffer-Brunet, et a donné à l'entreprise ainsi accrue un essor considérable.

Huit maisons françaises avaient exposé dans les classes 114 et 116 , elles étaient les suivantes :

Besselièvre (Louis) et Cie, à Maromme (Seine Inférieure), tissus imprimés pour robes, chemises, ameublement.

Cette maison qui a obtenu dans les expositions universelles antérieures de très hautes récompenses, avait une vitrine fort intéressante et qui donnait bien un aperçu de sa fabrication soignée. Le jury lui décerna un Grand Prix.

Bonix (Lucien) 7, rue du Mail à Paris. Tissus pour ameublement. L'ensemble de cette exposition était très attrayant par la diversité des tissus exposés. Elle fut récompensée de l'effort qu'elle avait fait d'une telle démonstration par un Diplôme d'Honneur.

Chanée (Henri et Albert) 25, rue de Cléry à Paris. Etoffes d'ameublement. Cette maison fort ancienne a offert à l'admiration des visiteurs des spécimens très réussis de sa fabrication universellement appréciée.

Un nouveau Grand Prix est venu s'ajouter à la liste des nombreuses récompenses qu'elle a obtenues dans les expositions universel'es précédentes.

Dreyfus (Edouard), 12, rue de Port Mahon, Paris. Voiles, mousselines, mousselines pour voilettes, écharpes. Cette maison exposait pour la première fois, et le jury fut unanime, pour encourager l'effort qu'elle avait fait, à lui décerner une médaille d'argent quoique ce fût la première récompense qu'elle obtînt dans une exposition.

Fraenckel-Blin, à Elbeuf (Seine-Inférieure). Draps et flanelles pour hommes et dames. Maison très importante, faisant un chiffre d'affaires considérable et qui prend part régulièrement à toutes les manifestations de l'industrie française à l'étranger.

Le jury, connaissant et appréciant sa haute valeur, lui décerna à nouveau un Grand Prix.

Huet (André) et Cie, 21, rue des Buisses à Lille (Nord), toiles, linge, de table. Vitrine fort intéressante dans laquelle les marchandises présentées donnaient bien un aperçu de la fabrication si variée de cette maison.

Le Jury fut heureux de lui décerner une récompense plus haute que celles qu'elle avait obtenues dans les expositions précédentes afin de reconnaître l'effort qu'elle avait fait dans cette circonstance et lui décerna un diplôme d'honneur.

La maison Neveu et fils, 13, rue d'Uzès, Paris. Tissus, tapis, étoffes, passementeries. Membre du jury, hors concours, avait une vitrine qui était certainement une des plus intéressantes et des mieux présentées de la section des tissus. On pouvait y admirer de nombreux spécimens très bien réussis de la fabrication si difficile et si soignée de cette maison dont les articles sont fort variés et présentent tous un cachet de fini et d'élégance particulier.

La maison Neveu s'est appliquée à faire figurer spécialement dans sa grande vitrine ses magnifiques galons passementerie, broderies, et quoique elle ait dû ne faire figurer parmi ces genres que les articles les plus remarquables ou les plus riches, cette vitrine en renfermait pour environ douze mille francs ; la diversité de cette grosse industrie n'aurait d'ailleurs pas permis de présenter tous ses spécimens de fabrication.

Parmi les objets exposés, on remarquait :

Une housse aux armes d'Espagne pour carrosses de gala, dont le motif ornemental principal est un magnifique écusson aux armes d'Espagne en broderie d'environ dix pouces de hauteur. Broderie en or fin, entièrement brodée à la main, et représentant la médaille militaire française d'environ 30 pouces de hauteur. Galons et passementeries de galas et de livrées. Galons, passementeries, moquettes, étoffes, draps pour wagons et voitures. Tissus de sellerie. Étoffes pour ameublement, velours, passementerie militaire.

Les galons pour wagons et voitures qui sont d'une fabrication analogue quoique moins complexe et qui sont faits mécaniquement pour la plupart ; de très beaux tirants de wagons-salons en usage sur les réseaux du Chemin de fer français de l'Est et de l'Ouest pour le service et les voyages des Souverains étrangers ou du Président de la République.

C'est à l'initiative de la maison Neveu et Fils qu'est due l'adoption par les Grandes Compagnies de Chemins de fer français et étrangers des galons et rideaux de stores avec lettres et monogrammes.

La maison Neveu et Fils est fondée depuis plus de 100 ans. Elle possède une succursale à Madrid et de nombreux dépôts en France et à l'étranger.

Dans la section coloniale, nous avons remarqué l'exposition de la Maison Delignon de Qui-Nhon (Annam) dont la vitrine contenait des soieries fort intéressantes.

Société du caoutchouc manufacturé (Mouilbau, Chevreau et Cie) tissus élastiques, etc., 86, 88, 90, rue N.-D. de Nazareth à Paris, Membre du Jury, Hors concours.

Cette importante maison qui présentait dans sa vitrine des tissus élastiques dans les diverses applications qui en sont faites en bretelles, jarretières, jarretelles, fixe-chaussettes, ceintures, avait fait une démonstation fort intéressante offrant un cachet d'élégance et de bon goût qui est la caractéristique de sa fabrication.

Elle obtint, auprès des visiteurs et surtout des charmantes visiteuses espagnoles, un succès très justifié.

RÉCOMPENSES

Hors concours.

Mouilbau, Chevreau et Cie, Paris.
Neveu et fils (E.), Paris.

Grands prix.

Besselièvre (Louis) et Cie, Maromme.
Chanée, Paris.
Fraenckel-Blin, Elbeuf.

Diplômes d'honneur.

Bouix (Lucien), Paris.
Huet (André) et Cie, Paris.

Médaille d'or,

Delignon, Qui-Non (Annam).

Médaille d'argent.

Dreyfus (Édouard), Paris.

COLLABORATEURS

Médailles d'or.

Duthoit (Alexandre), de la maison André Huet et Cie.
Foucart (Albert-Henri), de la maison Besselièvre fils et Cie.
Lacour (Henri), de la maison E. Neveu et fils.
Laurent (Jules), de la maison E. Neveu et fils.
Norza (César), de la maison Mouilbau, Chevreau et Cie.

Médailles d'argent.

Abraham (Mme Pauline), de la maison André Huet et Cie.
Besnard (V.), de la maison Besselièvre fils et Cie.
Castelain (Alphonse), de la maison André Huèt et Cie.
Clarebout (Émile), de la maison André Huet et Cie.
Delattre (Victor), de la maison André Huet et Cie.
Jones (H. Néville), de la maison Besselièvre fils et Cie.
Munant (Adrien), de la maison E. Neveu et fils.
Rosset (Albain), E. Neveu et fils.
Schaller (Robert), de la maison André Huet et Cie.
Théry (Alphonse), de la maison André Huet et Cie.
Thiberghien (Georges), de la maison André Huet et Cie.
Truyen (Arthur), de la maison André Huet et Cie.
Withoucq (Charles), de la maison André Huet et Cie.

Médailles de bronze.

Banholtzer (Émile), de la maison Besselièvre fils et Cie.
Carpentier (Alphonse), de la maison E. Neveu et fils.
Crognier (Mme), de la maison Mouilbau, Chevreau et Cie.
Détrez (Jean), de la maison André Huet et Cie.
Guilbert (Bélisaire), de la maison E. Neveu et fils.
Joron (Ernest), de la maison Mouilbau, Chevreau et Cie.
Lemaître, de la maison Mouilbau, Chevreau et Cie.
Leroy (Pierre), de la maison André Huet et C°.
Marc (Mlle Louise), de la maison Mouilbau, Chevreau et Cie.
Naudet (Jules-Georges), de la maison Mouilbau, Chevreau et Cie.
Noyelle (Charles), de la maison André Huet et Cie.
Pagès (Mlle Marie), de la maison Mouilbau, Chevreau et Cie.
Vandenbusche (Henri), de la maison André Huet et Cie.
Vuilliet (Louis), de la maison Mouilbau, Chevreau et Cie.

Mention honorable.

Dupuich (Mlle Oliphie), de la maison Mouilbau, Chevreau et Cie.

Vase monumental de la Manufacture de Sèvres.

Cl. Thouin.

SECTION XIII

CLASSES 117 à 120

CÉRAMIQUE ET CRISTAL

Président : Sir Rodriguez Lacomme.
Vice-Président : M. Stetten (Joseph), à Paris.
Secrétaire : Don Ricardo Magdalena.

La manufacture des glaces de Saint-Gobain avait un pavillon spécial où étaient réunis ses produits chimiques, glaces, dalles marmorites, opalines, verres imprimés, décorés, etc.

L'éloge de cette très importante manufacture n'est plus à faire ; les produits qu'elle expose sont toujours marqués au coin de la meilleure technique et provoquent l'admiration générale. Il y a en effet, dans ces pièces moulées destinées parfois à un emploi très dur, une recherche attentive de tout ce qui peut être demandé à la matière même digne de recueillir tous les suffrages.

La maison Harant et Guignard exposait des modèles originaux de céramique et de verrerie décorative qui sont conçus avec toute l'appropriation désirable entre le décor, la matière et le but utile à atteindre. Il en résulte un ensemble très apprécié que les hautes récompenses décernées aux expositions ont toujours souligné.

Les porcelaines pour service de table, exposées par la maison Jules Bloch, étaient fort belles et d'autant plus remarquées que les formes et les décors émanaient de créations très agréables, et visant aux bas prix que réclament les marchés que cet exportateur fait visiter par ses voyageurs.

Il n'est pas toujours facile, tout en ne visant que la fabrication d'articles destinés à un usage pratique, de donner à ceux-ci une décoration qui les enjolive sans sortir des limites de prix que les exigences de la clientèle imposent. On ne peut que louer les efforts qui sont faits pour accroître l'importance de nos exportations en porcelaines, faïence, verrerie et cristaux.

Avec l'exposition de MM. Frugier et Cⁱᵉ, nous trouvons la fabrication d'une belle matière porcelainique résistant aux brusques différences de température. Cette fabrication a été entreprise avec succès par cette maison. La notoriété qu'elle a acquise n'est basée que sur la reconnaissance de cette double qualité que son exposition met une fois de plus en évidence.

MM. Gentil et Bourdet, de Billancourt, exposaient de la céramique décorative. Cette maison, dirigée dans les deux branches respectives de la technique et de l'art décoratif par chacun des associés, exécute des produits architecturaux en grès de belle facture et d'excellente venue. L'ensemble de son exposition mérite tous les éloges.

Enfin MM. Mansard et Houry nous ont donné à admirer la fabrication artistique du biscuit dans toutes ses manifestations décoratives. La reproduction dans une matière fine et précieuse d'œuvres originales ajoute par la qualité même de la matière un fini d'exécution à la plastique. L'ensemble de cette exposition a obtenu un succès mérité.

Les vitraux artistiques étaient représentés par deux beaux spécimens envoyés par M. Félix Gaudin dont le nom à lui seul évoque les plus belles productions de l'art contemporain dans cette belle et vieille industrie dont les origines remontent à des temps très reculés.

On fabriquait des portraits colorés, dit le célèbre architecte Viollet le Duc, antérieurement au XIIᵉ siècle en Occident, et le moine Théophile qui appartient à cette époque ne présentait pas les

moyens de fabrication de ces objets comme étant une nouveauté ;
les vitraux datant de ce siècle que nous possédons encore sont
comme exécution d'une telle perfection qu'ils dénotent déjà une
longue expérience.

Les deux vitraux exposés par M. Gaudin étaient de 3 m. 20 de
hauteur sur 1,65 de large ; ils représentaient d'après les cartons de
M. E. Grasset, Jeanne d'Arc et Saint Michel, ils étaient comme sujet
d'un symbolisme un peu spécial et ont été très remarqués autant par
la jolie coloration que par la finesse de l'exécution.

M. Gaudin, qui est titulaire de nombreuses et des plus hautes récompenses, ne pouvait pas obtenir moins que le Grand Prix qui
lui a été décerné.

RÉCOMPENSES

Hors concours.

Stetten (Joseph), Paris.

Grands prix.

Gaudin (Félix), Paris.
Harant et Guignard, Paris.
Manufacture des glaces et produits chimiques de Saint-Gobain, Chauny
et Cirey, Paris.

Médailles d'or.

Bloch (J. et M.), Paris.
Frugier, René et Cⁱᵉ, Limoges (Haute-Vienne).
Gentil et Bourdet, Billancourt.
Mansard et Houry, Paris.

COLLABORATEURS

Médailles d'or.

Bonnel, de la manufacture de Saint-Gobain.
Coauré, de la manufacture de Saint-Gobain.
Crochet, de la manufacture de Saint-Gobain.
Goblet (Jules), de la maison Gentil et Bourdet.
Herbert, de la maison Harant et Guignard.
Kaulfusz (Charles), de la maison Harant et Guignard.
Sendret, de la manufacture de Saint-Gobain.

Médailles d'argent.

Kaulfusz (J.), de la maison Harant et Guignard.

Le Coso.   *Cl. Coyne.*

GROUPE III

SECTION XIV

CLASSES 123 et 124, 133 et 134

CUIRS ET PEAUX, CHAUSSURES

Président du Jury : M. Gustave Caen.
Vice-Président : Don Domingo Muñoz.
Secrétaire : Don Pedro Lain.

Grâce aux efforts de M. Gustave Caen, président de la section XIV, cuirs et peaux, sept exposants d'élite, grands usiniers, représentant un chiffre de production de 60 millions de francs, dans les genres les plus variés, étaient venus soutenir à Saragosse le bon renom de notre grande industrie du cuir.

La section, dont l'aspect général était sobre et élégant, fut très visitée, grâce sans doute à la diversité des produits exposés.

Toutes les spécialités, tous les genres y étaient représentés : cuirs à semelles et à courroies ; peaux de veau mégies ou tannées au chrome ; peaux de chevreau et agneau mates, glacées et teintes, dans les nuances les plus fines ; peaux de chèvre et de mouton maroquinées et de tous grains.

L'effort de nos exposants a amené déjà un résultat pour nos exportations en Espagne, spécialement dans la petite peau dont la fabrication et la qualité sont très appréciées.

Les droits sur les cuirs à semelle ont été abaissés de 1 peseta 25 à 0,80 le kilog. et, par suite de cette réduction, les importations en Espagne de toutes provenances sont passées de 40.797 pesetas en 1906 à 206.846 pesetas en 1907.

Un mouvement d'achats beaucoup plus considérable se manifeste également sur les peaux découpées pour chaussures et même chagrinées qui passent de 73.724 pesetas en 1906 à 234.948 pesetas en 1907.

La réduction du droit sur les chaussures de cuir de 8 pesetas le kilog. au lieu de 8,75 a amené une plus grande importation totale en Espagne, comme l'indiquent les chiffres ci-dessous :

1905.	. . . .	17.472 pesetas
1906.	. . . .	17.512 »
1907.	. . . .	53.240 »

Les Etats-Unis gardent toujours la prépondérance de la fourniture des chaussures avec plus de 35.000 pesetas dans leurs ventes. Les fabricants français peuvent cependant accroître leurs débouchés.

RÉCOMPENSES

Hors concours.

Masurel et Caen, Paris.

Grands prix.

Combe et fils et Cie, Paris.
Enault et Cie, Paris
Floquet (Fernand) et fils, Saint-Denis.
Lanier (Victor), Paris.
Marchand (Charles), Paris.
Rogie (Eugène), Lille.

Médaille d'argent.

Loshuertos (Tomas), Hasparren.

COLLABORATEURS

Diplômes d'honneur.

Boucaut (Charles), de la maison Victor Lanier.
Martin (Pierre), de la maison Eugène Rogie.

Médailles d'or.

Gravier (Ernest), de la maison Fernand Floquet et fils.
Hennebelle (Pascal), de la maison Eugène Rogie.
Ranfer (Auguste), de la maison Victor Lanier.
Renansart (Armand), de la maison Eugène Rogie.

Médailles d'argent.

Coppens (Justin), de la maison Fernand Floquet et fils.
Dutron (Louis), de la maison Victor Lanier.
Steffen (Michel), de la maison Victor Lanier.

Médailles de bronze.

Lanier (Edmond), de la maison Victor Lanier.
Lanier (Édouard), de la maison Victor Lanier.

Pavillon Français, façade principale.

SECTION XVI

CLASSES 125 à 127

PAPIERS

Président : Don Enrique Villuendas.
Vice-Président : M. Rivage (D.) à Paris.
Secrétaire : Don Narciso Masoliver.

On compte en Espagne 144 fabriques de papier, la plupart en Catalogne, produisent le papier à écrire, le papier à imprimer, le papier d'emballage et le papier à cigarettes.

L'importation de la pulpe pour la fabrication du papier s'accroît d'année en année et atteint actuellement une valeur d'environ 7 millions de pesetas.

Le nouveau tarif contient de très considérables réductions sur l'ancien, sauf le papier de plus de 20 grammes par mètre carré qui est maintenu au droit de 35 pesetas et le papier de 36 à 40 grammes qui paie 22,50 au lieu de 12,50. Les autres sortes ont leurs taxes avantagées pour le plus grand bénéfice de l'Allemagne qui les fournit presque exclusivement.

Nos deux grandes maisons de papiers à cigarettes M. Michel Abadie et la maison Braunstein et Cⁱᵉ, n'ont pas craint d'aller exposer leurs marques dans le pays de la cigarette, qui a une production des plus considérables du monde et qui exporte à l'étranger annuellement pour près de 4 millions de pesetas de ces papiers.

Cette confiance devait être justifiée par des résultats déjà obtenus qui font que nos fabricants de papiers à cigarettes se sont quand même, malgré la grande fabrication locale, malgré les droits de douane majorés de 48,75 les 100 Kilos à 75 pesetas les 100 Kilos fait en Espagne une clientèle qui se développe.

L'importation en Espagne des papiers à cigarettes en cahiers montre une certaine recrudescence, en effet, ainsi que le prouvent les chiffres ci-dessous :

        1906 . . . .   58.704 pesetas
        1907 . . . . 231.049   »

Toute cette importation vient presque en totalité de France et nous ne pouvons que féliciter nos compatriotes de ce succès qui, si faible qu'il soit encore, est un témoignage de la qualité supérieure de leurs produits.

Deux grands prix sont du reste venus s'ajouter aux nombreuses récompenses antérieurement obtenues par ces deux maisons dans d'autres expositions.

M. Rivage, Hors Concours, comme Vice-Président du Jury, avait une exposition de laminage de papiers.

M. D. Rivage a fondé en 1880 rue Rébeval à Paris, une fabrique de papiers spéciaux qui a acquis rapidement une grande réputation.

C'est de cette manufacture que sortent les papiers préparés pour reports autographiques et lithographiques tels que pelure à report, papier autographique, chine végétal, translucide, dioptrique parcheminé et cristallisé.

Des ateliers sont affectés à la fabrication des papiers pour les impressions céramiques de la décalcomanie.

Tous ces papiers font l'objet d'une exportation considérable dans le monde entier.

M. D. Rivage s'est attaché à perfectionner la fabrication des papiers et il a imaginé les belles machines à filigranes brevetées pour les papiers en bobines et pour les papiers à cigarettes.

Précédemment on filigranait le papier à cigarettes soit sur la ma-

chine à papier elle-même au moyen de rouleaux vergeurs qui impri-
maient dans la pâte humide, sur la toile les vergures ou tranche-fils,
ou bien on se servait de plaques d'acier gravées en relief qui pas-
saient dans le laminoir avec le papier préalablement coupé en feuilles.

Le premier de ces procédés ne donnait que des vergures ou des
lignes transversales; quant à l'autre procédé, il ne répondait pas
aux besoins d'une consommation sans cesse grandissante.

La machine inventée en 1895 par M. D. Rivage donne une grande
netteté de filigrane, quelle que soit l'intensité de la production. Le
papier en bobines, c'est-à-dire en feuilles continues, passe dans une
sorte de calandre qui porte un rouleau gravé en relief et le fait fonc-
tionner entre deux rouleaux de papier spéciale comprimé.

Plus de 80 machines à filigrane ont déjà été vendues tant en
France qu'à l'étranger, principalement en Autriche et en Russie.

RÉCOMPENSES

Hors concours.

Rivage (D.), Paris.

Grands prix.

Abadie (Michel), Paris.
Braunstein et Cie, Paris.

COLLABORATEURS

Diplômes d'honneur.

Bourdet (Alfred), de la maison D. Rivage.
Bontou (Eugène), de la maison Braunstein et Cie.
Chambon (Marcel), de la maison Braunstein et Cie.
Estienne (Georges), de la maison Abadie.
Henry (Mme), de la maison Braunstein et Cie.

Médailles d'or.

Barbier (Charles), de la maison D. Rivage.
Delforge (E.), de la maison Abadie.
Grassin, de la maison D. Rivage.
Lozel (Mme Blanche), de la maison Braunstein et Cie.
Parisse, de la maison D. Rivage.

Médailles d'argent.

L'Hospied, de la maison Abadie.
Lhoste (Mme), de la maison D. Rivage.
Petit (Marcel), de la maison Abadie.
Schildnek (Mme), de la maison D. Rivage.

Médailles de bronze.

Derousse (Mme Stéphanie), de la maison Abadie.
Vassant (Mlle Louise), de la maison Abadie.

Salon d'Honneur de la Section Française.

Cl. Thoüin.

SECTION XVII

CLASSES 140 à 141

ÉBÉNISTERIE, TAPISSERIE, MOBILIER

Président : Sʳ Perez LABORDA.
Vice-Présidente : Mᵐᵉ Louis RIGAUT, à Paris.
Secrétaire : Don Alvaro BIELZA.

Lorsqu'on a écrit des noms comme ceux de la maison Braquenié et Cⁱᵉ, Charles Jeanselme, Sylvain Jémont, Mercier, Poteau et Ph. Remon, on évoque immédiatement le bel art industriel français si universellement réputé pour l'ameublement. Ces maisons ont envoyé à Saragosse de fort beaux spécimens de meubles de style du plus bel effet.

La maison Braquenié exposait un cadre de tapisserie, des tapisseries murales et des tapis de toute beauté de sa manufacture d'Aubusson, et M. Henri Chanée montrait des panneaux de reproduction de tapisseries remarquables par leur coloris.

M. Charles Jeanselme avait envoyé une vitrine art moderne en bois d'amarante qui était un bijou.

M. Maxime Clair soumettait à l'appréciation du public un beau salon recouvert d'un riche tissu brodé de haute fantaisie. La forme heureuse et nouvelle de ce mobilier faisait le plus grand honneur à son exposant.

M. Maxime Clair, qui a fondé son établissement il y a environ un tiers de siècle, possède à Crépy-en-Valois (Oise) une puissante et remarquable usine dotée de l'outillage le plus moderne et le plus perfectionné.

Il y emploie douze cents ouvriers dans toutes les branches de l'art du mobilier et de la décoration, depuis les objets courants les plus modestes, jusqu'aux meubles d'art, de luxe et de fantaisie.

MM. G. Cheminais et Cie exposaient des tableaux photographiques représentant leur genre de construction pour vitrines d'expositions, meubles et menuiserie d'art.

Nous n'avons pas à faire l'éloge de cette maison qui avait été chargée par la section Commerciale et Industrielle d'aménager toute l'Exposition en tant qu'installation des vitrines.

Mme Rigaut exposait des photographies des meubles d'art de sa fabrication ; nous n'avons pas à nous appesantir sur la notoriété de cette maison, Mme Rigaut ayant été vice-présidente du Jury de sa section à Saragosse.

En présence de ces louables efforts pour faire valoir le fini et le bon goût du mobilier français, il est d'autant plus regrettable de constater la prohibition toujours plus élevée qui s'oppose à son entrée en Espagne. Certes, ce pays a gardé dans ses classes élevées le goût des choses de haute allure, et les riches Espagnols ont dans leur décoration intérieure le respect de la mesure qui les porte à aimer le grand style sobre et sévère ainsi que les lourdes tentures asiatiques. Ce n'est donc pas par absence de connaisseurs que nous voyons diminuer nos ventes en Espagne.

Il n'est que juste de faire remarquer que l'Espagne exporte du mobilier pour trois ou quatre millions de piécettes par an, ce qui prouverait qu'elle se suffit à elle-même d'abord et ce qui expliquerait pourquoi elle tend de plus en plus à limiter l'importation. L'industrie de luxe est elle-même représentée à Valence notamment, et la fabrication est assez appréciée non seulement pour la qualité mais encore pour son prix modéré.

Toutefois, avant le nouveau tarif, la France pouvait exporter aunuellement en Espagne pour plus de trois cent mille pesetas de meubles en bois fin et en bois ordinaire plaqué de bois fins ; le total des achats de l'Espagne atteignait en 1905 près de 700.000 pesetas. Ce total s'est réduit en 1907 à 116.000 pesetas dont 36.000 pesetas seulement pour les provenances françaises.

Cette chute considérable dans nos ventes s'explique facilement si l'on constate que le droit d'entrée sur ces articles a été majoré de 50 % par l'Arancel de 1906 et que de 50 pesetas les 100 kilos il est passé maintenant à 75 pesetas.

Quant aux meubles en bois de toutes sortes, sculptés non recouverts et les meubles aux incrustations ou ornements en métal, dont le droit est maintenu à 150 pesetas les 100 kilos, leurs importations en Espagne tombent de 691.165 pesetas en 1905 à 109.740 en 1907. Sur ce total la France compte pour 98.000 pesetas.

RÉCOMPENSES

Hors concours.

Rigaut (Mme Louis), Paris.

Grands prix.

Braquenié et Cie, Paris.
Cheminais (C.) et Cie, Paris.
Clair (Maxime), Paris.
Jeanselme (Charles), Paris.
Jémont (Sylvain), Paris.
Mercier (H.), Paris.
Poteau, Paris.
Rémon (Ph.), Paris.

Diplômes d'honneur.

Bouix (Lucien), Paris.
Chanée (Henri), Paris.

Médaille d'or.

Bury (Victor), Paris.

Médaille d'argent.

Gonot (G.), Paris.

COLLABORATEURS

Diplôme d'honneur.

Tournayre (Louis), de la maison Jémont.

Médailles d'or.

Disser (Joseph), de la maison Poteau.
Legeuvre, de la maison Mercier.
Legrain (Edmond), de la maison Jémont.
Moncuquet (Alban), de la maison Braquenié et Cie.
Pellisier (Victor), de la maison Poteau.
Perret, de la maison Mercier.
Quenescourt (Georges), de la maison Braquenié et Cie.
Verrièle (Mme Zulma-Louise), de la maison Maxime Clair.
Vinnat (Maurice), de la maison Braquenié et Cie.

Médailles d'argent.

Barat, de la maison Braquenié et Cie.
Bénaïs (Ernest), de la maison Maxime Clair.
Chedozeau (Auguste), de la maison Braquenié et Cie.
Cuisinier (Jules), de la maison Janselme.
Devot, de la maison Braquenié et Cie.
Goyard (Émile), de la maison Rémon.
Lewens (Eugène), de la maison Poteau.
Porcabeuf (Paul), de la maison Braquenié et Cie.

Médailles de bronze.

Doué (Jules), de la maison Maxime Clair.
Dugarin (Hector), de la maison Poteau.
Hotier (Antonin), de la maison Poteau.
Iturriaga (Georges), de la maison Jeanselme.
Letessier (Louis), de la maison Maxime Clair.

Notre-Dame del Pilar (Vue prise sur l'Ebre).   *Cl. Coyne*

GROUPE IV

SECTION XVIII

CLASSES 142 à 149 et 154

PRODUITS CHIMIQUES, PHARMACIE, PARFUMERIE, CAOUTCHOUC

Président : Don GONZALO CALAMITA.
Vice-Président : M. DERREVAUX (Henri), à Lille.
Secrétaire : Don MARIANO ROYO.
Membre : M. BERGOUGNAN (Mathieu), à Clermont-Ferrand (P.-de-Dôme).

L'Espagne est encore en partie tributaire de l'étranger pour les industries chimiques et ses importations de divers produits chimiques se chiffrent annuellement par une cinquantaine de millions de pesetas, dont la fourniture vient principalement d'Allemagne et d'Angleterre.

Les tarifs douaniers protègent fortement cette industrie qui produit surtout les acides sulfurique, chlorhydrique et nitrique et du sulfate de soude en grandes quantités.

16

Dans les catégories diverses de produits chimiques, la France ne fournit que pour une valeur d'une dizaine de millions au plus chaque année et ses envois se composent de superphosphates, d'eaux minérales, de sels alcalins, de chlorure de chaux, de colles et gélatines.

Encore faut-il compter dans cette valeur pour un million de produits pharmaceutiques tels que quinine, pilules, capsules, dragées médicinales, vins médicinaux, médicaments sucrés et alcoolisés, lesquels sont particulièrement estimés malgré le prix auquel ils ressortent après paiement des droits de douane.

Il était compréhensible dès lors que, si pour le principal de nos affaires d'exportation en Espagne, des exposants ne se fussent pas manifestés pour montrer du reste des engrais, des eaux minérales et des sels industriels qui ne disent que fort peu de choses aux visiteurs d'une exposition, des exposants devaient, par contre, exposer des produits français qui ont une clientèle en Espagne. C'est pourquoi nous avions les produits pharmaceutiques de la maison Chassaing et ceux de la maison Leprince, les huiles de graissage de la maison Derrevaux et les encres et vernis de M. Detourbe.

M. Henri Derrevaux de Lille, membre du Comité d'organisation de l'Exposition et hors concours comme Membre du Jury, présentait dans une vitrine fort bien aménagée, quelques types des huiles pour graissage et des oléines pour ensimage et savonnerie qui ont fait la réputation de ses importants établissements connus dans toute la France depuis 1877 sous le nom d'Huileries Générales du Nord. M. Derrevaux a obtenu antérieurement dans plusieurs Expositions les plus hautes récompenses.

Les diverses espèces d'huiles solides et l'oléine développent leurs ventes en Espagne, elles ont plus que doublé depuis 1905 et sur 700.000 pesetas environ d'achats faits à l'étranger par l'Espagne, la fourniture française compte pour moitié.

MM. Chassaing et C° de Paris, que la phosphatine Falières, universellement répandue et appréciée suffirait à mettre en vedette, exposaient également d'une façon fort artistique d'autres produits de leur fabrication.

M. Maurice Detourbe avait fait une superbe installation qui attirait forcément les regards du public sur les différents types de sa fabrication, tels que vernis de tous genres, encres d'imprimerie, asol et antiseptiques. Il eût été difficile de présenter plus habilement une série d'articles assez ingrats en somme à mettre en lumière et que les consommateurs du monde entier sont à même d'apprécier beaucoup mieux que de simples visiteurs. Là encore, nous trouvons en M. Detourbe un exportateur français qui ne craint pas d'entrer en lutte avec l'Allemagne pour la fourniture des encres d'imprimerie en Espagne. Sur 316.000 piécettes de ventes totales, chiffre triple de l'année précédente 1906, la France fournit maintenant pour près de 85.000 pesetas.

Le Dr Maurice Leprince, dont les produits et spécialités pharmaceutiques sont recommandés par tous les médecins à cause des soins scrupuleux apportés à leur fabrication, avait tenu à les faire ressortir par une exposition d'une élégance et d'un bon goût indiscutables.

MM. Chassaing, Detourbe et Leprince, qui ont déjà obtenu dans de nombreuses expositions les plus hautes distinctions, ont remporté chacun un Grand Prix sans la moindre contestation.

Dans la classe de la parfumerie, tout flattait la vue et l'odorat et les mêmes éloges doivent être adressés aux deux exposants parisiens qui ont rivalisé de bon goût dans le but de séduire leur clientèle espagnole et de l'amener à leur rester fidèle.

MM. H. et G. Klotz (Parfumerie Pinaud), qui ont depuis longtemps épuisé la série des distinctions, ont enlevé leur Grand Prix sans discussion.

Quant à la parfumerie V. Rigaud, le Jury lui décerna à l'unanimité un Diplôme d'honneur.

On fabrique à Barcelone et à Valence des articles de parfumerie qui sont très soignés et se vendent bien en Espagne. Toutefois nos marques connues sont recherchées et malgré leur prix élevé sont d'une vente importante. Elles doivent leur succès non seulement à la qualité de leurs produits, mais aussi à ce que ces produits jouissent d'une confiance absolue. Les maisons allemandes, françaises ou espagnoles, qui ont voulu, pour lutter, vendre en même temps que l'article de luxe, l'article de fabrication courante, ont perdu pour l'un et l'autre articles la confiance de la clientèle.

Les importations de parfumerie sans alcool et des essences se développent constamment ; elles s'élevaient en 1907 à 1.427.382 pesetas dont 844.000 de France. Le droit de douane de 2 pesetas 40 le kilo, en légère diminution sur le droit du précédent tarif qui était de 2 p. 50 ne semble pas affecter le mouvement ascensionnel des ventes qui croît régulièrement. La fidélité d'une clientèle qui se développe se manifeste encore plus si l'on remarque que pour la parfumerie alcoolique l'élévation considérable des droits n'a rien changé à nos ventes en Espagne. Les droits anciens étaient de 2,50 le kilo; ils ont été portés à 4 pesetas le kilo, nonobstant l'impôt spécial de 50 pesetas par hectolitre de liquide, droit d'accise sur l'alcool, et l'on voit quand même dans les importations de parfumerie à l'alcool un mouvement ascensionnel comme suit :

1905.	333.840 pesetas.
1906.	522.890 »
1907.	371.529 »

L'importance du chiffre de 1906 tient évidemment à ce que les acheteurs, avant l'application du nouveau tarif de juillet 1906, ont fait du stock. Mais on ne constate pas moins un gros chiffre de vente en 1907 sur lequel la France à elle seule compte pour près de 250.000 pesetas d'affaires.

Le Jury ayant été appelé aussi à examiner la belle et intéressante collection des gommes importées par M. Sturm, 237, rue Saint-Maur à Paris, a décerné à cet exposant une Médaille d'or.

RÉCOMPENSES

Hors concours.

Derrevaux (Henri), Lille.
Mouilbau, Chevreau et Cie, Paris.
Société générale des établissements Bergougnan et Cie, Clermont-Ferrand.

Grands prix.

Chassaing et Cie, Paris.
Détourbe (Maurice), Paris.
Klotz (H. et G.) et Cie, Paris.
Leprince (Maurice), Paris.

Diplôme d'honneur.

Rigaud (V.), Paris.

Médaille d'or.

Sturm (Albert), Paris.

COLLABORATEURS

Diplôme d'honneur.

Rocher (Joseph), de la maison H., et G. Klotz et Cie.

Médailles d'or.

Croisssant (Auguste), de la maison V. Rigaud.
Detourbe (André), de la maison Maurice Detourbe.
Faure (Auguste), de la maison Bergougnan et Cⁱᵉ.
Jourde (Louis). de la maison H. et G. Klotz et Cⁱᵉ.
Leprince (Charles Lucien), de la maison Maurice Leprince.
Paillet (Mˡˡᵉ Lucienne), de la maison Maurice Leprince.
Scouvemont (Charles), de la maison Henri Derrevaux.

Médailles d'argent.

Bassot (Jean), de la maison H. et G Klotz et Cⁱᵉ.
Beun (Georges), de la maison Henri Derrevaux.
Bonvalot (Mᵐᵉ Augustine), de la maison H. et G. Klotz et Cⁱᵉ.
Brack (Mᵐᵉ Julia), de la maison H. et G. Klotz et Cⁱᵉ.
Depeux (Joany), de la maison Bergougnan et Cⁱᵉ.
Espina y Espina (Louis), de la maison Bergougnan et Cⁱᵉ.
Gédet (Gustave), de la maison H. et G. Klotz et Cⁱᵉ.
Kniesbeck (Ernest), de la maison Mouilbau, Chevreau et Cⁱᵉ.
Lebrun (A.), de la maison Maurice Detourbe.
Marly (Mᵐᵉ), de la maison H. et G. Klotz et Cⁱᵉ.
Pinot (Mᵐᵉ), de la maison Mouilbau, Chevreau et Cⁱᵉ.
Regnat (Alexandre), de la maison Bergougnan et Cⁱᵉ.
Tournaire (Honoré), de la maison V. Rigaud.

Médailles de bronze.

Debeuver (Mˡˡᵉ Marie), de la maison Mouilbau, Chevreau et Cⁱᵉ.
Doucet (Pierre), de la maison Bergougnan et Cⁱᵉ.
Frisch (N.), de la maison Maurice Detourbe.
Groz (Mˡˡᵉ Marthe), de la maison Mouilbau, Chevreau et Cⁱᵉ.
Marcassin (J.), de la maison Maurice Detourbe.

Mentions honorables.

Leroy (Mˡˡᵉ Léopoldine), de la maison Mouilbau, Chevreau et Cⁱᵉ.
Mille (Damas), de la maison Mouilbau, Chevreau et Cⁱᵉ.
Oudot (Camille), de la maison Mouilbau, Chevreau et Cⁱᵉ.

Transcept de la Seo.   *Cl. Coyne.*

GROUPE VI

SECTION XX

CLASSES 184 à 187

ARCHITECTURE, DÉCORATION

Président du Jury : Don Mariano de Cavia.
Vice-Président : Don Ricardo Magdalena.
Secrétaire : M. Guilbert (Albert), à Paris.

Dans la section des Beaux-Arts et des Industries artistiques,
M. Albert-Guilbert, hors concours, comme membre du Jury, nous
montrait un monument commémoratif de l'incendie du Bazar de la
Charité. L'impression de douleur et de foi qui s'en dégage est, profondément intense et les visiteurs ne cachaient pas leur admiration.

Il est peu facile de faire des sélections dans les œuvres exposées
car, en outre du danger de commettre des erreurs en une matière
aussi délicate et d'appréciation si diverse, on pouvait constater

peut-être que certains exposants n'avaient pas donné toute leur mesure.

On peut cependant mettre, au rang des œuvres fort intéressantes, la reproduction d'un pavillon par M. Guillaume de Paris, et les œuvres des serruriers d'art comme la porte en fer forgé de MM. Borderel, Boyer et Cⁱᵉ ; les belles reproductions de travaux de MM. Schwartz et Meurer et les travaux de M. Georges Vinant.

Dans le groupement des artistes décorateurs, à côté des vases de Lachenal, une plaquette agriculture et des médailles de M. Pillet, des bronzes exposés par M. Louis Bigaux forçaient l'attention, ainsi que de beaux et intéressants envois de M. Alex. Bigot, Félix Gaudin, Edm. Lachenal, H. Levasseur et F. Scheidecker.

RÉCOMPENSES

Hors concours.

Guilbert (Albert), Paris.

Grands prix.

Bigaux (Louis), Paris.
Bigot (Alexandre), Paris.
Borderel, Boyer et Cⁱᵉ, Paris.
Gaudin (Félix), Paris.
Guillaume (Henri), Paris.
Kovacs (André), Paris.
Lachenal (Edmond), Paris.
Levasseur (H), Paris
Méricskay (François), Paris.
Pillet (Charles), Paris.
Scheidecker (Frank), Paris.
Schwartz et Meurer, Paris.
Vinant (Georges), Paris.

Diplômes d'honneur.

Bliault (Eugène), Paris.
Decœur (Émile), Paris.
Lelièvre (Eugène), Paris.
Pellissier (Bruno).

Collectivité de la Librairie Française.   *Cl. Thouin.*

GROUPE VII

SECTION XXI & XXII

CLASSES 188 à 212

PÉDAGOGIE, LIBRAIRIE, CARTOGRAPHIE

Président du Jury : (librairie) M. Hetzel (Jules), Paris.
Vice-Président du Jury : (librairie) Graciano Silvan.
Secrétaire : (librairie) Don Thomas Euciso.
Président du Jury : (Pédagogie) Don Rafael Pamplona.
Vice-Président du Jury : (Cartographie) M. Forest (Joseph), à Paris·
Secrétaire : (Pédagogie) Don José Maria Royo.

Dans le groupe VII, les maisons françaises d'édition et de librairie avaient envoyé leurs ouvrages. Le Jury espagnol, composé en majeure partie de professeurs des universités d'Espagne ; professeurs hommes et femmes d'écoles normales ; directeurs et directrices des grandes écoles privées, ne ménagea pas ses éloges pour les œuvres exposées par les maisons françaises.

En librairie, la collectivité de la Librairie représentait la plus grande partie des maisons d'édition de librairie, pédagogie, musique, comprenant vingt-cinq exposants qui furent examinés individuellement.

L'*Annuaire du Commerce Didot-Bottin* (M. Lucien Layus, Directeur) exposait un meuble contenant les cinq volumes du *Bottin*.

L'*Annuaire du Commerce Didot-Bottin*, fondé en l'an VII compte actuellement 113 années d'existence. Il est le plus ancien de tous les annuaires existants et le seul qui soit universel.

La conception d'un Almanach d'adresses est due à Théophraste Renaudot, fondateur du premier journal français, la *Gazette*, à qui Louis XIII concéda par brevet, le 14 octobre 1612, le privilège d'ouvrir un « Bureau d'adresses ». En 1630, Renaudot fonda pour le service de son agence de publicité, le *Bulletin du Bureau d'Adresses*.

L'œuvre de Renaudot resta longtemps sans continuateur, et ce ne fut qu'en 1796 que l'idée fut reprise par Duverneuil et de la Tynna.

Les matières du volume, primitivement limitées à Paris, embrassèrent en 1804 les départements français et les principales villes d'Europe, et s'étendirent en 1807 aux principales villes du monde.

Ce ne fut qu'en 1819 que Sébastien Bottin prit la direction de la publication, composée alors de 1180 pages. Né en 1764, à Grimonviller, près de Toul, Bottin avait fondé en l'an VII, à Strasbourg, l'*Annuaire politique et économique du département du Bas-Rhin*, et en 1803 l'*Annuaire Statistique du département du Nord*.

Jusqu'en 1838, Bottin n'eut pas de concurrents. A cette époque fut fondé, par P. Heinrichs, l'*Annuaire Général du Commerce de l'Industrie et de l'Agriculture*, rédigé par Ch. Lamy ; cet Annuaire devint en 1840 la propriété de la maison Firmin-Didot et pendant dix-neuf ans les deux publications parurent parallèlement.

Sébastien Bottin étant mort en 1853, la propriété des deux Annuaires passa en 1857 entre les mains de la maison Firmin-Didot qui les fusionna sous le titre d'*Annuaire et Almanach du Commerce, de l'Industrie, de la Magistrature et de l'Administration. Almanach des 500.000 adresses de Paris, des Départements et de l'Etranger* (Didot-Bottin).

Dès lors la publication se développa rapidement : en 1879, l'ouvrage fut divisé en deux volumes, en 1895 en trois volumes ; en 1903 on y ajouta un quatrième volume, le *Bottin Mondain*. Enfin depuis 1905, l'*Annuaire* paraît en cinq volumes.

Depuis 1881, le Didot-Bottin est devenu la propriété de la société anonyme qui l'édite actuellement et qui a pour directeur M. Lucien Layus.

Le Cercle de la Librairie exposait plusieurs volumes. Cette association est composée de membres appartenant à toutes les professions qui concourent à la fabrication du livre et à la diffusion de la pensée et des arts.

M. Gauthier-Villars, 55, quai des Grands-Augustins à Paris, exposait plusieurs volumes, ouvrages scientifiques et techniques ; cette maison fondée en 1790 se consacre presque uniquement à la publication d'ouvrages relatifs aux sciences mathématiques et physiques.

MM. Hachette et Cie étaient aussi représentés par plusieurs volumes, l'activité de cette importante maison embrasse toutes les publications d'enseignement scolaire, de littérature et de science.

M. Jules Hetzel exposait des livres et albums ; les publications de cette ancienne maison s'adressent aux divers âges sous forme de collections très appréciées par ceux qui aiment à lire les œuvres des meilleurs auteurs français. A noter spécialement les œuvres de Jules Verne.

MM. Hollier-Larousse et Cie exposaient un certain nombre de volumes. Cette maison, dont la fondation remonte à 1851, édita la Revue Encyclopédique bien connue sous le titre de *Dictionnaire Universel Larousse*, et plus récemment le *Nouveau Larousse illustré* devenu populaire.

M. Laurens a présenté plusieurs volumes sur l'art et l'enseignement des beaux-arts, branches dans lesquelles ses publications ont acquis une notoriété très justifiée.

MM. Plon-Nourrit et Cie étaient représentés par des livres et cadres. Cette maison, dont la fondation date de 1806, est bien connue pour ses éditions de romans d'histoire et de voyages et pour sa publication bien répandue sous le titre de *La Revue Hebdomadaire*.

MM. Armand Colin et Cie exposaient également plusieurs volumes. Cette maison qui se consacra au début exclusivement à la publication d'ouvrages scolaires embrasse aujourd'hui le domaine complet de la librairie, et toutes ses publications tendent à la large diffusion de toutes les idées neuves, utiles et fécondes.

Ces exposants, dont les noms constituent pourainsi dire l'Armorial de la Librairie Française, se sont vu attribuer la plus haute récompense. M. Hetzel était hors concours comme membre du Jury.

Les volumes exposés avaient été choisis parmi des œuvres pouvant intéresser le roi Alphonse XIII, qui s'est montré vivement touché de cette attention et a vivement félicité MM. Layus et Hetzel qui lui faisaient les honneurs des vitrines.

La Société d'Encouragement à l'Art et à l'Industrie fondée, par le regretté Gustave Sandoz, compte actuellement vingt années d'existence. Dirigée par M. Gustave Larroumet après la mort de son fondateur, elle est aujourd'hui présidée par M. Henri Rouyon, ancien directeur des Beaux-Arts, secrétaire perpétuel de l'Académie des Beaux-Arts. Cette Société organise tous les trois ans un concours de bourse d'apprentissage, et chaque année des concours de composition décorative entre toutes les écoles spéciales de France ; elle accorde des primes annuelles aux artistes décorateurs des divers salons des Beaux-Arts. Le jury lui a décerné un Grand Prix bien mérité.

M. Henry D'Allemagne, 30, rue des Mathurins à Paris, avait envoyé deux volumes dont le titre à lui seul : *Les Cartes à jouer du XIVᵉ au XXᵉ siècle* aiguise la curiosité.

Cet important ouvrage permet de suivre l'évolution de cet instrument de distraction, de plaisir et même de vice à travers les derniers siècles ; le sujet, d'apparence futile, présente un réel intérêt, traité comme il est avec le soin et la méthode que les élèves de l'Ecole des Chartes savent apporter à leurs travaux.

Ce n'est pas seulement le texte qui absorbe l'attention du lecteur, mais aussi les illustrations merveilleusement traitées qui ne comportent pas moins de trois mille deux cents cartes reproduites en noir ou en couleur.

L'auteur nous apprend, entre autres choses curieuses, que l'on fabriquait au moyen-âge en France un grand nombre de jeux de cartes aux enseignes espagnoles, le principal centre de cette industrie était à Thiers en Auvergne.

Le Jury a décerné à M. D'Allemagne un Diplôme d'honneur pour son intéressante exposition.

En cartographie, la maison Forest de Paris, qui avait des cartes, des globes terrestres, des appareils de cosmographie en texte espagnol et dont les publications sont employées par un grand nombre des écoles en Espagne, avait envoyé un matériel géographique très complet. Cette exposition, organisée pour les besoins pédagogiques, a obtenu sa part de succès.

RÉCOMPENSES

Hors concours.

Forest (Joseph), Paris.
Hetzel (Jules), Paris.

Grands prix.

Annuaire du Commerce Didot-Bottin, Paris.
Cercle de la Librairie, Paris.
Colin (Armand) et Cie, Paris.
Gauthier-Villars, Paris.
Hachette et Cie, Paris.
Hollier-Larousse et Cie, Paris.
Laurens, Paris.
Layus (Lucien), Paris.
Plon-Nourrit et Cie Paris.
Société d'Encouragement à l'Art et à l'Industrie, Paris.

Diplômes d'honneur.

Allemagne (Henry D'), Paris.
Société de Propagation des livres d'art, Paris.
Vuibert et Nony, Paris.

Médailles d'or.

Challamel, Paris.
Grus (Lucien), Paris,
Guiffrey (Jean), Paris.
Vermot, Paris.

Médailles d'argent.

Cillard (D.), Paris.
Lycée national de Foix, Foix.
Perrier (École française), Barcelone.

Médailles de bronze.

Croizier (abbé Ferdinand), Blois.
Nérini (Emmanuel), Paris.

Mention honorable.

Thomas (Louis-Joseph), Nice.

COLLABORATEURS

Diplômes d'honneur.

Alliou (Auguste), de la maison Hetzel.
Mestries (Jean), de l'*Annuaire Didot-Bottin*.

Médailles d'or.

Bret (Élysée), de la maison Hetzel.
Couronne (Prosper), de l'*Annuaire Didot-Bottin*.
Foïssey, de la maison Henry d'Allemagne.
Gottvallès (Joseph), de la Société d'Encouragement à l'Art et à l'Industrie.
Morisot (Théophile), de la maison Hetzel.

Médailles d'argent.

Alberge (Eugène), de la maison Hetzel.
Baudette (Camille), de la maison Hetzel.
Bohner, de la maison Vermot.
Cottard, de la maison Vermot.
Dufour (Jean-Baptiste), de la maison Forest.
Layus (Robert), de l'*Annuaire Didot-Bottin*.
Magnier (Emile), de la maison Forest.
Scipion (Gustave), de la maison Forest.

Médailles de bronze.

Blard (François), de la maison Hetzel.
Bouvier (Albert), de la maison Hetzel.
Ducrot (André), de la maison Gauthier-Villars.
Malaval (Louis), censeur du lycée de Foix.

Mentions honorables.

Doire (Louis), de la maison Grus.
Duclos (Firmin), de la maison Grus.

Ecole des Arts et Métiers. *Cl. Coyne.*

GROUPE VIII

CLASSES 213 à 261

ÉCONOMIE SOCIALE

Président du Jury : Don Marcelino Isabal.
Vice-Président : M. Limozin à Paris.
Secrétaire : Don Manuel Lasala.

L'Union pour l'amélioration des relations commerciales entre la France et l'Espagne, dont nous avons parlé au début, a voulu prendre part à l'Exposition Hispano-Française de Saragosse.

L'auteur du présent rapport, ayant l'honneur d'être le secrétaire général de cette Union, peut dire à quel but tendait la participation de l'Union à l'Exposition de Saragosse.

Il lui a paru que ce fût manquer au difficile devoir qu'elle s'était créé que de rester inactive, alors que des commerçants et industriels espagnols et français, dans l'intérêt desquels elle combattait depuis cinq ans, allaient se trouver réunis dans le pacifique champ clos de Saragosse pour lutter courtoisement devant les consommateurs et acheteurs de leurs produits respectifs. Il lui a paru que c'était là l'occasion qui se présentait et qu'elle avait toujours préconisée de

faire appel à l'opinion publique. Elle l'avait fait cet appel par toutes
ses circulaires aux négociants et exportateurs, aux syndicats et
Chambres de Commerce dont elle avait suscité les revendications
en faveur d'une convention commerciale Hispano-Française; elle
avait, croyait-elle, créé un courant d'opinion favorable à une trac-
tation prochaine en décelant le mal dont souffraient les deux pays
faute d'une entente. Mais les documents et les discours économiques, les arguments chiffrés, les discussions douanières n'ont jamais qu'un nombre de lecteurs très restreint, encore que le vrai public devrait pourtant s'y intéresser, puisque s'il s'agit de plus de liberté dans les échanges, il s'agit dès lors d'un meilleur marché dans
la vie.

L'*Union* ne croyait donc pas avoir frappé l'opinion du grand public qui pouvait s'intéresser à l'amélioration des relations commerciales franco-espagnoles et comme ce public allait se trouver sûre-
ment réuni à Saragosse, il fallait pour l'Union aller à Saragosse.

Enfin, n'avait-elle pas pris pour son compte, dès ses premières
publications, la déclaration de M. Canovas en juin 1892, au cours
des longs débats au Sénat espagnol sur le *modus vivendi*, déclaration
pleine de sincérité dans laquelle l'éminent homme d'Etat constatait
la force toute puissante de l'opinion publique dans les deux pays en disant : « Les véritables négociateurs sont les deux peuples intéressés ».

Il fallait donc dire quelque chose dans un seul et même langage,
qui ne fût ni l'une ni l'autre langue, pour être compréhensible à la
fois pour la foule qui passerait.

On s'arrêta à l'idée de deux tableaux peints à l'huile dont le secrétaire de l'Union, M. Jules Bloch, qui en avait suggéré l'idée, con-
fia l'exécution, sous sa direction, à M. Gourdault, jeune peintre
de talent, ancien prix de Rome.

L'un des tableaux représentait une gare sur le bord d'une rade.
Au fronton de cette gare frontière, les deux drapeaux espagnol et
français claquaient au vent. La rade était pleine de grands vapeurs
chargeant et déchargeant de nombreux ballots ; la gare était encombrée de wagons pleins de fruits, de caisses d'oranges, raisins, etc..
avec un peuple de coltineurs travaillant ferme. Et par-dessus la fu-
mée d'un train qui filait vite à sa destination, la France, un soleil
merveilleux, resplendissait.

Il était en effet merveilleux, ce soleil, car dans son éclabousse-
ment d'or, au zénith du tableau, il portait ces mots : *Ayer, el comercio Franco-Espanol* écrits en lettres d'or sur un ruissellement

de doublons et de louis qui se projetaient en gerbes avec une respectable liasse de billets de mille.

Et afin que nul n'en ignorât, un cartouche portait en deux langues l'explication de cet Hier si beau d'activité et de fortune, dans un style aussi concis que possible. « Hier 1872-1892 ». « Pendant cette période les relations commerciales entre l'Espagne et la France étaient très actives en raison des tarifs douaniers réciproquement favorables. Les échanges se sont élevés jusqu'à 643 millions de francs ». (Voir 1886).

L'autre tableau, faisant pendant à ce premier, nous donnait la même gare au bord de la même rade. Mais la gare est vide et la rade n'abrite que deux bateaux à l'ancre ; mais il n'y a plus de coltineurs et, à côté de deux wagons à moitié vides, près d'un malheureux fût de vin et d'une caissette d'oranges, les douaniers jouent aux cartes sur des caisses défoncées. C'est le silence et l'ennui qui règnent dans cette gare où vivent seuls les douaniers français et espagnols, des douaniers partout dont deux au premier plan ayant sous leurs bras l'un « l'Arancel » l'autre le « Tarif ».

Et le soleil pâle qui darde sur le tout n'est qu'un soleil d'argent portant « *Hoy* » *el commercio Franco-Espagnol*, un soleil blafard fait de quelques douros et de quelques écus.

L'explication de cet Aujourd'hui si lamentable se lit dans le cartouche de ce tableau de désolation « Aujourd'hui ». « Par suite des Tarifs français et espagnol le trafic entre les deux pays tombe à 363 millions de francs (Voir 1907). »

Si la vue de ces tableaux devait être suffisamment persuasive, sans qu'on leur reprochât de tomber dans la charade, il leur fallait peut-être un commentaire plus explicatif. L'Union publia une reproduction photographique de ces deux tableaux en y joignant une déclaration et un graphique des mouvements commerciaux. Cette publication était à la portée des visiteurs et un grand nombre d'exemplaires fut distribué.

La déclaration était conçue en ces termes :

Paris le, 1ᵉʳ juin 1908.

L'Union pour l'amélioration des conventions commerciales entre la France et l'Espagne a été créée en mai 1903.

Le but de l'Union correspond à son titre : elle veut obtenir l'amélioration des relations commerciales entre les deux nations amies.

L'Union pense que, si l'intérêt commun est un lien entre les hommes, il doit en être un aussi pour les Nations.

Une entente commerciale, basée sur les besoins des deux pays, sauvegardant les intérêts économiques de chacun d'eux, non seulement augmentera la prospérité, mais aussi développera et resserrera l'amitié des deux nations sœurs.

Créer de nouvelles voies de communication entre la France et l'Espagne, c'est beaucoup ; mais ce n'est pas assez si ces communications ne doivent pas servir à un trafic plus vaste et plus actif. Pour cela, il faut redonner de l'élan et de la vigueur aux échanges entre les deux pays, ce qui ne peut arriver qu'à la suite d'une révision rationnelle des Tarifs douaniers actuellement en vigueur.

Quand l'*Union* aura obtenu cette amélioration désirée par les deux Nations, son but sera atteint pour le grand bien et la plus grande prospérité de la France et de l'Espagne.

Le Président :

V. LOURTIES,
Vice-Président du Sénat.

Le Secrétaire Général :

J. STETTEN,
Conseiller du Commerce Extérieur.

Quant au graphique, il donnait les mouvements saisissants des « exportations espagnoles à destination de la France de 1880 à 1906 » et la ligne aussi brisée et aussi retombante des « exportations françaises à destination de l'Espagne » pour la même période d'années.

En faisant cette manifestation économique, l'Union a pu douter de l'efficacité de sa portée, car la question se pose encore de savoir si le grand public ne regarde pas et de prime abord les statistiques douanières, les conventions et les traités de commerce comme choses supérieures à son entendement et du domaine exclusivement diplomatique. Quoi qu'il en soit, elle aura fait œuvre didactique dans le domaine de l'économie sociale et lorsque ses efforts aboutiront, dans un jour éloigné ou prochain, elle pourra avoir la satisfaction de n'avoir rien ménagé pour amener à elle et à ses convictions le plus grand nombre d'adhérents.

Par décision du Jury supérieur l'Union pour l'Amélioration des conventions commerciales entre la France et l'Espagne a été mise hors concours dans la section de l'Économie sociale.

La Chambre des Négociants Commissionnaires et du Commerce
Extérieur exposait un tableau rappelant ses principaux rapports et
vœux intéressant le commerce d'exportation depuis sa création en
1876 ; les questions se rattachant à nos relations commerciales avec
l'Espagne ont toujours été l'objet de la sollicitude de cette Chambre
et c'est à son instigation que fut créée l'Union pour l'amélioration
des conventions commerciales entre la France et l'Espagne.

M. Joseph Limozin, vice-président de la susdite Chambre, qui
était délégué par elle à Saragosse, fut nommé vice-président du
Jury de la classe de l'Économie sociale.

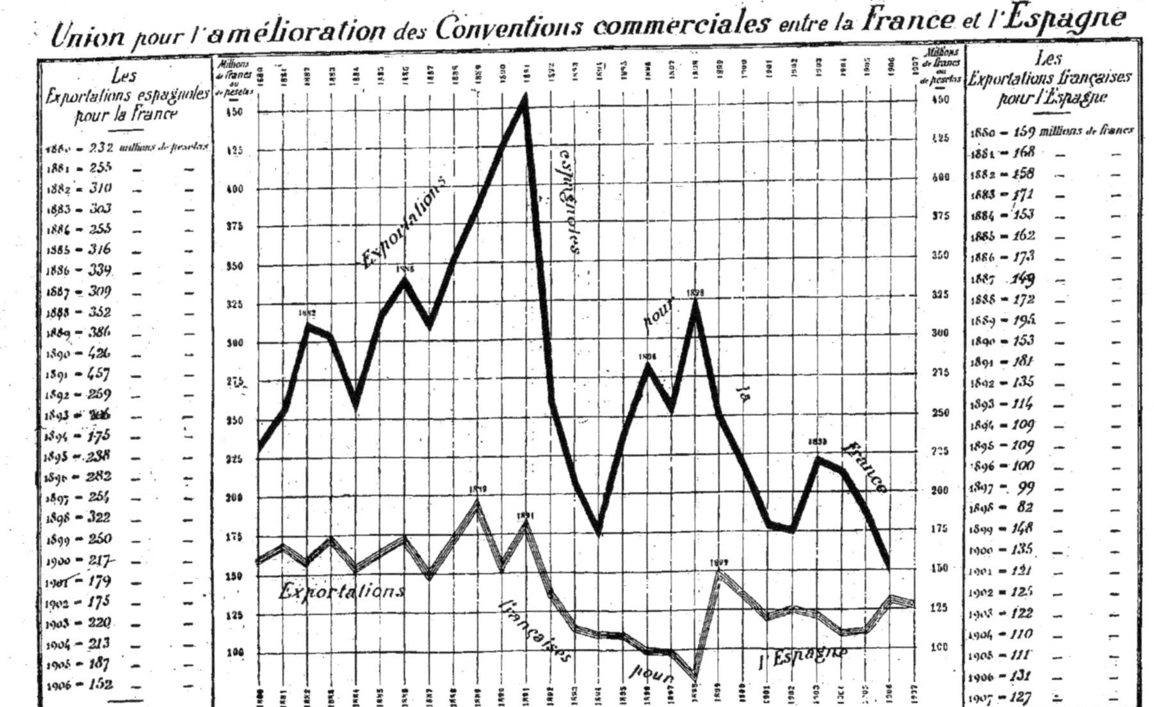

Les Exportations espagnoles pour la France

1880	232 millions de pesetas
1881	255
1882	310
1883	303
1884	255
1885	316
1886	339
1887	309
1888	352
1889	386
1890	426
1891	457
1892	259
1893	306
1894	175
1895	238
1896	282
1897	254
1898	322
1899	250
1900	217
1901	179
1902	175
1903	220
1904	213
1905	187
1906	152

Les Exportations françaises pour l'Espagne

1880	159 millions de francs
1881	168
1882	158
1883	171
1884	153
1885	162
1886	173
1887	149
1888	172
1889	194
1890	153
1891	181
1892	135
1893	114
1894	109
1895	109
1896	100
1897	99
1898	82
1899	148
1900	135
1901	121
1902	125
1903	122
1904	110
1905	111
1906	131
1907	127

Le Caridad.   *Cl. Coyne.*

GROUPE IX

SECTION XXIV & XXV

CLASSES 262 à 330

HYGIÈNE

Président : M. le D^r Le Page Viger.
Vice-Présidents : MM. Fairen et Dr Chervin.
Secrétaires : MM. Cerezo et Forniès.

Le Jury a décerné aux exposants de la section française :

7 Grands Prix.
3 Diplômes d'Honneur.
6 Diplômes de Médaille d'Or.
4 Diplômes de Médaille d'Argent.
1 Diplôme de Médaille de Bronze.
3 Mentions Honorables.

24 récompenses ont été en outre décernées aux collaborateurs des exposants se divisant en :

6 Diplômes de Médaille d'Or.
11 Diplômes de Médaille d'Argent.
4 Diplômes de Médaille de Bronze.

Voici sommairement le compte-rendu des expositions des membres du Jury hors concours et de ceux qui ont obtenu de hautes récompenses.

I. — *Exposants Hors Concours, Membres du Jury.*

Le D[r] Le Page Viger, Directeur du Bureau d'Hygiène d'Orléans, vice-président de la Commission sanitaire d'arrondissement, exposait : 1° un volume relié contenant les Bulletins annuels 1905-1906 et 1907 du Bureau d'Hygiène d'Orléans, chacun d'eux de 120 à 140 pages, renfermant un grand nombre de graphiques en couleur et de plans d'Orléans où sont indiqués pour chaque année les cas de maladies contagieuses et de tuberculoses ; 2° un volume relié contenant les Bulletins mensuels 1905-1906 et 1907 du même service ;

3° Un volume broché intitulé : *Manuel des premiers secours* de 252 pages de texte, orné de 86 photogravures, ouvrage de vulgarisation, adopté par la Fédération Nationale des Sapeurs-Pompiers Français, l'Union des corps de Sapeurs-Pompiers de Belgique et un grand nombre de Sociétés de secouristes et d'ambulanciers, honoré d'une souscription du Ministre de l'Intérieur, après approbation du Ministre de la Guerre. Ce manuel est à l'heure actuelle tiré à neuf mille exemplaires.

Le Dr Chervin, directeur de l'Institut des Bègues de Paris (fondé en 1867), exposait un volume intitulé *Tartamudez*, c'est la traduction espagnole d'un ouvrage français intitulé : *Bégaiement*. L'auteur s'est attaché à y montrer les efforts tentés et les résultats obtenus dans l'Institut qu'il dirige avec autant de science que d'autorité, avec autant de tact que de dévouement. Il y décrit, avec une plume très autorisée, comment on obtient la guérison du bégaiement et des autres défauts de prononciation.

Non content des résultats obtenus en France, il a voulu vulgariser sa méthode à l'étranger et sa connaissance approfondie de la langue espagnole lui a permis de livrer aux savants d'Espagne une excellente traduction de son traité français.

II. — *Grands Prix*. — M. Bardy dirige à Paris, 7, rue de Rome, une importante maison de pharmacie, fondée en 1890, dans laquelle non content de satisfaire sa clientèle en pratiquant la pharmacie, il a tourné ses efforts vers la fabrication d'objets de pansements stérilisés qui ont déjà été très appréciés par les jurys des expositions auxquelles il a participé depuis 1900 (médaille d'argent Paris 1900 ; Médaille or, Saint-Louis 1904 ; Diplôme d'honneur, Liége 1905 ; Grand Prix, Milan, 1906). Le jury de Saragosse a cru de son devoir de lui accorder la même haute récompense.

Le docteur Beurnier, chirurgien de l'hôpital Saint-Louis à Paris, membre de la Société de Chirurgie, expose un très intéressant volume intitulé : *Applications de l'anatomie à la mécanique orthopédique, prothétique et herniaire*, science dans laquelle il semble s'être tout particulièrement spécialisé ; il a été vice-président du Jury à Bruxelles et à Milan.

La Société Générale d'Épuration et d'Assainissement, fondée à Paris en 1903, très scientifiquement dirigée par M. Bézault, ingénieur sanitaire, architecte diplômé du Gouvernement, présente un appareil destiné à l'épuration des eaux d'égoût. Cette société qui emploie 25 ouvriers à Paris, et une centaine sur divers chantiers, construit des fosses septiques destinées à la suppression des vidanges (septictank).

C'est une des premières maisons qui, en France, ait fait de l'épuration biologique intensive, perfectionnant les procédés anglais : elle fait journellement l'application de la fosse septique à l'habitation. Ces procédés sont appelés à un grand avenir et donnent une solution hygiénique à un des difficiles problèmes sanitaires.

Déjà titulaire de nombreuses récompenses aux expositions et notamment d'un diplôme d'honneur à Milan, un grand Prix est venu la récompenser des efforts tentés pour faire connaître à l'étranger cette intéressante méthode.

M. Borne, directeur à Paris, 83, rue du Bac, de la maison Flicoteaux, Borne et Boutel, fondée par M. Flicoteaux en 1870, exposait de très intéressants et très pratiques appareils pour salles d'opérations et pour laboratoires, appareils pour stérilisation et désinfection. Cette maison occupe 300 ouvriers, pour lesquels elle a fondé une société de secours mutuels. Elle est déjà titulaire de 2 médailles d'or, Paris 1900, d'un Grand Prix à Liége 1905 et a été classée hors concours à Milan, son directeur étant membre du Jury.

M. Bouisseren dirige à Paris, 116, rue de Rivoli, une importante maison fondée en 1865 par M. Vergne (H. Vergne et G. Bouisseren).

Il présente un lot remarquable d'instruments en gomme et caoutchouc souple, et notamment des sondes et bougies chirurgicales garnies de gomme sur soie tressée et de canules en caoutchouc souple moulé. La bonne fabrication de cette maison a vulgarisé l'emploi de ces instruments et leurs qualités universellement reconnues leur ont valu leur renommée mondiale.

Exposant depuis 1867, M. Bouisseren était membre du Jury, hors concours à Milan.

La maison Lequeux, fondée en 1831 à Paris, 64, rue Gay-Lussac par M. Wiesnegg, est fabricante d'appareils stérilisateurs électriques et d'étuves électriques, d'appareils pour laboratoires scientifiques et d'appareils pour désinfection. Elle exposait un stérilisateur pour pansements et instruments qui permet de faire des chauffages partiels sans être obligé de mettre tout l'appareil à une allure maximum de dépense. Cette maison a déjà obtenu des grands prix à Paris 1900 et Saint-Louis 1904. Son propriétaire était hors concours et membre du Jury à Liége et à Milan.

M. Plisson dirige à Paris une vieille maison de 119 ans d'existence, 68, rue J.-J. Rousseau, fondée en 1789 par MM. Rondeau et Plisson. Elle exposait une belle collection de bandages et d'instruments de chirurgie en gomme et caoutchouc (sondes et bougies); occupant 200 ouvriers, elle fait la fabrication complète et entière de ces instruments, tissage, séchage, gommage, vulcanisation et les offre au public spécial, stérilisés et inaltérables, puisque établis en pur para.

Elle donne à ses ouvriers des primes annuelles à l'ancienneté et augmente leurs salaires proportionnellement au nombre d'années passées par eux aux ateliers.

Récompensée d'une médaille d'or à Paris 1900, cette maison a obtenu des grands Prix à Saint-Louis 1904 et Liège 1905.

III. — *Diplômes d'honneur*. — M. Dumouthiers, pharmacien de 1re classe, 11, rue de Bourgogne à Paris, présente du chloroforme anesthésique, chimiquement pur, enfermé en tubes scellés à la lampe, ce qui lui assure une conservation indéfinie, et qui permet de l'employer pour ainsi dire au compte-goutte une fois l'extrémité du tube ouverte.

MM. Rainal frères, 23, rue Blondel à Paris, dirigent une maison bien connue, fondée en 1828 par leur père. Ils y occupent 52 ouvriers et 15 au dehors (tous participants dans le chiffre d'affaires) à fabriquer des appareils d'orthopédie, appareils herniaires, appareils à frac-

tures et objets de pansements universellement appréciés et dont l'é-
loge n'est plus à faire. Cette maison avait obtenu une médaille d'or
à Paris en 1900.

La maison Wickham, 15, rue de la Banque à Paris, dirigée de père
en fils depuis 1814, exposait des bandages herniaires d'une construction irréprochable. Elle fabrique tous autres appareils d'orthopédie,
employant 30 ouvriers qu'elle fait participer aux bénéfices sociaux ;
elle a remporté de très nombreuses récompensés aux expositions
depuis 1855 et notamment des médailles d'or à Paris 1900 et St-Louis
1904 ; membre du Jury, hors concours, Liège 1905.

IV. *Médailles d'or.* — M. Breton, successeur, avec M. Van Stenbrugghe, de la maison Drapier et Fils, fondée en 1829 à Paris rue de
Rivoli, 41, présentait des appareils ingénieux contre le pied plat dou-
loureux, un abaisse-langue à panier et un spéculum à doigt ; elle
fabrique tous bandages, instruments de chirurgie et appareils d'orthopédie, fabrication à laquelle elle emploie 16 ouvriers, elle a obtenu
une médaille de bronze à Liège et une médaille d'argent à Milan.

M. Corbeil, entrepreneur constructeur, 2, rue Baudin à Paris
dirige une assez vaste maison, fondée en 1855, qui occupe parfois
jusqu'à 200 ouvriers, pour des travaux publics et particuliers d'installations sanitaires.

Elle exposait principalement un crachoir dit « hygiénique, hydro-
automatique, antituberculeux » qui a pour but de « supprimer toute
possibilité d'extension des maladies contagieuses provenant des
expectorations ».

M. Corbeil a été hors concours comme Membre du Jury à Liège et
à Milan.

M. Lapierre, secrétaire de la Société Nationale d'Encouragement
au Bien, exposait un livre sur Parmentier, son œuvre, sa vie, hommages rendus à sa mémoire ».

M. Legros architecte de la ville de Paris, diplômé du Gouvernement, exposait les plans et vue perspective de l'hôpital Boucicaut,
construit de 1894 à 1898 par l'administration de l'Assistance Publique.

Le Docteur Lucien Graux exposait un volume de la *Gazette médicale
de Paris,* fondée en 1830 et qu'il dirige d'une façon très scientifique,
avec un Comité de rédaction de 150 médecins.

Il exposait de cette *Gazette* une édition française et une édition
spagnole, ce qui en fait l'originalité.

M. Pannetier, directeur et propriétaire, depuis 1898 de la manufacture centrale de bandages et appareils médicaux de Commentry (Allier), exposait des ceintures médicales diverses de construction irréprochable et en excellents tissus élastiques. Cette maison, occupant 52 ouvriers, fabrique également tous les genres de bandages herniaires ; a déjà obtenu des médailles d'or à Saint-Louis à et Liège.

RÉCOMPENSES

Hors concours.

Chervin (D^r), Paris.
Le Page-Viger (Dr Charles), Orléans.

Grands prix

Bardy, Paris.
Beurnier (Louis), Paris.
Bezault, Paris.
Bouisseren (H. Vergne et G. Bouisseren), Paris.
Flicoteaux, Borne, Boutet, Paris.
Lequeux (Paul), Paris.
Plisson (Alfred), Paris.

Diplômes d'honneur.

Dumouthiers (Gustave), Paris.
Rainal frères, Paris.
Wickham, Paris.

Médailles d'or.

Breton (Van Stenbrugghe et Breton), Paris.
Corbeil (Albert), Paris.
Lapierre (René-Victor), Neuilly-sur-Seine.
Legros (Georges), Paris.
Lucien-Graux (D^r), Paris.
Pannetier (A.), Commentry.

Médailles d'argent

Bonjean, Paris.
Naline (Abel), Villeneuve-la-Garenne.
Société *Le Ferment*, Paris.
Thouvenin (D^r), Bonnelles.

Médaille de bronze.

Hartenberg (Dr Paul), Paris.

Mentions honorables

Mathé (D^r), Paris.
Picquet (Maurice), Crécy-sur-Serre.
Ramally (Dr Henri), Noyon.

COLLABORATEURS

Médailles d'or.

Creyx, de la maison Rainal, frères.
Dangleterre (Pierre), de la maison Plisson.
Dupommereuille (Marcel), de la maison Plisson.
Gauthier (Alphonse), de la maison Plisson.
Rattel, du D^r Le Page-Viger.
Tobié, de la maison Dumouthiers.

Médailles d'argent.

Bernard, de la maison Pannetier.
Bouain (Charles), de la maison Raynal frères.
Bouain (Ferdinand), de la maison Rainal frères.
Bouain (Mme), de la maison Rainal frères.
Chenays, de la maison Rainal frères.
Frenkel (D^r), de la maison du Dr Lucien Graux.
Ginon (Henri), de la maison Plisson.
Robin, de la maison Rainal frères.
Sénéchal (D^r), de la maison du Dr Lucien Graux.
Tramblet, de la maison Pannetier.
Vassalo (Walter), de la maison Plisson.

Médailles de bronze.

Bonnet, de la maison Pannetier.
Laugier (Narcisse), de la maison Naline.
Moreau, de la maison Pannetier.
Poiffault (Baptiste), de la maison Naline.

Stalles du chœur de Notre-Dame del Pilar. *Cl. Coyne.*

GROUPE X

CLASSES 331 à 349

INDUSTRIES DIVERSES

Président du Jury : M. Leloir (Albert), à Paris.
Vice-Président : Don Pedro Garni.
Secrétaire : M. Saillard (Gustave), à Biarritz (Basses-Pyrénées).
Membre : M. Carrière (Ernest), à Paris.

Sans faire une critique qui serait d'ordre trop général on peut regretter, au point de vue de l'intérêt pratique que présente une exposition envisagée comme opération de publicité, que la plupart des exposants dans le groupe des Industries Diverses n'aient pas jugé devoir donner à leurs installations un développement suffisant pour qu'ils puissent en attendre des résultats commerciaux considérables.

Pour que la publicité dans une exposition soit efficace, il faut qu'elle frappe le visiteur, non seulement par le nombre et la variété des objets exposés, mais aussi autant que possible par des sortes de leçons en indiquant au public les procédés sommaires de fabrication, et surtout les modes pratiques de passer des ordres, après examen des échantillons.

A cet égard une place à part doit être faite à deux exposants : MM. Leloir frères et la Société Christofle et Cie, qui dans deux ordres d'idées différentes se sont appliqués à faire cette éducation du public étranger qu'on doit considérer comme le meilleur élément de succès pour notre commerce national.

MM. Leloir frères, 14, rue de Commines à Paris, consacrent leurs efforts à l'industrie très spéciale de la brosse à peindre, depuis la fabrication du très fin pinceau de l'artiste-peintre jusqu'à celle de l'outillage du peintre en bâtiments.

L'exposition de MM. Leloir frères était une manière de tableau vivant de toutes les phases de la fabrication et réalisait bien cette leçon de choses qu'on peut considérer comme l'attrait principal des visiteurs.

Les photographies de l'usine, les notices descriptives permettaient d'examiner et d'admirer la simplicité et le fonctionnement d'un mécanisme susceptible de confectionner en quelques instants, soit un pinceau, soit une brosse à peindre et cela dans toutes ses parties, c'est-à-dire depuis le travail des soies prises à l'état brut, la préparation des bois pour l'emmenchage, l'emboutissage des viroles en métal, le clouage, le sertissage, etc...

Cette usine modèle dont les produits s'écoulent en France et à l'étranger, notamment en Espagne et dans l'Amérique du Sud, a son outillage entièrement actionné par deux puissantes turbines hydrauliques du type « Ferray ».

Comme membre du jury, M. A. Leloir était hors concours à l'exposition de Saragosse.

C'est apparemment aux efforts de cette maison que l'on doit principalement le développement de nos ventes de brosses et de pinceaux en Espagne. Le droit nouveau de 3 pesetas au kilog., au lieu des taxations diverses selon la matière, a peut-être aussi, en supprimant les conflits et les surtaxes, contribué à favoriser ce mouvement de ventes. De tous ces articles qui viennent en grande partie d'Allemagne, la vente en Espagne s'est accrue de 163.460 pesetas en 1906 à 760.000 pesetas en 1907. La France atteint 215.000 pesetas.

M. Carrière, qui exerce, 115, boulevard Richard-Lenoir à Paris, l'industrie de la miroiterie métallique, a exposé un grand nombre de modèles d'un arrangement très heureux.

L'exposition de M. Carrière était une véritable révélation pour l'observateur consciencieux, car sur chaque article sortant de ses ateliers, l'on pouvait trouver une empreinte personnelle et nous dirons même un sentiment artistique.

Parmi les créations récentes de ce fabricant nous citerons : le Miroir « Colonial » appelé ainsi en raison des nombreux services qu'il peut rendre aux Colonies, la glace l' « Optimus » pour dessinateurs, brodeurs, etc.

En dehors des articles de toilette, la maison Carrière exposait aussi une série de petites glaces et de cadres du plus séduisant aspect. La plupart de ces articles de forme ronde, ovale, losangée ou rectangulaire, sont destinés à la publicité et simulent des écussons ou autres attributs qui font voir par la netteté de leur monture que rien dans leur fabrication n'a laissé à désirer.

M. Carrière était membre du Jury, hors concours à l'Exposition de Saragosse.

La maison G. Saillard et Cie, à Biarritz et à Saint-Sébastien en Espagne, a exposé une série d'appareils portatifs pour chauffage hygiénique par l'eau chaude.

Cet exposant était hors concours comme faisant partie du Jury.

La maison Christophe et Cie, universellement connue, vient d'obtenir à l'Exposition de Saragosse la plus haute récompense : Un Grand Prix ».

Elle fut fondée en 1841 par M. Charles Christofle qui sut faire passer dans le domaine de la réalité l'industrie de l'orfèvrerie galvanique. Cette importante firme n'a fait qu'augmenter une réputation qui fait qu'aujourd'hui cette marque n'a pas de concurrence.

Les avantages remarquables à tant de titres que présente l'argenture par la pile justifient et font comprendre le succès, les développements successifs qu'elle a pris dans la main de son fondateur, comme aussi les récompenses sans nombre qui lui ont été décernées.

Nous rappellerons que la maison Christofle est une des premières ayant considéré comme un devoir de faire participer son personnel à ses propres succès. C'est ainsi que les fondations suivantes ont été créées pour le plus grand bien des collaborateurs à tous degrés de la marque Christofle : Caisses de secours, service de santé, services des avances et prêts, livrets de caisse d'épargne, école professionnelle etc...

La maison Dupont et C‍ⁱᵉ exposait à Saragosse une série d'échantillons montrant les principaux articles de sa fabrication, tels que
montures de brosses, boutonnerie en ivoire, nacre et os, ainsi que
tout ce qui constitue la brosserie de luxe.

Faire l'énumération des succès obtenus par cette marque à toutes
les expositions françaises et étrangères, depuis 1867, serait trop long
et il nous suffira de dire que les plus hautes récompenses lui ont été
attribuées.

Les produits de l'usine de Beauvais sont expédiés dans les maisons
de vente de cette firme qui a des succursales dans le monde entier.

La marque E. Dupont a obtenu à l'exposition de Saragosse un
Diplôme de grand prix, la plus haute récompense qu'il fût possible
de décerner.

La maison D. Weil, 20/22, rue Richer à Paris, exposait dans la
classe 349 des reproductions de machines à cigarettes et de machines pour l'embouteillage des liquides dont elle s'est fait une
spécialité.

Cette maison fondée en 1890 construit des machines spéciales
économisant la main-d'œuvre et a permis à plusieurs industriels de
transformer complètement leurs moyens de fabrication et de réali-
ser ainsi des économies considérables.

Sa machine à cigarettes « La Venners » produisant 30.000 cigarettes par heure et ne nécessitant que deux ouvrières pour son
fonctionnement, est une merveille de simplicité. Elle est adoptée
par la Régie française, par la Régie espagnole, par la Régie rou-
maine et la maison D. Weil en exporte dans tous les pays du
monde.

Le Jury de l'Exposition de Saragosse a décerné un grand prix à
M. Weil.

La maison Henry Frères, 3, rue Pasquier, à Paris, exposait de merveilleux articles de bijouterie et orfèvrerie qui furent l'objet de la
plus vive admiration des visiteurs de l'Exposition.

Les plus hautes récompenses ont été obtenues par MM. Henry
frères, aux expositions françaises et étrangères de ces dernières
années.

La maison Lipmann, fondée à Besançon en 1867, est aujourd'hui
dirigée par MM. Lipmann frères, qui en 1900 ont fait édifier à la
Moullière près de Besançon, une usine véritablement modèle avec
outillage mécanique perfectionné. Le personnel, composé d'ouvriers
et ouvrières, dépasse 200 personnes.

La spécialité de cette maison, très connue pour ses chronomètres, est la montre de précision. Fournisseur de la Marine et de l'Etat, la marque Lipmann frères est universellement connue et réputée.

La maison Cavaillé Coll, manufacture d'orgues d'église et de salons, Charles Mutin successeur, a une origine qui remonte à plus de deux siècles.

La maison C. Mutin, qui présentait à Saragosse deux plans d'orgues, occupe un nombreux personnel parmi lequel se rencontrent de véritables artistes.

La marque Cavaillé Coll, que l'on retrouve à toutes les expositions officielles, est titulaire de nombreuses récompenses.

Nous ajouterons que le successeur, M. C. Mutin, vient d'être chargé de la construction de l'orgue monumental de Saint-Pierre de Rome, ce qui est, en quelque sorte, la consécration de cette marque célèbre.

L'Exposition de Saragosse a permis à cette maison d'obtenir un nouveau Grand Prix.

La maison G. Roger Sandoz, créée au Palais Royal par le Fondateur du Comité Français des Expositions à l'Etranger, le regretté Gustave Sandoz, fut transférée ensuite en 1895 au Nº 10, rue Royale. Elle a comme spécialité les objets d'art, l'orfèvrerie, les chronomètres et montres de précision.

Les bijoux exposés à Saragosse constituaient un choix heureux de bijoux de style moderne et style classique en or ciselé et émaillé.

Cette maison occupe un très important personnel et a pour collaborateurs de nombreux artistes comme les éminents graveurs MM. Bottée, Yencesse, Dautel, Pillet, etc..

M. G. Roger Sandoz, qui est Secrétaire général du Comité Français des Expositions à l'Etranger et de la Société d'Encouragement à l'Art et à l'Industrie, a vu son dévouement récompensé à l'issue des expositions de Glasgow en 1901 et Milan en 1906, où il fut nommé Chevalier et Officier de la Légion d'Honneur. La maison G. Sandoz est également titulaire de nombreuses récompenses.

La maison Paul Templier, qui fut créée en 1849 par M. Charles Templier, exposait un choix de bijoux art moderne en or et platine.

Cette maison dont les spécialités sont : les colliers rangs de perles, bracelets et bijoux de soirées, a ses ateliers, bureaux et magasins de vente à Paris, place des Victoires, Nº 3.

La maison Templier est titulaire des plus hautes récompenses obtenues aux dernières expositions.

La maison Vaguer L. dont les ateliers et magasins de vente sont situés 41, rue Etienne-Marcel, à Paris, exposait un superbe lot d'articles de sa fabrication, tels que colliers, bracelets, broches, pendentifs, bagues, diadèmes, etc. Cette importante maison dont l'éloge n'est plus à faire, a été fondée en 1888 et occupe un nombreux personnel.

Elle a participé depuis l'année 1889 aux principales expositions françaises, internationales et étrangères et le Grand Prix qui vient de lui être décerné à Saragosse est venu compléter ceux déjà obtenus.

Ajoutons que M. Vaguer, qui a mérité les félicitations du Jury, a été mis plusieurs fois hors concours et nommé membre du Jury.

La maison Boucheron, Radius, 26, place Vendôme à Paris, exposait à Saragosse quelques ravissants modèles d'ornements d'église et bijoux de grande valeur. Nous citerons particulièrement : une crosse en argent ciselé aux sujets expressifs ; une guirlande de fleurs en émaux transparents sur or avec brillants ; une bague épiscopale portant au centre un diamant gravé d'une croix dont le travail est particulièrement remarquable ; une merveilleuse broche en diamants avec scarabée sculpté en relief.

Cette maison a vu confirmer ses récompenses antérieures par un Grand Prix.

La maison Fouquet, 6, rue Royale à Paris, a retenu l'attention du public par un lot de bijoux où la note originale voisine avec un sentiment artistique qui fait le plus grand honneur à ce fabricant consciencieux.

Les motifs des parures des bijoux exposés par cette maison révèlent le plus souvent un sens délicat de la flore. M. Fouquet emploie de préférence l'or à l'argent et au platine pour enchâsser les pierreries dont sont composés ses joyaux. Dans ces conditions, l'or donne à la pierre une tonalité chaude qui s'harmonise heureusement avec les couleurs de l'émail dont la part est relativement importante. Citons parmi les pièces exposées : une grande agrafe de corsage représentant une branche de glycine ; des ornements de coiffure au pur style byzantin ; un collier de gui dont les feuilles sont en émaux translucides dégradés, les graines en perles et les tiges serties en diamants. M. Fouquet a obtenu à Saragosse un diplôme de Grand Prix.

M. Henri Teterger exposait de fort belles pièces dans ce style Art Nouveau dans lequel il excelle et qui lui ont valu un Grand Prix.

RÉCOMPENSES

Hors concours.

Carrière (Ernest), Paris.
Leloir frères, Paris.
Saillard (Gustave), Biarritz.

Grands prix.

Boucheron, Radius et Cie, Paris.
Christofle et Cie, Paris.
Dupont (E.) et Cie, Paris.
Fouquet (Georges), Paris.
Henry frères et C^{ia}, Paris.
Lipmann frères, Besançon.
Mutin (Charles), Paris.
Sandoz (Gustave-Roger), Paris.
Templier (Paul) fils, Paris.
Téterger (Henry) fils, Paris.
Vaguer (Léon), Paris.
Wiel (Daniel), Paris.

Médaille d'argent.

Delaunay (A.), Pont-Sainte-Maxence.

COLLABORATEURS

Diplômes d'honneur.

Belongh (Pierre), de la maison G.-Roger Sandoz.
Carrière (Maxime), de la maison Ernest Carrière.

Médailles d'or.

Besnaux (Charles), de la maison Léon Vaguer.
Cibilie (E.), de la maison Leloir frères.
Cotret (Mlle Marie), de la maison Léon Vaguer.
Kraemer (Mme Jeanne), de la maison Léon Vaguer.
Larché (Mme Madeleine), de la maison Ernest Carrière.
Médrinal (Mlle Jeanne), de la maison Gustave Saillard.
Parret, de la maison Lipmann frères.
Pheulpin, de la maison Lipmann frères.

Richard (F.), de la maison Leloir frères.
Rotheu, de la maison Lipmann frères.
Rougeron (Louis), de la maison G.-R. Sandoz.
Saillard (Georges), de la maison Gustave Saillard.
Spot (Émile), de la maison Léon Vaguer.
Tétaert (Ernest), de la maison Ernest Carrière.
Vignoud (Charles), de la maison Paul Templier fils.
Wicky, de la maison Lipmann frères.

Médailles d'argent.

Braunner (Mme Henriette), de la maison Léon Vaguer.
Gomy (Élie), de la maison Leloir frères.
Jouannaud (Louis), de la maison Léon Vaguer.
Lagarde, de la maison Gustave Saillard.
Lanatrix (Jean), de la maison Gustave Saillard.
Piot, de la maison Leloir frères.
Thiemann (Bernard), de la maison Charles Mutin.
Wailly (Alfred), de la maison Léon Vaguer.

Médailles de bronze.

Salmon (Pierre), de la maison Charles Mutin.

Un coin du Salon d'Honneur.   *Cl. Thouin.*

SECTION XXX

CLASSE 346

PHOTOGRAPHIE, IMPRIMERIE, PHOTOGRAVURE

Président : Don Rivardo Magdalena.
Vice-Président : M. Mendel (Charles) à Paris.
Secrétaire : Don José Valenzuela.

Le Comité d'organisation de la classe 346, qui comprenait la photographie, l'imprimerie et la photogravure, avait porté tout spécialement ses efforts sur le côté commercial et industriel et sur les applications de la photographie aux procédés d'impression.

La section photographique ne comportait pas un grand nombre d'exposants, mais elle offrait cependant un aspect coquet et séduisant grâce à la participation d'importantes maisons comme H. Bellieni de Nancy, Grieshaber Frères et Cie, la Société anonyme des établissements Demaria-Lapierre, la Société des plaques et papiers J. Jougla et la Société industrielle de Photographie qui avaient tenu à ce que leurs appareils et produits fussent représentés d'une façon très brillante. Il convient d'ajouter à cette première liste d'exposants la magnifique collection d'épreuves photographiques : portraits, sujets documentaires, études, paysages, etc., exposés par MM. Paul Nadar, de Móntarnal, Maurice Estieu, et les grandes compagnies de chemin de fer du Midi, d'Orléans et P.-L.-M.

La photographie artistique était représentée, du côté espagnol, par quelques envois d'amateurs qui ne n'offraient rien de bien saillant. Les Sociétés photographiques de Saragosse, de Madrid et de Barcelone, qui auraient pu rehausser de leur présence l'éclat de cette manifestation, n'avait fait aucun envoi. Cette abstention nous dit M. Charles Mendel, Vice-président du Jury, pourrait difficilement s'expliquer si nous ne savions que le développement soudain pris par la photographie en Espagne au cours des cinq ou six dernières années subit actuellement un moment d'arrêt. Les professionnels restent confinés dans leurs anciennes méthodes et les procédés modernes d'impression photographique ne paraissent les intéresser que très médiocrement. Les amateurs marquent moins d'enthousiasme et on ne les voit plus guère participer aux expositions qu'organisent chaque année de grandes sociétés photographiques étrangères. Cette participation leur est du reste presque impossible en raison de la difficulté que présente pour eux l'envoi d'épreuves encadrées ou tout simplement sous verre.

Les sociétés photographiques espagnoles, pleines d'ardeur et très vivantes il y a quelques années, déclinent aujourd'hui d'une façon fort inquiétante pour leur avenir, et le nombre de leurs adhérents diminue de jour en jour en dépit des efforts de quelques amateurs qui, demeurés fervents adeptes de la photographie, essaient mais en vain, d'infuser une vie nouvelle à ces groupements en leur recrutant de nouveaux membres et en cherchant à secouer la sorte de torpeur et d'apathie qui règne dans les milieux photographiques.

Il ne faudrait cependant pas trop se fier à ces seules apparences et se hâter d'en conclure que le marché photographique espagnol, fort intéressant il y a quelques années pour nos fabricants et exportateurs, a perdu aujourd'hui une grande partie de son importance.

La vérité est que, si les manifestations photographiques se font plus rares et si les sociétés photographiques dépérissent, ce n'est pas faute d'amateurs, mais bien parce que les amateurs ont aujourd'hui d'autres goûts et d'autres aspirations : les sociétés photographiques n'ont pas donné à leurs adhérents tous les avantages que ceux-ci croyaient pouvoir y trouver. Quant aux expositions photographiques, dont le succès fut cependant très grand en Espagne pendant quelques années, c'est probablement l'intransigeance de leurs organisateurs vis-à-vis de certaines écoles qui en a marqué la fin.

Les amateurs ont aujourd'hui tendance à rester isolés et à travailler pour leur satisfaction personnelle et pour un petit cercle d'amis qu'ils associent à leurs travaux. Le nombre des amateurs, loin de diminuer, ne fait que s'accroître chaque jour et, si nous tenons compte de ce fait que les amateurs photographes appartiennent pour la plupart aux classes les plus élevées de la société, on comprendra tout l'intérêt qu'il y a pour nos compatriotes à ne pas négliger une seule des occasions qui peuvent les mettre en contact avec la clientèle espagnole.

D'autre part, la photographie industrielle et les applications de la photographie aux procédés d'impression photo-mécanique font chaque jour des progrès nouveaux et leur emploi tend à se généraliser de plus en plus : l'Espagne est loin d'être restée réfractaire à ce mouvement.

Sans y avoir atteint le même degré de développement qu'elle a pris dans d'autres pays, comme en Italie, la photographie n'en est pas moins aujourd'hui complètement entrée dans les mœurs et l'importance des débouchés que nous offre le marché espagnol ne peut que s'accroître avec le temps. Nous dirons plus, le marché espagnol est d'autant plus intéressant pour l'importation des articles photographiques qu'il s'agit là d'un pays entièrement tributaire de l'étranger pour tout ce qui touche à la photographie, appareils, optique, plaques, papiers, produits, alors que d'autres pays comme la Belgique, l'Italie, la Suisse, etc., subviennent partiellement ou entièrement à leurs propres besoins, l'Espagne ne possède actuellement aucun établissement s'occupant de la fabrication des articles photographiques.

Quelques tentatives ont été faites pour l'établissement de fabriques de plaques et papiers sensibles dans la péninsule ; mais ces tentatives ont échoué en raison des difficultés toutes spéciales que présente le climat de l'Espagne pour ce genre de fabrication.

Actuellement, ce sont les fabriques anglaises et françaises qui subviennent pour la majeure partie aux besoins des photographes amateurs et professionnels espagnols, pour les plaques et papiers sensibles ; les appareils sont presque exclusivement importés de

France. Toutefois nos grandes marques sont aujourd'hui fortement battues en brèche par les appareils pour plaques et pellicules de fabrication allemande.

Pour les plaques et papiers, les maisons Jougla et Grieshaber jouissent d'une très bonne réputation et leurs produits sont très appréciés en Espagne. Pour les appareils, ce sont les appareils de l'Industrie française qui tiennent la tête avec leurs chambres stéréoscopiques, que les amateurs espagnols affectionnent particulièrement en raison de leur précision, de leur volume réduit et de la sûreté de leur fonctionnement.

Les maisons Françaises ont en général en Espagne des représentants très actifs qui prennent en toute occasion la défense des intérêts français. Mais il ne faut pas perdre de vue que la concurrence étrangère constitue pour nous une menace permanente et si l'exposition de Saragosse a puissamment relevé le prestige de notre pays, il n'en est pas moins vrai que nos fabricants doivent redoubler de vigilance s'ils veulent conserver la première place qu'ils ont occupée jusqu'ici sur le marché espagnol.

Les achats de papier préparé pour la photographie qui représentaient en 1906 une valeur à l'entrée en Espagne de 133.782 pesetas, se sont considérablement accrus en 1907 et représentent une valeur totale de 225.000 pesetas sur lesquels on compte 149.000 pesetas pour les provenances françaises. Le droit de douane est de 2 pesetas par kilog.

En ce qui concerne l'imprimerie et la photogravure, plusieurs maisons de premier ordre représentaient avec honneur notre industrie.

La maison Le Vasseur et Cie, fondée en 1851 comme librairie, se consacre depuis 1886 à l'édition des estampes, spécialité dans laquelle elle a pris la première place. Elle possède un riche catalogue de planches de photogravure en noir et en couleurs d'une remarquable perfection; c'est à MM. Le Vasseur et Cie que l'on doit la reconstitution pour les impressions en couleur du vieux procédé dit « à la poupée » employé avec grand succès au XVIIIe siècle; à toutes les hautes récompenses obtenues dans les expositions, est venu s'ajouter un Grand Prix à Saragosse.

L'imprimerie Pichot fut fondée en 1830 et se consacra dès le début à la création des marques et à la fabrication des étiquettes de luxe pour tous genres d'industrie; elle prospéra rapidement; le développement de cette industrie provoqua à diverses reprises des agrandissements nécessaires en 1850, puis en 1872 l'usine dut être transférée dans des locaux nouveaux ; puis, l'industrie de l'affiche artistique qui naquit pendant la période de 1875 à 1894 alors que M. Eugène Pichot était à la tête de la maison, contribua à donner un essor considérable à la vente tant pour la France que pour l'Etranger.

La difficulté que présentait l'exiguïté des machines pour le tirage des grandes affiches en une seule fois décida MM. E. et H. Pichot à faire construire en 1894, au N° 54 de la rue de Clichy, une imprimerie modèle munie de tous les perfectionnements de façon à satisfaire à toutes les exigences de la fabrication.

M. Henri Pichot est aujourd'hui seul à la tête de cette belle industrie dont les produits, dans la création desquels la verve de nos artistes dessinateurs prend une si large part, sont exportés dans toutes les parties du monde.

Cette maison a eu les plus hautes récompenses dans les dernières expositions, le Jury de Saragosse lui a légitimement attribué un Grand Prix.

La maison Victor Michel, dont les ateliers sont à Paris, 5, rue Duguay-Trouin, exposait d'intéressantes photogravures ; elle fut fondée en 1844 par M. Michel père, pour l'exploitation d'un brevet de clichage dénommé clichés bitumineux.

M. Michel fils prit la suite en 1873, l'exploitation occupait à cette date 15 ouvriers et, depuis lors, la maison, qui a introduit des perfectionnements successifs dans son industrie, n'a fait que progresser ; elle occupe actuellement 160 employés et ouvriers.

Le Jury lui a décerné un Diplôme d'honneur.

RÉCOMPENSES

Hors concours

Mendel (Charles), Paris.

Grands prix.

Bellieni (Henri), Nancy.
Compagnie des Chemins de fer du Midi, Paris.
Compagnie des Chemins de fer d'Orléans, Paris.
Compagnie des Chemins de fer P.-L.-M., Paris.
Grieshaber frères et Cie, Paris.
Le Vasseur et Cie, Paris.

Montarnal (de), Paris.
Nadar (Paul), Paris.
Pichot, Paris.
Société anonyme des Établissements Demaria-Lapierre, Paris.
Société anonyme des Plaques J. Jougla, Paris.
Société Industrielle de Photographie, Rueil.

Diplômes d'honneur.

Compagnie française des Papiers Photographiques, Paris.
Michel (Victor), Paris.

Médaille d'or.

Estieu (Maurice), Paris.

COLLABORATEURS

Diplômes d'honneur.

Catu (Achille), de la maison Nadar.
Pargnien (Victor), de la maison Le Vasseur et Cⁱᵉ.
Sarraute (Adrien), de la maison Pichot.

Médailles d'or.

Benoît (Louis), de la maison Demaria-Lapierre.
Bletzer (Daniel), de la maison Bellieni.
Délié (René), de la maison Ch. Mendel.
Desfrièches (Abel), de la maison Pichot.
Foltz (Frantz), de la maison Le Vasseur et Cⁱᵉ.
Gatineau (Octave), de la maison Le Vasseur et Cⁱᵉ.
Quéruel (Stephen), de la maison Michel.
Vasse (Marius), de la maison Demaria-Lapierre.
Wolenschlaeger (Bernard), de la maison Bellieni.

Médailles d'argent.

Fagon, de la maison Le Vasseur et Cⁱᵉ.
Hury (Jules), de la maison Michel.
Lair (Auguste), de la maison Bellieni.
Laurence (Henri), de la maison Le Vasseur et Cⁱᵉ.
Quentin (H.), de la maison Ch. Mendel.
Scheffer (Baptiste), de la maison Le Vasseur et Cⁱᵉ.

Médailles de bronze.

Daufresne, de la maison Le Vasseur et Cie.
Ducoup, de la maison Le Vasseur et Cie.
Launstroffer (Jean), de la maison Demaria-Lapierre.
Lecerf, de la maison Ch. Mendel.
Petit (Auguste), de la maison Demaria-Lapierre.
Terteaux (Mlle Isabelle), de la maison Le Vasseur et Cie.
Weber (Louis), de la maison Demaria-Lapierre.

Mention honorable.

Péters, de la maison Demaria-Lapierre.

Section du Ministère des Colonies.　　　　*Cl. Thouin.*

SECTION

DU

MINISTÈRE DES COLONIES

Délégué du Ministère des Colonies :
M. Max ROBERT
Administrateur des Colonies.
Membre du Jury : M. NICOLAS (Pierre), à Paris.

La section du Ministère des Colonies occupait le pavillon de l'aile droite du Palais de la France. Les Gouvernements généraux de l'Indo-Chine, de l'Afrique Occidentale française et de Madagascar avaient seuls supporté les frais de cette participation coloniale. En conséquence, les produits exposés provenaient exclusivement de ces trois importants groupements.

M. Max Robert, Administrateur des colonies et délégué du Ministère des Colonies, a droit à de chaleureuses félicitations pour la compétence et le goût qu'il a apportés dans l'organisation de cette importante section qui a eu le plus vif succès.

Le centre de la salle avait été réservé aux spécimens les plus curieux de l'industrie indo-chinoise. D'abord l'ancien trône du roi de l'Annam en bois sculpté et doré avec son dais brodé de dragons symboliques ; puis des fauteuils en bois précieux aux fines ciselures ; des bahuts ajourés et incrustés de nacre ; des instruments de musique aux formes étranges, des outils aratoires en réduction, des armes de guerre et de parade. A signaler un autel ancien en bois sculpté noir rehaussé d'or, sur lequel au milieu de flambeaux et de brûle-parfums en cuivre et en étain ciselés étaient placées des sculptures sur bois figurant des personnages et des animaux fantastiques, travail de patience et d'adresse inouïe des indigènes annamites.

En dehors de ces objets d'art, l'Indo-Chine était représentée par des échantillons de ses principaux produits d'exportation : d'abord toutes les nombreuses variétés de riz décortiqué et en épis, puis la collection des thés ; dans une vitrine spéciale la série des soies, obligeamment prêtée par la maison Delignon, comportant les cocons, les soies grèges et ouvrées, les tissus aux teintes chatoyantes et délicates, d'une légèreté exquise et d'un dessin original. Enfin, des spécimens nombreux de rotins, de fibres, de papiers, de poivres, de laques, etc.

L'Afrique Occidentale française, encore à l'aurore de la civilisation, n'était pas en mesure de fournir des documents ethnographiques comparables au point de vue de l'intérêt artistique à ceux de sa sœur aînée d'Asie. Des fétiches en bois naïvement taillés, quelques cuirs incrustés de dessins primitifs, des armes lourdes et massives, des tissus grossiers et irrégulièrement teints, mais ayant souvent cette belle couleur indigo que les noirs affectionnent et qu'ils obtiennent à un degré étonnant de perfection, tels étaient les spécimens exposés de l'Industrie indigène de notre grande colonie africaine.

Mais, si l'examen de ces objets d'une fabrication rudimentaire cause quelque déception, on ne peut s'empêcher d'admirer le développement économique vraiment surprenant de ces pays pénétrés pourtant depuis une époque toute récente.

L'Afrique Occidentale française, en effet, née à la vie commerciale depuis trente ans à peine, fait déjà 200 millions d'affaires et cela, d'une part, par l'importation normale de toutes les marchandises nécessaires à l'existence de ces peuplades primitives, et d'autre part, par l'exportation de quatre ou cinq produits seulement : l'arachide (de 100 à 120 mille tonnes par an), le caoutchouc (pour près de 40 millions en 1907), l'huile et l'amande de palme, les bois d'ébénisterie et, pour des quantités bien moindres, la gomme et le coton. Les diverses variétés de ces produits méthodiquement classés constituaient l'exposition économique de l'Afrique Occidentale.

La section de Madagascar ne présentait pas un intérêt moins grand que celui des deux sections déjà décrites. Elle comportait, notamment parmi les produits ouvrés dans la colonie, deux collections qui méritent une mention spéciale ; d'abord les tissus de raphia, utilisés dans le pays comme pagnes et qui pourraient être très heureusement employés en Europe comme étoffe d'ameublement, avec un dessin très original ; ils sont solides, résistants, peu salissants et d'un prix de revient très faible. Puis la série des chapeaux de paille tressée qui sont actuellement déjà l'objet d'un gros commerce d'exportation et dont le succès est réellement légitimé à la fois par la beauté, la finesse et la légèreté de l'objet, par le fini du travail et surtout par le prix près de dix fois moindre que celui des chapeaux dits « de panama » auxquels ils sont absolument comparables. Les chapeaux exposés avaient été prêtés par la maison Liaud.

A signaler également les dentelles de fil et de soie fabriquées par les femmes malgaches, d'une élégance de dessin et d'une finesse étonnantes.

Les grands produits d'exportation de la grande île étaient également largement représentés : d'abord les peaux de bœufs, le riz avec ses diverses variétés, le manioc, le café, le cacao, les cornes d'animaux, les cocons de soie, le caoutchouc, les bois, les fibres textiles, etc..

Tous les produits de ces diverses colonies étaient encadrés de nombreuses et grandes photographies, fournissant au public une documentation complète, tant sur la nature du pays d'origine des échantillons exposés, que sur les indigènes, leurs mœurs, leur habitat et leurs procédés de fabrication et de culture.

RÉCOMPENSES

Grand prix.

Gouvernement général de l'Indo-Chine.
Gouvernement général de Madagascar.
Gouvernement général de l'Afrique Occidentale.
Gouvernement du Sénégal.
Gouvernement de la Guinée.
Gouvernement de la Côte d'Ivoire.
Gouvernement du Dahomey.
Gouvernement du Haut-Sénégal-Niger.

Diplômes d'honneur.

Direction de l'Agriculture de Madagascar.
Inspection de l'Agriculture.
Direction de l Agriculture de l'Indo-Chine.
Comité local du Tonkin.
Comité local de Cochinchine.

Médaille d'or.

Station d'essai de Nanisana

Médaille de bronze.

M. Bordeneuve.

COLLABORATEURS

Grand prix.

Max Robert, délégué du Ministère des Colonies.

Médaille d'or.

Nouette-Delorme, préparateur au Jardin colonial.

Médaille d'argent.

Ducroux, préparateur au Jardin colonial.

Médaille de bronze.

Sauvanet, préparateur au Jardin colonial.

Passage du Roi.   *Cl. Raynaud.*

RÉCOMPENSES HONORIFIQUES

DÉCERNÉES A L'OCCASION DE

L'EXPOSITION HISPANO-FRANÇAISE

DE SARAGOSSE

DÉCORATIONS FRANÇAISES

ORDRE NATIONAL DE LA LÉGION D'HONNEUR

Au titre Français.

Officiers.

MM. HARANT (Louis-Pierre-Henri), décorateur céramiste.
LÉPAGE (Charles-Marie-Jules), docteur en médecine.
VÉRT (Baptiste), distillateur

Chevaliers.

MM. ABADIE (Joseph-Michel), fabricant de papiers à cigarettes.
AUGÉ (Jean-Claude), éditeur, homme de lettres.
BELLIÉNI (Charles-Henri), fabricant d'instruments de précision.
CHÊNE (Pierre), directeur général de la société industrielle de photographie.
CORBY (Théodule-Léon), négociant en fourrures.
GAULIN (Auguste), constructeur d'appareils pour laiteries.
NEVEU (Alfred-Eugène), fabricant de galons et de tissus d'ameublement.
NISSERON (Antoine-Augustin), fabricant de faux-cols et lingerie.
NONIN (Jean-Auguste), horticulteur.
RICOIS (Pierre-Auguste), agriculteur.
STETTEN (Joseph), négociant exportateur.
UTARD (Antoine-Édouard), agent consulaire de France à Saragosse.

Au titre Étranger :

Grand Officier.

LE GÉNÉRAL BRUZON, capitaine général de l'Aragon.

Commandeurs.

DON BASILIO PARAISO, président du Comité de l'Exposition.
» TÉJON Y MARIN, gouverneur civil, commissaire royal.

Officier.

Don Antonio Fleta, Alcade de Saragosse.

Chevaliers.

S. E. Don Nicolas de Escoriaza, vice-président du Comité de l'Exposition.
Don José Pellegero, commissaire général.
»   Gascon y Marin, commissaire général adjoint.
»   Paulino Saviron, vice-président du Jury supérieur.
»   Manuel de Escoriaza, secrétaire général du Comité.
»   Santiago Baselga Ramirez, trésorier du Comité
M.   Alfred Stern, président de section du Jury.

Officiers de l'Instruction Publique.

MM. Miguel de Val.
Félix Navarro, architecte en chef de l'Exposition.
Ferrer, Inspecteur principal de la Cie des Chemins de fer du Nord
de l'Espagne.
Le chanoine Francisco de Paula Moreno, président de l'Exposition
d'Art rétrospectif.
Antonio Motos, président de la Commission de la Presse.
Triana, membre du Jury.
José Mackenna, secrétaire du Jury.
Patricio Borobio, membre du Jury.
Eduardo Galves, membre du Jury.

Officiers d'Académie.

MM. José Valenzuela.
Antonio Mompéon.
Catalan Jean Peralta, Commissaire de Surveillance.
Thomas Pérez Verdu, Inspecteur chef de gare à Irun.
Juan B. Capdequi, chef de la douane espagnole à Irun.

Officier du Mérite agricole.

M. Antonio de la Riva, député aux Cortès.

Chevalier du Mérite agricole.

M. Carlos Racaud, jardinier-chef de la Section Française.

Ordre colonial du Nichan-el-Anouar.

Grand Croix.

S. E. Don Nicolas de Escoriaza, vice-président du Comité de l'Exposition.

Commandeurs.

MM. Rafael Pamplona, ancien Alcade de Saragosse.
Le marquis d'Arlanza, président de la Commission des affaires intérieures.

Officiers.

MM. Ambrozio Lizabe, vice-président de la Chambre de commerce de Saragosse.
Mariano Baselga, président de la Commission de Propagande.

Chevalier.

M. Garcia Caruncho, Inspecteur de la Police de Saragosse.

DÉCORATIONS ESPAGNOLES

Ordre royal de Charles III.

Grand Croix.

M. Jean Cruppi, député, ministre du Commerce et de l'Industrie.

Chevaliers.

MM. Max Robert, délégué du ministère des Colonies.
Jules Marcadet, chef du bureau des Expositions au ministère du Commerce.
Emile Marot, membre du Jury.
Joseph de Guérard de Montarnal, architecte et chef de la Section Française.
M. Louis Braquenié.

Ordre Royal d'Isabelle la Catholique.

Grand Croix.

M. Albert Viger, sénateur, président de la Section Française.

Grands officiers.

MM. BAUDOUIN-BUGUET, délégué du ministère du Commerce.

EMILE DUPONT, sénateur, président du Comité Français des Expositions à l'étranger.

LUCIEN LAYUS, premier vice-président de la Section Française.

Commandeurs.

MM. ALPHONSE PINARD, vice-président du Comité Français des Expositions
à l'étranger.

G. ROGER SANDOZ, secrétaire général du Comité Français des Expositions à l'étranger.

FERNAND BRICOUT, directeur du cabinet du ministre du Commerce.

EUGÈNE ROUART, chef de cabinet du ministre du Commerce.

Chevaliers.

MM. LOUIS SOUALLE, secrétaire du Jury supérieur.

GASTON LEFEBVRE-ALBARET, trésorier du Comité.

PIERRE CHALLAMEL, sous chef du bureau des Expositions au Ministère
du Commerce.

ALBERT BARBIER, pépiniériste.

GABRIEL COGNACQ, secrétaire de la Section Française.

PHILIPPE DE VILMORIN, vice-président de section du Jury.

EUGÈNE MARTEL, secrétaire administratif de la section agricole et
horticole.

GODARD-DESMARET, vice-président de section du Jury.

ALBERT LELOIR, président de section du Jury.

MAURICE ESTIEU, délégué général du Comité Français des Expositions
à l'étranger.

JEAN DE MONTARNAL, architecte de la Section Française.

Ordre Civil d'Alphonse XII.

Grand Officier.

M. JULES HETZEL, vice-président du Jury supérieur.

Médaille commémorative des Sièges de Saragosse.

Quelques-unes de ces médailles ont été accordées aux Organisateurs de
la Section Française.

TABLE DES MATIÈRES

GROUPES SECTIONS ET CLASSES

OBSERVATIONS GÉNÉRALES. — RÉCOMPENSES RESPECTIVES

GROUPE I

GROUPE VI

GROUPE VII

GROUPE VIII

GROUPE IX

GROUPE X